中国检察年鉴

PROCURATORIAL YEARBOOK OF CHINA

（重要文件·大事记）

最高人民检察院《中国检察年鉴》编辑部 编

2019

中国检察出版社

图书在版编目（CIP）数据

中国检察年鉴.2019/最高人民检察院《中国检察年鉴》编辑部编. -- 北京：中国检察出版社，2024.12

ISBN 978 - 7 - 5102 - 2628 - 1

Ⅰ.①中…　Ⅱ.①最…　Ⅲ.①检察机关 - 工作 - 中国 - 2019 - 年鉴　Ⅳ.①D926.3 - 54

中国版本图书馆 CIP 数据核字（2021）第 161792 号

中国检察年鉴（2019）

最高人民检察院《中国检察年鉴》编辑部　编

责任编辑：俞　骊

技术编辑：王英英

美术编辑：徐嘉武

出版发行：中国检察出版社

社　　址：北京市石景山区香山南路 109 号（100144）

网　　址：中国检察出版社（www.zgjccbs.com）

编辑电话：(010) 86423718

发行电话：(010) 86423726　86423727　86423728
　　　　　 (010) 86423730　86423732

经　　销：新华书店

印　　刷：北京联合互通彩色印刷有限公司

开　　本：787 mm × 1092 mm　16 开

印　　张：12　插页 4

字　　数：372 千字

版　　次：2024 年 12 月第一版　　2024 年 12 月第一次印刷

书　　号：ISBN 978 - 7 - 5102 - 2628 - 1

定　　价：79.00 元

编辑说明

一、《中国检察年鉴》是记载中国检察工作情况、及时反映检察工作全貌和各个年度的新发展、新成就的大型资料性年刊。年鉴以法律赋予检察机关的任务为轴心,收集了来自检察工作实践丰富、翔实的信息、数据和第一手资料。年鉴所采用的资料均由最高人民检察院各业务部门和省、自治区、直辖市人民检察院,解放军军事检察院,新疆生产建设兵团人民检察院组织专业人员撰写和提供,具有权威性和准确性。

二、《中国检察年鉴》从 1988 年创刊开始,每年编辑出版一期。《中国检察年鉴》2019 年刊反映的是 2018 年的情况,内容包括 7 个部分。

三、《中国检察年鉴》收录的资料,均未包括台湾省和香港、澳门特别行政区。

四、《中国检察年鉴》收录的资料,均截止到当年 12 月 31 日。

五、《中国检察年鉴》的编辑工作,得到各省、自治区、直辖市人民检察院,解放军军事检察院,新疆生产建设兵团人民检察院和最高人民检察院有关业务部门的大力支持和协助,谨在此表示衷心的感谢。《中国检察年鉴》在编辑工作中存在的缺点和不足,恳请读者提出宝贵意见。

《中国检察年鉴》编辑部

2022 年 12 月

目　录

· 第 二 部 分 ·
最高人民检察院司法解释选载

· 第三部分 ·
案例选载

· 第四部分 ·
交流与合作

· 第五部分 ·
大事记

· 第六部分 ·
统计资料

· 第七部分 ·

名 录

第 一 部 分

最高人民检察院重要文件选载

最高人民检察院关于印发《人民检察院强制医疗决定程序监督工作规定》的通知

2018 年 2 月 1 日 高检发诉字〔2018〕1 号

各省、自治区、直辖市人民检察院,解放军军事检察院,新疆生产建设兵团人民检察院:

《人民检察院强制医疗决定程序监督工作规定》已经 2017 年 7 月 4 日最高人民检察院第十二届检察委员会第六十六次会议通过。现印发你们,请结合实际,认真贯彻执行。各地在执行中遇到的重要情况和问题,请及时报告最高人民检察院。

人民检察院强制医疗决定程序监督工作规定

(2017 年 7 月 4 日最高人民检察院第十二届检察委员会第六十六次会议通过)

第一条 为了规范人民检察院强制医疗决定程序监督工作,维护公共安全,维护诉讼参与人的合法权利,保障强制医疗程序的正确实施,根据《中华人民共和国刑法》《中华人民共和国刑事诉讼法》等规定,结合检察工作实际,制定本规定。

第二条 强制医疗决定程序的监督,由人民检察院公诉部门负责。涉及未成年人的,由未成年人检察部门负责。

第三条 人民检察院办理公安机关移送的强制医疗案件,应当审查公安机关移送的强制医疗意见书,以及鉴定意见等证据材料,并注意发现和纠正以下违法情形:

(一)对涉案精神病人的鉴定程序违反法律规定的;

(二)对涉案精神病人采取临时保护性约束措施不当的;

(三)其他违反法律规定的情形。

第四条 人民检察院办理公安机关移送的强制医疗案件,可以会见涉案精神病人,询问办案人员、鉴定人,听取涉案精神病人法定代理人、诉讼代理人意见,向涉案精神病人的主治医生、近亲属、邻居、其他知情人员或者基层组织等了解情况,向被害人及其法定代理人、近亲属等了解情况,就有关专门性技术问题委托具有法定资质的鉴定机构、鉴定人进行鉴定,开展相关调查。

相关调查情况应当记录并附卷。

第五条 人民检察院发现公安机关应当启动强制医疗程序而不启动的,可以要求公安机关在七日以内书面说明不启动的理由。

经审查,认为公安机关不启动理由不能成立的,应当通知公安机关启动强制医疗程序。

公安机关收到启动强制医疗程序通知书后,未按要求启动强制医疗程序的,人民检察院应当向公安机关提出纠正意见。

第六条 人民检察院办理公安机关移送的强制医疗案件,发现公安机关对涉案精神病人进行鉴定的程序有下列情形之一的,应当依法提出纠正意见:

(一)鉴定机构不具备法定资质,或者精神病鉴定超出鉴定机构业务范围、技术条件的；

（二）鉴定人不具备法定资质，精神病鉴定超出鉴定人业务范围，或者违反回避规定的；

（三）鉴定程序违反法律、有关规定，鉴定的过程和方法违反相关专业的规范要求的；

（四）鉴定文书不符合法定形式要件的；

（五）鉴定意见没有依法及时告知相关人员的；

（六）鉴定人故意作虚假鉴定的；

（七）其他违反法律规定的情形。

人民检察院对精神病鉴定程序进行监督，可以要求公安机关补充鉴定或者重新鉴定，必要时，可以询问鉴定人并制作笔录，或者委托具有法定资质的鉴定机构进行补充鉴定或者重新鉴定。

第七条 人民检察院发现公安机关对涉案精神病人采取临时保护性约束措施，有下列情形之一的，应当依法提出纠正意见：

（一）不应当采取而采取临时保护性约束措施的；

（二）采取临时保护性约束措施的方式、方法和力度不当，超过避免和防止危害他人和精神病人自身安全的必要限度的；

（三）对已无继续危害社会可能，解除约束措施后不致发生社会危害性的涉案精神病人，未及时解除保护性约束措施的；

（四）其他违反法律规定的情形。

人民检察院认为公安机关有必要采取临时保护性约束措施而公安机关尚未采取的，可以建议公安机关采取临时保护性约束措施。

第八条 人民检察院对人民法院强制医疗案件审理活动实行监督，主要发现和纠正以下违法情形：

（一）未通知被申请人或者被告人的法定代理人到场的；

（二）被申请人或者被告人没有委托诉讼代理人，未通知法律援助机构指派律师为其提供法律帮助的；

（三）未组成合议庭或者合议庭组成人员不合法的；

（四）未经被申请人、被告人的法定代理人请求直接作出不开庭审理决定的；

（五）未会见被申请人的；

（六）被申请人、被告人要求出庭且具备出庭条件，未准许其出庭的；

（七）违反法定审理期限的；

（八）收到人民检察院对强制医疗决定不当的书面纠正意见后，未另行组成合议庭审理或者未在一个月以内作出复议决定的；

（九）人民法院作出的强制医疗决定或者驳回强制医疗申请决定不当的；

（十）其他违反法律规定的情形。

人民检察院发现人民法院强制医疗案件审理活动有前款规定的违法情形的，应当依法提出纠正意见。

第九条 人民法院对强制医疗案件开庭审理的，人民检察院应当派员出席法庭，审查人民法院作出的强制医疗决定、驳回强制医疗申请的决定、宣告被告人依法不负刑事责任的判决是否符合法律规定。

第十条 人民检察院对人民法院强制医疗案件审理活动实行监督，可以参照本规定第四条规定的方式开展调查。相关调查情况应当记录并附卷。

第十一条 出席法庭的检察人员发现人民法院审理强制医疗案件违反法律规定的诉讼程序，应当记录在案，并在休庭后及时向检察长报告，由人民检察院在庭审后向人民法院提出纠正意见。

第十二条 人民法院拟不开庭审理的强制医疗案件，人民检察院认为开庭审理更为适宜的，可以建议人民法院开庭审理。

第十三条 人民检察院认为被申请人的身体和精神状况适宜到庭，且到庭更有利于查明案件事实的，可以建议人民法院准许其到庭。

第十四条 人民检察院审查同级人民法院强制医疗决定书或者驳回强制医疗申请决定书，可以听取被害人及其法定代理人、近亲属的意见并记录附卷。

第十五条 人民检察院发现人民法院作出的强制医疗的决定或者驳回强制医疗申请的决定，有下列情形之一的，应当在收到决定书副本后二十日以内向人民法院提出书面纠正意见：

（一）据以作出决定的事实不清或者确有错误的；

（二）据以作出决定的证据不确实、不充分的；

（三）据以作出决定的证据依法应当予以排除的；

（四）据以作出决定的主要证据之间存在矛

盾的;

（五）有确实、充分的证据证明应当决定强制医疗而予以驳回的，或者不应当决定强制医疗而决定强制医疗的;

（六）审理过程中严重违反法定诉讼程序，可能影响公正审理和决定的。

第十六条 对于人民检察院提起公诉的案件，人民法院在审理案件过程中发现被告人可能符合强制医疗条件，决定依法适用强制医疗程序进行审理的，人民检察院应当在庭审中发表意见。

对人民法院作出的宣告被告人无罪或者不负刑事责任的判决、强制医疗决定，人民检察院应当进行审查。对判决确有错误的，应当依法提出抗诉，对强制医疗决定或者未作出强制医疗的决定不当的，应当提出书面纠正意见。

人民法院未适用强制医疗程序对案件进行审理，或者未判决宣告被告人不负刑事责任，直接作出强制医疗决定的，人民检察院应当提出书面纠正意见。

第十七条 在强制医疗执行过程中发现强制医疗决定确有错误的，由作出决定的人民法院的同级人民检察院向人民法院提出书面纠正意见。

前款规定的工作由人民检察院公诉部门办理。

第十八条 人民法院收到被决定强制医疗的人、被害人及其法定代理人、近亲属复议申请后，未组成合议庭审理，或者未在一个月内作出复议决定，或者有其他违法行为的，由收到复议决定的人民法院的同级人民检察院向人民法院提出书面纠正意见。

第十九条 人民检察院在办理强制医疗案件中发现公安机关的违法情形，对于情节较轻的，可以由检察人员以口头方式向侦查人员或者公安机关负责人提出纠正意见，并及时向本部门负责人汇报;必要的时候，由部门负责人提出。对于情节较重的违法情形，应当报请检察长批准后，向公安机关发出纠正违法通知书。构成犯罪的，移送有关部门依法追究刑事责任。

人民检察院在办理强制医疗案件中发现人民法院的违法情形，参照前款规定执行。

人民检察院在强制医疗执行监督中发现被强制医疗的人不符合强制医疗条件或者需要依法追究刑事责任，将有关材料转交作出强制医疗决定的人民法院的同级人民检察院的，收到材料的人民检察院公诉部门应当在二十日以内进行审查，并将审查情况和处理意见反馈负责强制医疗执行监督的人民检察院。

第二十条 公安机关、人民法院对纠正意见申请复查的，人民检察院应当在七日以内进行复查，并将复查结果及时通知申请复查机关。经过复查，认为纠正意见正确的，应当及时向上一级人民检察院报告;认为纠正意见错误的，应当及时予以撤销。

上一级人民检察院经审查，认为下级人民检察院纠正意见正确的，应当及时通知同级人民法院、公安机关督促下级人民法院、公安机关根据纠正意见进行纠正;认为下级人民检察院纠正意见不正确的，应当书面通知下级人民检察院予以撤销，下级人民检察院应当执行，并及时向人民法院、公安机关及有关人员说明情况。有申诉人、控告人的，应当将处理结果及时回复申诉人、控告人。

第二十一条 人民检察院应当及时了解公安机关、人民法院对纠正意见的执行情况。

人民检察院提出的纠正意见，公安机关和人民法院没有正当理由不纠正的，应当向上一级人民检察院报告。上级人民检察院认为下级人民检察院意见正确的，应当及时通知同级公安机关、人民法院督促下级公安机关、人民法院纠正;上级人民检察院认为下级人民检察院纠正违法的意见错误的，应当通知下级人民检察院撤销书面纠正意见，并通知同级公安机关、人民法院。

第二十二条 各省、自治区、直辖市人民检察院可以结合本地实际，对实施强制医疗决定程序监督的检察官权力清单作出规定。

第二十三条 本规定由最高人民检察院负责解释。

第二十四条 本规定自印发之日起施行。

最高人民检察院关于印发《人民检察院
刑事抗诉工作指引》的通知

2018 年 2 月 14 日　　高检发诉字〔2018〕2 号

各省、自治区、直辖市人民检察院,解放军军事检察院,新疆生产建设兵团人民检察院:

《人民检察院刑事抗诉工作指引》已经 2017 年 7 月 4 日最高人民检察院第十二届检察委员会第六十六次会议通过,现予印发,请遵照执行。

人民检察院刑事抗诉工作指引

(2017 年 7 月 4 日最高人民检察院第十二届检察委员会第六十六次会议通过)

第一章　总　　则

第一条　刑事抗诉是法律赋予检察机关的重要职权。通过刑事抗诉纠正确有错误的裁判,是人民检察院履行法律监督职能的重要体现。加强刑事抗诉工作,对于维护司法公正,保护诉讼当事人合法权益,实现社会公平正义,促进社会和谐稳定,树立和维护法治权威具有重要意义。为规范刑事抗诉工作,强化法律监督,根据法律规定,结合检察工作实际,制定本指引。

第二条　人民检察院办理刑事抗诉案件适用本指引。

第三条　办理刑事抗诉案件,应当坚持依法、准确、及时、有效的基本要求。提出或者支持抗诉的案件,应当充分考虑抗诉的必要性。

涉及未成年人的,应当将成年人侵害未成年人人身权利的案件作为抗诉重点。

第四条　办理刑事抗诉案件,按照司法责任制改革确定的办案、审批机制运行。

第二章　刑事抗诉案件的启动

第五条　人民检察院通过审查人民法院的判决或裁定、受理申诉等活动,监督人民法院的判决、裁定是否正确。地方各级人民检察院认为本级人民法院第一审的判决、裁定确有错误的时候,应当向上一级人民法院提出抗诉。最高人民检察院对各级人民法院已经发生法律效力的判决和裁定,上级人民检察院对下级人民法院已经发生法律效力的判决和裁定,如果发现确有错误,有权按照审判监督程序向同级人民法院提出抗诉。

当事人及其法定代理人、近亲属认为人民法院已经发生法律效力的判决、裁定确有错误,向人民检察院申诉的,适用《最高人民检察院关于办理不服人民法院生效刑事裁判申诉案件若干问题的规定》和《人民检察院复查刑事申诉案件的规定》等规定。

第六条　人民检察院可以通过以下途径发现尚未生效判决、裁定的错误:

(一)收到人民法院第一审判决书、裁定书后,人民检察院通过指定专人审查发现错误;

（二）被害人及其法定代理人不服人民法院第一审判决，在收到判决书后五日以内请求人民检察院提出抗诉的，人民检察院应当立即进行审查，在法定抗诉期限内提出是否抗诉的意见；

（三）职务犯罪案件第一审判决，由上下两级人民检察院同步审查。作出一审判决人民法院的同级人民检察院是同步审查的主要责任主体，上一级人民检察院负督促和制约的责任；

（四）其他途径。

第七条　上一级人民检察院在抗诉期限内，发现下级人民检察院应当提出抗诉而没有提出抗诉的案件，可以指令下级人民检察院依法提出抗诉。下级人民检察院在抗诉期限内未能及时提出抗诉的，应当在判决、裁定生效后提请上一级人民检察院按照审判监督程序提出抗诉。

第八条　人民检察院可以通过以下途径发现生效判决、裁定的错误：

（一）收到人民法院生效判决书、裁定书后，人民检察院通过指定专人审查发现错误；

（二）当事人及其法定代理人、近亲属不服人民法院生效刑事判决、裁定提出申诉，刑事申诉检察部门经复查发现错误；

（三）根据社会各界和有关部门转送的材料和反映的意见，对人民法院已生效判决、裁定审查后发现错误；

（四）在办案质量检查和案件复查等工作中，发现人民法院已生效判决、裁定确有错误；

（五）出现新的证据，发现人民法院已生效判决、裁定错误；

（六）办理案件过程中发现其他案件已生效判决、裁定确有错误；

（七）其他途径。

人民检察院对同级人民法院已经发生法律效力的刑事判决、裁定，发现确有错误的，应当提请上一级人民检察院抗诉。上级人民检察院发现下级人民法院已经发生法律效力的判决或裁定确有错误的，可以直接向同级人民法院提出抗诉，或者指令作出生效判决、裁定人民法院的上一级人民检察院向同级人民法院提出抗诉。

第三章　抗诉情形与不抗诉情形

第九条　人民法院的判决、裁定有下列情形之一的，应当提出抗诉：

（一）原审判决或裁定认定事实确有错误，导致定罪或者量刑明显不当的：

1. 刑事判决、裁定认定的事实与证据证明的事实不一致的；

2. 认定的事实与裁判结论有矛盾的；

3. 有新的证据证明原判决、裁定认定的事实确有错误的。

（二）原审判决或裁定采信证据确有错误，导致定罪或者量刑明显不当的：

1. 刑事判决、裁定据以认定案件事实的证据不确实的；

2. 据以定案的证据不足以认定案件事实，或者所证明的案件事实与裁判结论之间缺乏必然联系的；

3. 据以定案的证据依法应当作为非法证据予以排除而未被排除的；

4. 不应当排除的证据作为非法证据被排除或者不予采信的；

5. 据以定案的主要证据之间存在矛盾，无法排除合理怀疑的；

6. 因被告人翻供、证人改变证言而不采纳依法收集并经庭审质证为合法、有效的其他证据，判决无罪或者改变事实认定的；

7. 犯罪事实清楚，证据确实、充分，但人民法院以证据不足为由判决无罪或者改变事实认定的。

（三）原审判决或裁定适用法律确有错误的：

1. 定罪错误，即对案件事实进行评判时发生错误：

（1）有罪判无罪，无罪判有罪的；

（2）混淆此罪与彼罪、一罪与数罪的界限，造成罪刑不相适应，或者在司法实践中产生重大不良影响的。

2. 量刑错误，即适用刑罚与犯罪的事实、性质、情节和社会危害程度不相适应，重罪轻判或者轻罪重判，导致量刑明显不当：

（1）不具有法定量刑情节而超出法定刑幅度量刑的；

（2）认定或者适用法定量刑情节错误，导致未在法定刑幅度内量刑或者量刑明显不当的；

（3）共同犯罪案件中各被告人量刑与其在共同犯罪中的地位、作用明显不相适应或者不均衡的；

（4）适用主刑刑种错误的；

（5）适用附加刑刑种错误的；

（6）适用免予刑事处罚、缓刑错误的；

（7）适用刑事禁止令、限制减刑错误的。

（四）人民法院在审判过程中有下列严重违反法定诉讼程序情形之一，可能影响公正裁判的：

1. 违反有关公开审判规定的；

2. 违反有关回避规定的；

3. 剥夺或者限制当事人法定诉讼权利的；

4. 审判组织的组成不合法的；

5. 除另有规定的以外，证据材料未经庭审质证直接采纳作为定案根据，或者人民法院依申请收集、调取的证据材料和合议庭休庭后自行调查取得的证据材料没有经过庭审质证而直接采纳作为定案根据的；

6. 由合议庭进行审判的案件未经过合议庭评议直接宣判的；

7. 违反审判管辖规定的；

8. 其他严重违反法定诉讼程序情形的。

（五）刑事附带民事诉讼部分所作判决、裁定明显不当的。

（六）人民法院适用犯罪嫌疑人、被告人逃匿、死亡案件违法所得的没收程序所作的裁定确有错误的。

（七）审判人员在审理案件的时候，有贪污受贿、徇私舞弊或者枉法裁判行为，影响公正审判的。

第十条 下列案件一般不提出抗诉：

（一）原审判决或裁定认定事实、采信证据有下列情形之一的：

1. 被告人提出罪轻、无罪辩解或者翻供后，认定犯罪性质、情节或者有罪的证据之间的矛盾无法排除，导致人民法院未认定起诉指控罪名或者相关犯罪事实的；

2. 刑事判决改变起诉指控罪名，导致量刑差异较大，但没有足够证据或者法律依据证明人民法院改变罪名错误的；

3. 案件定罪事实清楚，因有关量刑情节难以查清，人民法院在法定刑幅度内从轻处罚的；

4. 依法排除非法证据后，证明部分或者全部案件事实的证据达不到确实、充分的标准，人民法院不予认定该部分案件事实或者判决无罪的。

（二）原审判决或裁定适用法律有下列情形之一的：

1. 法律规定不明确、存有争议，抗诉的法律依

据不充分的；

2. 具有法定从轻或者减轻处罚情节，量刑偏轻的；

3. 被告人系患有严重疾病、生活不能自理的人，怀孕或者正在哺乳自己婴儿的妇女，生活不能自理的人的唯一扶养人，量刑偏轻的；

4. 被告人认罪并积极赔偿损失，取得被害方谅解，量刑偏轻的。

（三）人民法院审判活动违反法定诉讼程序，其严重程度不足以影响公正裁判，或者判决书、裁定书存在技术性差错，不影响案件实质性结论的，一般不提出抗诉。必要时以纠正审理违法意见书形式监督人民法院纠正审判活动中的违法情形，或者以检察建议书等形式要求人民法院更正法律文书中的差错。

（四）人民法院判处被告人死刑缓期二年执行的案件，具有下列情形之一，除原判决认定事实、适用法律有严重错误或者社会反响强烈的以外，一般不提出判处死刑立即执行的抗诉：

1. 被告人有自首、立功等法定从轻、减轻处罚情节的；

2. 定罪的证据确实、充分，但影响量刑的主要证据存有疑问的；

3. 因婚姻家庭、邻里纠纷等民间矛盾激化引发的案件，因被害方的过错行为引起案件，案发后被告人真诚悔罪、积极赔偿被害方经济损失并取得被害方谅解的；

4. 罪犯被送交监狱执行刑罚后，认罪服法，狱中表现较好，且死缓考验期限将满的。

（五）原审判决或裁定适用的刑罚虽与法律规定有偏差，但符合罪刑相适应原则和社会认同的。

（六）未成年人轻微刑事犯罪案件量刑偏轻的。

第四章　刑事抗诉案件的审查

第十一条　审查刑事抗诉案件，应当坚持全案审查和重点审查相结合原则，并充分听取辩护人的意见。重点审查抗诉主张在事实、法律上的依据以及支持抗诉主张的证据是否具有合法性、客观性和关联性。

第十二条　办理刑事抗诉案件，应当严格按照刑法、刑事诉讼法、相关司法解释和规范性文件的要求，全面、细致地审查案件事实、证据、法律适用以及诉讼程序，综合考虑犯罪性质、情节和社会危

害程度等因素,准确分析认定人民法院原审裁判是否确有错误,根据错误的性质和程度,决定是否提出(请)抗诉。

(一)对刑事抗诉案件的事实,应当重点审查以下内容:

1. 犯罪动机、目的是否明确;

2. 犯罪手段是否清楚;

3. 与定罪量刑有关的事实、情节是否查明;

4. 犯罪的危害后果是否查明;

5. 行为和结果之间是否存在刑法上的因果关系。

(二)对刑事抗诉案件的证据,应当重点审查以下内容:

1. 认定犯罪主体的证据是否确实、充分;

2. 认定犯罪事实的证据是否确实、充分;

3. 涉及犯罪性质、认定罪名的证据是否确实、充分;

4. 涉及量刑情节的证据是否确实、充分;

5. 提出抗诉的刑事案件,支持抗诉意见的证据是否具备合法性、客观性和关联性;

6. 抗诉证据之间、抗诉意见与抗诉证据之间是否存在矛盾;

7. 抗诉证据是否确实、充分。

(三)对刑事抗诉案件的法律适用,应当重点审查以下内容:

1. 适用法律和引用法律条文是否正确;

2. 罪与非罪、此罪与彼罪、一罪与数罪的认定是否正确;

3. 具有法定从重、从轻、减轻或者免除处罚情节的,适用法律是否正确;

4. 适用刑种和量刑幅度是否正确;

5. 刑事附带民事诉讼判决、裁定,犯罪嫌疑人、被告人逃匿、死亡案件违法所得没收程序的裁定是否符合法律规定。

第十三条 审查抗诉案件一般按照下列步骤进行:

(一)认真研究抗诉书或提请抗诉报告书,熟悉案件的基本情况,重点了解不同诉讼阶段认定案件事实的差异,公诉意见、历次判决或裁定结论有何差异,将判决或裁定理由与抗诉理由或提请抗诉的理由进行对比,初步分析案件分歧的焦点所在;

(二)审阅起诉书、判决书或裁定书,核对抗诉书或提请抗诉报告书所列举的公诉意见、判决或裁

定结论、判决或裁定理由等内容是否存在错误;

(三)审阅卷中证据材料。在全面审阅的基础上,重点审查判决、裁定认定案件事实所采信的证据,下一级人民检察院提出抗诉或提请抗诉所认定的证据,特别是对认定事实有分歧的,应当仔细审查各分歧意见所认定、采信的证据;

(四)根据卷中证据情况,提出对案件事实的初步认定意见,注意与判决、裁定的认定意见有无不同;

(五)初步列出案件分歧的焦点问题,包括事实认定、证据采信以及法律适用方面的分歧意见等;

(六)分析判决、裁定是否存在错误,提出抗诉或提请抗诉的理由是否成立以及是否存在疏漏,研判是否支持抗诉或决定抗诉;

(七)根据案件具体情况,必要时可以到案发地复核主要证据,对尚不清楚的事实和情节提取新的证据;

(八)根据复核证据的情况,进一步提出认定事实、采信证据和适用法律的意见,分析判决、裁定是否确有错误,抗诉理由是否充分,最后提出是否支持抗诉或者决定抗诉的审查意见。

第十四条 办理刑事抗诉案件,应当讯问原审被告人,并根据案件需要复核或者补充相关证据。

需要原侦查机关补充收集证据的,可以要求原侦查机关补充收集。被告人、辩护人提出自首、立功等可能影响定罪量刑的材料和线索的,人民检察院可以依照管辖规定交侦查机关调查核实,也可以自行调查核实。发现遗漏罪行或者同案犯罪嫌疑人的,应当建议侦查机关侦查。

根据案件具体情况,可以向侦查人员调查了解原案的发破案、侦查取证活动等情况。

在对涉及专门技术问题的证据材料进行审查时,可以委托检察技术人员或者其他具有专门知识的人员进行文证审查,或者请其提供咨询意见。检察技术人员、具有专门知识的人员出具的审查意见或者咨询意见应当附卷,并在案件审查报告中说明。

第十五条 人民检察院办理死刑抗诉案件,除依照本指引第十三条、第十四条规定审查外,还应当重点开展下列工作:

(一)讯问原审被告人,听取原审被告人的辩解;

(二)必要时听取辩护人的意见;

（三）复核主要证据，必要时询问证人；

（四）必要时补充收集证据；

（五）对鉴定意见有疑问的，可以重新鉴定或者补充鉴定；

（六）根据案件情况，可以听取被害人的意见。

第十六条 人民检察院在办理刑事抗诉案件过程中发现职务犯罪线索的，应当对案件线索逐件登记、审查，经检察长批准，及时移送有管辖权的单位办理。

第十七条 承办人审查后，应当制作刑事抗诉案件审查报告，阐明是否提出抗诉或者是否支持抗诉的意见。

刑事抗诉案件审查报告应当符合最高人民检察院规定的格式，并重点把握以下要求：

（一）充分认识审查报告制作质量直接影响对案件的审核和检察长或者检察委员会作出处理决定；

（二）承办人制作审查报告，可以根据案件汇报的需要及案件本身的特点作适当的调整；

（三）事实叙写应当清晰、完整、客观，不遗漏关键的事实、情节；

（四）证据摘录一般按照先客观性证据后主观性证据的顺序进行列举，以客观性证据为基础构建证据体系，对客观性证据优先审查、充分挖掘、科学解释、全面验证；同时，要防止唯客观性证据论的倾向，防止忽视口供，对口供在做到依法审查、客观验证基础上充分合理使用；

（五）引用判决或裁定的理由和结论应当全面客观，分析判决或裁定是否错误应当有理有据；

（六）审查意见应当注重层次性、针对性、逻辑性和说理性；

（七）对存在舆情等风险的案件，应当提出风险评估和预案处置意见。

第五章 按照第二审程序抗诉

第十八条 人民检察院应当严格落实对人民法院判决、裁定逐案审查工作机制。对提起公诉的案件，在收到人民法院第一审判决书或者裁定书后，应当及时审查，承办检察官应当填写刑事判决、裁定审查表，提出处理意见。

对于下级人民检察院在办理抗诉案件中遇到干扰的，上级人民检察院应当根据实际情况开展协调和排除干扰工作，以保证抗诉工作顺利开展。

第十九条 人民检察院对同级人民法院第一审判决的抗诉，应当在接到判决书的第二日起十日以内提出；对裁定的抗诉，应当在接到裁定书后的第二日起五日以内提出。提出抗诉应当以抗诉书送达同级人民法院为准，不得采取口头通知抗诉的方式。

第二十条 被害人及其法定代理人不服人民法院第一审判决，在收到判决书后五日以内请求人民检察院提出抗诉的，人民检察院应当立即进行审查，作出是否抗诉的决定，并制作抗诉请求答复书，在收到请求后五日以内答复请求人。

被害人及其法定代理人在收到人民法院判决书五日以后请求人民检察院提出抗诉的，由人民检察院决定是否受理。

第二十一条 办理职务犯罪抗诉案件，应当认真落实最高人民检察院公诉厅《关于加强对职务犯罪案件第一审判决法律监督的若干规定（试行）》和《关于对职务犯罪案件第一审判决进一步加强同步审查监督工作的通知》等要求，重点解决职务犯罪案件重罪轻判问题。

下级人民检察院审查职务犯罪案件第一审判决，认为应当抗诉的，应当在法定时限内依法提出抗诉，并且报告上一级人民检察院。

下级人民检察院收到人民法院第一审判决书后，应当在二日以内报送上一级人民检察院。上一级人民检察院认为应当抗诉的，应当及时通知下级人民检察院。下级人民检察院审查后认为不应当抗诉的，应当将不抗诉的意见报上一级人民检察院公诉部门。上一级人民检察院公诉部门不同意下级人民检察院不抗诉意见的，应当根据案件情况决定是否调卷审查。上一级人民检察院公诉部门经调卷审查认为确有抗诉必要的，应当报检察长决定或者检察委员会讨论决定。上一级人民检察院作出的抗诉决定，下级人民检察院应当执行。

上下两级人民检察院对人民法院作出的职务犯罪案件第一审判决已经同步审查的，上一级人民法院针对同一案件作出的第二审裁判，收到第二审裁判书的同级人民检察院依法按照审判监督程序及时审查，一般不再报其上一级人民检察院同步审查。

第二十二条 决定抗诉的案件应当制作刑事抗诉书。刑事抗诉书应当包括下列内容：

（一）原判决、裁定情况；

（二）审查意见；

（三）抗诉理由。

刑事抗诉书应当充分阐述抗诉理由。

第二十三条　按照第二审程序提出抗诉的人民检察院，应当及时将刑事抗诉书和检察卷报送上一级人民检察院。经本院检察委员会讨论决定的，应当一并报送本院检察委员会会议纪要。

第二十四条　上一级人民检察院支持或者部分支持抗诉意见的，可以变更、补充抗诉理由，及时制作支持刑事抗诉意见书，阐明支持或者部分支持抗诉的意见和理由，在同级人民法院开庭之前送达人民法院，同时通知提出抗诉的人民检察院。

第二十五条　上一级人民检察院不支持抗诉的，承办部门应当制作撤回抗诉决定书，在同级人民法院开庭之前送达人民法院，同时通知提出抗诉的人民检察院，并向提出抗诉的人民检察院书面说明撤回抗诉理由。

第二十六条　下级人民检察院如果认为上一级人民检察院撤回抗诉不当的，可以提请复议。上一级人民检察院应当复议，并另行指派专人进行审查，提出意见报告检察长或者检察委员会同意后，将复议结果书面通知下级人民检察院。

第二十七条　第二审人民法院发回原审人民法院重新按照第一审程序审判的案件，如果人民检察院认为重新审判的判决、裁定确有错误的，可以按照第二审程序提出抗诉。

第六章　按照审判监督程序抗诉

第二十八条　按照审判监督程序重新审判的案件，适用行为时的法律。

第二十九条　人民法院已经发生法律效力的刑事判决和裁定包括：

（一）已过法定期限没有上诉、抗诉的判决和裁定；

（二）终审的判决和裁定；

（三）最高人民法院核准的死刑的判决和高级人民法院核准的死刑缓期二年执行的判决。

第三十条　提请上级人民检察院按照审判监督程序抗诉的案件，原则上应当自人民法院作出裁判之日起二个月以内作出决定；需要复核主要证据的，可以延长一个月。属于冤错可能等事实证据有重大变化的案件，可以不受上述期限限制。

对于高级人民法院判处死刑缓期二年执行的案件，省级人民检察院认为确有错误提请抗诉的，一般应当在收到生效判决、裁定后三个月以内提出，至迟不得超过六个月。

对于人民法院第一审宣判后人民检察院在法定期限内未提出抗诉，或者判决、裁定发生法律效力后六个月内未提出抗诉的案件，没有发现新的事实或者证据的，一般不得为加重被告人刑罚而依照审判监督程序提出抗诉，但被害人提出申诉或上级人民检察院指令抗诉的除外。

第三十一条　提请上一级人民检察院按照审判监督程序抗诉的案件，应当制作提请抗诉报告书。提请抗诉报告书应当依次写明原审被告人基本情况，诉讼经过，审查认定后的犯罪事实，一审人民法院、二审人民法院的审判情况，判决、裁定错误之处，提请抗诉的理由和法律依据，本院检察委员会讨论情况等。

第三十二条　提请抗诉的人民检察院应当及时将提请抗诉报告书一式十份和侦查卷、检察卷、人民法院审判卷报送上一级人民检察院。经本院检察委员会讨论决定的，应当一并报送本院检察委员会会议纪要。

调阅人民法院的案卷，依据《最高人民法院办公厅、最高人民检察院办公厅关于调阅诉讼卷宗有关问题的通知》有关规定执行。

第三十三条　上级人民检察院审查审判监督程序抗诉案件，原则上应当自收案之日起一个半月以内作出决定；需要复核主要证据或者侦查卷宗在十五册以上的，可以延长一个月；需要征求其他单位意见或者召开专家论证会的，可以再延长半个月。

上级人民检察院审查下一级人民检察院提请抗诉的刑事申诉案件，应当自收案之日起三个月以内作出决定。

属于冤错可能等事实证据有重大变化的案件，可以不受上述期限限制。

有条件的地方，应当再自行缩短办案期限；对原判死缓而抗诉要求改判死刑立即执行的案件，原则上不得延长期限。

第三十四条　上一级人民检察院决定抗诉后，应当制作刑事抗诉书，向同级人民法院提出抗诉。以有新的证据证明原判决、裁定认定事实确有错误为由提出的抗诉，提出抗诉时应向人民法院移送新证据。

人民检察院按照审判监督程序向人民法院提出抗诉的，应当将抗诉书副本报送上一级人民检察院。

第三十五条 人民检察院依照刑事审判监督程序提出抗诉的案件，需要对原审被告人采取强制措施的，由人民检察院依法决定。

第三十六条 上级人民检察院决定不抗诉的，应当向提请抗诉的人民检察院做好不抗诉理由的解释说明工作，一般采用书面方式。

上级人民检察院对下一级人民检察院提请抗诉的刑事申诉案件作出决定后，应当制作审查提请抗诉通知书，通知提请抗诉的人民检察院。

第七章 出席刑事抗诉案件法庭

第三十七条 对提出抗诉的案件，同级人民检察院应当派员出席法庭。人民法院决定召开庭前会议的，同级人民检察院应当派员参加，依法履行职责。

第三十八条 检察员出席刑事抗诉法庭的任务是：

（一）支持抗诉，对原审人民法院作出的错误判决或者裁定提出纠正意见；

（二）维护诉讼参与人的合法权利；

（三）对法庭审理案件有无违反法律规定的诉讼程序的情况进行监督；

（四）依法从事其他诉讼活动。

第三十九条 收到刑事抗诉案件开庭通知书后，出席法庭的检察员应当做好以下准备工作：

（一）熟悉案情和证据情况，了解证人证言、被告人供述等证据材料是否发生变化；

（二）深入研究与本案有关的法律、政策问题，掌握相关的专业知识；

（三）制作出庭预案；

（四）上级人民检察院对下级人民检察院按照第二审程序提出抗诉的案件决定支持抗诉的，应当制作支持抗诉意见书，并在开庭前送达同级人民法院。

第四十条 出庭预案一般应当包括：

（一）讯问原审被告人提纲；

（二）询问证人、被害人、鉴定人、有专门知识的人、侦查人员提纲；

（三）出示物证，宣读书证、证人证言、被害人陈述、被告人供述、勘验检查笔录、辨认笔录、侦查实

验笔录，播放视听资料、电子数据的举证和质证方案；

（四）支持抗诉的事实、证据和法律意见；

（五）对原审被告人、辩护人辩护内容的预测和答辩要点；

（六）对庭审中可能出现的其他情况的预测和相应的对策。

第四十一条 庭审开始前，出席法庭的检察员应当做好以下预备工作：

（一）了解被告人及其辩护人，附带民事诉讼的原告人及其诉讼代理人，以及其他应当到庭的诉讼参与人是否已经到庭；

（二）审查合议庭的组成是否合法；刑事抗诉书副本等诉讼文书的送达期限是否符合法律规定；被告人是盲、聋、哑、未成年人或者可能被判处死刑而没有委托辩护人的，人民法院是否指定律师为其提供辩护；

（三）审查到庭被告人的身份材料与刑事抗诉书中原审被告人的情况是否相符；审判长告知诉讼参与人的诉讼权利是否清楚、完整；审判长对回避申请的处理是否正确、合法。法庭准备工作结束，审判长征求检察员对法庭准备工作有无意见时，出庭的检察员应当就存在的问题提出意见，请审判长予以纠正，或者表明没有意见。

第四十二条 审判长或者审判员宣读原审判决书或者裁定书后，由检察员宣读刑事抗诉书。宣读刑事抗诉书时应当起立，文号及正文括号内的内容不宣读，结尾读至"此致某某人民法院"止。

按照第二审程序提出抗诉的案件，出庭检察员应当在宣读刑事抗诉书后宣读支持抗诉意见书，引导法庭调查围绕抗诉重点进行。

第四十三条 检察员在审判长的主持下讯问被告人。讯问应当围绕抗诉理由以及对原审判决、裁定认定事实有争议的部分进行，对没有异议的事实不再全面讯问。

讯问时应当先就原审被告人过去所作的供述和辩解是否属实进行讯问。如果被告人回答不属实，应当讯问哪些不属实。针对翻供，可以讯问翻供理由，利用被告人供述的前后矛盾进行讯问，或者适时举出相关证据予以反驳。

讯问时应当注意方式、方法，讲究技巧和策略。对被告人供述和辩解不清、不全、前后矛盾，或者供述和辩解明显不合情理，或者供述和辩解与已查证

属实的证据相矛盾的问题，应当讯问。与案件无关、被告人已经供述清楚或者无争议的问题，不再讯问。

讯问被告人应当有针对性，语言准确、简练、严密。

对辩护人已经发问而被告人作出客观回答的问题，一般不进行重复讯问。辩护人发问后，被告人翻供或者回答含糊不清，如果涉及案件事实、性质的认定或者影响量刑的，检察员必须有针对性再讯问。辩护人发问的内容与案件无关，或者采取不适当的发问语言和态度的，检察员应当及时请求合议庭予以制止。

在法庭调查结束前，检察员可以根据辩护人、诉讼代理人、审判长（审判员）发问的情况，进行补充讯问。

第四十四条 证人、鉴定人、有专门知识的人需要出庭的，人民检察院应当申请人民法院通知并安排出庭作证。

对于经人民法院通知而未到庭的证人或者出庭后拒绝作证的证人的证言笔录，检察员应当当庭宣读。对于经人民法院通知而未到庭的证人的证言笔录存在疑问、确实需要证人出庭作证，且可以强制其到庭的，检察员应当建议人民法院强制证人到庭作证和接受质证。

向证人发问，应当先由提请通知的一方进行；发问时可以要求证人就其所了解的与案件有关的事实进行陈述，也可以直接发问。发问完毕后，经审判长准许，对方也可以发问。

检察员对证人发问，应当针对证言中有遗漏、矛盾、模糊不清和有争议的内容，并着重围绕与定罪量刑紧密相关的事实进行。发问应当采取一问一答的形式，做到简洁清楚。

证人进行虚假陈述的，应当通过发问澄清事实，必要时还应当出示、宣读证据配合发问。

询问鉴定人、有专门知识的人参照询问证人的规定进行。

第四十五条 需要出示、宣读、播放原审期间已移交人民法院的证据的，出庭的检察员可以申请法庭出示、宣读、播放。

需要移送证据材料的，在审判长宣布休庭后，检察员应当与审判人员办理交接手续。无法当庭移交的，应当在休庭后三日以内移交。

第四十六条 审判人员通过调查核实取得并当庭出示的新证据，检察员应当进行质证。

第四十七条 检察员对辩护人在法庭上出示的证据材料，应当积极参与质证。质证时既要对辩护人所出示证据材料的真实性发表意见，也要注意辩护人的举证意图。如果辩护人运用该证据材料所说明的观点不能成立，应当及时予以反驳。对辩护人、当事人、原审被告人出示的新的证据材料，检察员认为必要时，可以进行讯问、质证，并就该证据材料的合法性、证明力提出意见。

第四十八条 审判长宣布法庭调查结束，开始进行法庭辩论时，检察员应当发表抗诉案件出庭检察员意见书，主要包括以下内容：

（一）论证本案犯罪事实清楚，证据确实充分，或者原审人民法院认定事实、证据错误之处；

（二）指明被告人犯罪行为性质、严重程度，评析抗诉理由；

（三）论证原审判决书适用法律、定罪量刑是否正确，有误的，应提出改判的建议。

第四十九条 检察员对原审被告人、辩护人提出的观点，认为需要答辩的，应当在法庭上进行答辩。答辩应当抓住重点，主次分明。与案件无关或者已经辩论过的观点和内容，不再答辩。

第五十条 对按照审判监督程序提出抗诉的案件，人民检察院认为人民法院作出的判决、裁定仍然确有错误的，如果案件是依照第一审程序审判的，同级人民检察院应当向上一级人民法院提出抗诉；如果案件是依照第二审程序审判的，上一级人民检察院应当按照审判监督程序向同级人民法院提出抗诉。

对按照审判监督程序提出抗诉的申诉案件，人民检察院认为人民法院作出的判决、裁定仍然确有错误的，由派员出席法庭的人民检察院刑事申诉检察部门适用本条第一款的规定办理。

第八章 刑事抗诉工作机制

第五十一条 下级人民检察院对于拟抗诉的重大案件，应当在决定抗诉前向上级人民检察院汇报。上级人民检察院要结合本地区工作实际，组织开展工作情况通报、工作经验推广、案件剖析评查、优秀案件评选、典型案例评析、业务研讨培训、庭审观摩交流等活动，推动刑事抗诉工作发展。

第五十二条 上级人民检察院要加强刑事抗诉个案和类案专项指导，主动帮助下级人民检察院解决办案中遇到的问题，排除阻力和干扰。对于重大普通刑事案件、重大职务犯罪案件、疑难复杂案件、人民群众对司法不公反映强烈的案件以及其他有重大影响的重要抗诉案件，上级人民检察院要加强抗诉前工作指导，必要时可以同步审查，确保抗诉质量。

第五十三条　认真执行最高人民法院、最高人民检察院《关于人民检察院检察长列席人民法院审判委员会会议的实施意见》的相关规定，人民法院审判委员会讨论人民检察院提出的刑事抗诉案件时，同级人民检察院检察长或者受检察长委托的副检察长应当依法列席。列席人员应当在会前熟悉案情、准备意见和预案，在会上充分阐述人民检察院的抗诉意见和理由。承办检察官应当按照列席要求，为检察长或者受委托的副检察长做好准备

工作。

第五十四条　各级人民检察院要与同级人民法院有关审判庭加强经常性的工作联系，就办理抗诉案件中认识分歧、法律政策适用等问题充分沟通交流。

第五十五条　各级人民检察院对于引起媒体关注的敏感刑事抗诉案件，应当建立快速反应工作机制，依法查明事实真相，适时公开相关信息，及时回应社会关切，主动接受舆论监督，树立人民检察院维护司法公正的良好形象。

第九章　附　　则

第五十六条　本指引由最高人民检察院负责解释，自下发之日起执行。

最高人民检察院关于印发《最高人民检察院关于全面加强未成年人国家司法救助工作的意见》的通知

2018 年 2 月 27 日　　高检发刑申字〔2018〕1 号

各省、自治区、直辖市人民检察院，解放军军事检察院，新疆生产建设兵团人民检察院：

现将《最高人民检察院关于全面加强未成年人

国家司法救助工作的意见》印发你们，请结合工作实际，认真贯彻执行。贯彻实施情况及遇到的问题，请及时报告最高人民检察院。

最高人民检察院关于全面加强
未成年人国家司法救助工作的意见

为进一步加强未成年人司法保护，深入推进检察机关国家司法救助工作，根据《中华人民共和国未成年人保护法》和中央政法委、财政部、最高人民法院、最高人民检察院、公安部、司法部《关于建立完善国家司法救助制度的意见（试行）》《最高人民检察院关于贯彻实施〈关于建立完善国家司法救助制度的意见（试行）〉的若干意见》《人民检察院国

家司法救助工作细则（试行）》，结合检察工作实际，现就全面加强未成年人国家司法救助工作，提出如下意见。

一、充分认识未成年人国家司法救助工作的重要意义

未成年人是祖国的未来，未成年人的健康成长直接关系到亿万家庭对美好生活的向往，关系到国

家的富强和民族的复兴,关系到新时代社会主义现代化强国的全面建成。保护未成年人,既是全社会的共同责任,也是检察机关的重要职责。近年来,对未成年人的司法保护取得长足进展,但未成年人及其家庭因案返贫致困情况仍然存在,甚至出现生活无着、学业难继等问题,严重损害了未成年人合法权益,妨害了未成年人健康成长。对此,各地检察机关积极开展国家司法救助工作,及时帮扶司法过程中陷入困境的未成年人,取得明显成效,收到良好效果。各级检察机关要充分总结经验,进一步提高认识,切实增强开展未成年人国家司法救助工作的责任感和自觉性,以救助工作精细化、救助对象精准化、救助效果最优化为目标,突出未成年人保护重点,全面履行办案机关的司法责任,采取更加有力的措施,不断提升未成年人国家司法救助工作水平,在司法工作中充分反映党和政府的民生关怀,切实体现人民司法的温度、温情和温暖,帮助未成年人走出生活困境,迈上健康快乐成长的人生道路。

二、牢固树立特殊保护、及时救助的理念

未成年人身心未臻成熟,个体应变能力和心理承受能力较弱,容易受到不法侵害且往往造成严重后果。检察机关办理案件时,对特定案件中符合条件的未成年人,应当依职权及时开展国家司法救助工作,根据未成年人身心特点和未来发展需要,给予特殊、优先和全面保护。既立足于帮助未成年人尽快摆脱当前生活困境,也应着力改善未成年人的身心状况、家庭教养和社会环境,促进未成年人健康成长。既立足于帮助未成年人恢复正常生活学习,也应尊重未成年人的人格尊严、名誉权和隐私权等合法权利,避免造成"二次伤害"。既立足于发挥检察机关自身职能作用,也应充分连通其他相关部门和组织,调动社会各方面积极性,形成未成年人社会保护工作合力。

三、明确救助对象,实现救助范围全覆盖

对下列未成年人,案件管辖地检察机关应当给予救助:

(一)受到犯罪侵害致使身体出现伤残或者心理遭受严重创伤,因不能及时获得有效赔偿,造成生活困难的。

(二)受到犯罪侵害急需救治,其家庭无力承担医疗救治费用的。

(三)抚养人受到犯罪侵害致死,因不能及时获

得有效赔偿,造成生活困难的。

(四)家庭财产受到犯罪侵害遭受重大损失,因不能及时获得有效赔偿,且未获得合理补偿、救助,造成生活困难的。

(五)因举报、作证受到打击报复,致使身体受到伤害或者家庭财产遭受重大损失,因不能及时获得有效赔偿,造成生活困难的。

(六)追索抚育费,因被执行人没有履行能力,造成生活困难的。

(七)因道路交通事故等民事侵权行为造成人身伤害,无法通过诉讼获得有效赔偿,造成生活困难的。

(八)其他因案件造成生活困难,认为需要救助的。

四、合理确定救助标准,确保救助金专款专用

检察机关决定对未成年人支付救助金的,应当根据未成年人家庭的经济状况,综合考虑其学习成长所需的合理费用,以案件管辖地所在省、自治区、直辖市上一年度职工月平均工资为基准确定救助金,一般不超过三十六个月的工资总额。对身体重伤或者严重残疾、家庭生活特别困难的未成年人,以及需要长期进行心理治疗或者身体康复的未成年人,可以突破救助限额,并依照有关规定报批。相关法律文书需要向社会公开的,应当隐去未成年人及其法定代理人、监护人的身份信息。

要加强对救助金使用情况的监督,必要时可以采用分期发放、第三方代管等救助金使用监管模式,确保救助金用作未成年人必需的合理支出。对截留、侵占、私分或者挪用救助金的单位和个人,严格依纪依法追究责任,并追回救助金。

五、积极开展多元方式救助,提升救助工作实效

未成年人健康快乐成长,既需要物质帮助,也需要精神抚慰和心理疏导;既需要解决生活面临的急迫困难,也需要安排好未来学习成长。检察机关在开展未成年人国家司法救助工作中,要增强对未成年人的特殊、优先保护意识,避免"给钱了事"的简单化做法,针对未成年人的具体情况,依托有关单位,借助专业力量,因人施策,精准帮扶,切实突出长远救助效果。

对下列因案件陷入困境的未成年人,检察机关可以给予相应方式帮助:

(一)对遭受性侵害、监护侵害以及其他身体伤

害的，进行心理安抚和疏导；对出现心理创伤或者精神损害的，实施心理治疗。

（二）对没有监护人、监护人没有监护能力或者原监护人被撤销资格的，协助开展生活安置、提供临时照料、指定监护人等相关工作。

（三）对未完成义务教育而失学辍学的，帮助重返学校；对因经济困难可能导致失学辍学的，推动落实相关学生资助政策；对需要转学的，协调办理相关手续。

（四）对因身体伤残出现就医、康复困难的，帮助落实医疗、康复机构，促进身体康复。

（五）对因身体伤害或者财产损失提起附带民事诉讼的，帮助获得法律援助；对单独提起民事诉讼的，协调减免相关诉讼费用。

（六）对适龄未成年人有劳动、创业等意愿但缺乏必要技能的，协调有关部门提供技能培训等帮助。

（七）对符合社会救助条件的，给予政策咨询、帮扶转介，帮助协调其户籍所在地有关部门按规定纳入相关社会救助范围。

（八）认为合理、有效的其他方式。

六、主动开展救助工作，落实内部职责分工

国家司法救助工作是检察机关的重要职能，对未成年人进行司法保护是检察机关的应尽职责，开展好未成年人国家司法救助工作，需要各级检察机关、检察机关各相关职能部门和广大检察人员积极参与，群策群力，有效合作，共同推进。

刑事申诉检察部门负责受理、审查救助申请、提出救助审查意见和发放救助金等有关工作，未成年人检察工作部门负责给予其他方式救助等有关工作。侦查监督、公诉、刑事执行检察、民事行政检察、控告检察等办案部门要增强依职权主动救助意识，全面掌握未成年人受害情况和生活困难情况，对需要支付救助金的，及时交由刑事申诉检察部门按规定办理；对需要给予其他方式帮助的，及时交由未成年人检察工作部门按规定办理，或者通知未

成年人检察工作部门介入。

刑事申诉检察部门和未成年人检察工作部门要注意加强沟通联系和协作配合，保障相关救助措施尽快落实到位。

七、积极调动各方力量，构建外部合作机制

检察机关开展未成年人国家司法救助工作，要坚持党委政法委统一领导，加强与法院、公安、司法行政部门的衔接，争取教育、民政、财政、人力资源和社会保障、卫计委等部门支持，对接共青团、妇联、关工委、工会、律协等群团组织和学校、医院、社区等相关单位，引导社会组织尤其是未成年人保护组织、公益慈善组织、社会工作服务机构、志愿者队伍等社会力量，搭建形成党委领导、政府支持、各有关方面积极参与的未成年人国家司法救助支持体系。

要主动运用相关公益项目和利用公共志愿服务平台，充分发挥其资源丰富、方法灵活、形式多样的优势，进一步拓展未成年人国家司法救助工作的深度和广度。

要坚持政府主导、社会广泛参与的救助资金筹措方式，不断加大筹措力度，拓宽来源渠道，积极鼓励爱心企业、爱心人士捐助救助资金。接受、使用捐助资金，应当向捐助人反馈救助的具体对象和救助金额，确保资金使用的透明度和公正性。

八、加强组织领导，健康有序推进救助工作

各级检察机关要以高度的政治责任感，加强和改善对未成年人国家司法救助工作的领导，精心组织、周密部署、抓好落实，努力形成各相关部门分工明确、衔接有序、紧密配合、协同推进的工作格局。上级检察机关要切实履行对本地区未成年人国家司法救助工作的组织、指导职责，加强对下级检察机关开展救助工作的督导，全面掌握救助工作进展情况，及时解决问题，总结推广经验，着力提升本地区未成年人国家司法救助工作水平。要加强宣传引导，展示典型案例和积极成效，努力创造全社会关注、关心和关爱未成年人国家司法救助工作的良好氛围。

最高人民法院 最高人民检察院 公安部 司法部 关于印发《最高人民法院、最高人民检察院、公安部、司法部关于办理恐怖活动和极端主义犯罪案件适用法律若干问题的意见》的通知

2018 年 3 月 16 日 高检会〔2018〕1 号

各省、自治区、直辖市高级人民法院、人民检察院、公安厅（局）、司法厅（局），解放军军事法院、解放军军事检察院，新疆维吾尔自治区高级人民法院生产建设兵团分院，新疆生产建设兵团人民检察院、公安局、司法局、监狱管理局：

近年来，我国恐怖活动和极端主义犯罪出现一些新变化新特点，对国家安全、社会稳定和人民群众生命财产安全造成严重危害和重大风险。为依法严惩恐怖活动和极端主义犯罪，深入推进打击整治工作，最高人民法院、最高人民检察院、公安部、司法部现联合印发《关于办理恐怖活动和极端主义犯罪案件适用法律若干问题的意见》，请结合实际认真贯彻执行。

本意见印发后，2014 年 9 月 9 日《最高人民法院、最高人民检察院、公安部关于办理暴力恐怖和宗教极端刑事案件适用法律若干问题的意见》（公通字〔2014〕34 号）同时废止。之前制定的规范性文件与本意见不一致的，以本意见为准。

最高人民法院 最高人民检察院 公安部 司法部关于办理恐怖活动和极端主义犯罪案件适用法律若干问题的意见

为了依法惩治恐怖活动和极端主义犯罪，维护国家安全、社会稳定，保障人民群众生命财产安全，根据《中华人民共和国刑法》《中华人民共和国刑事诉讼法》《中华人民共和国反恐怖主义法》等法律规定，结合司法实践，制定本意见。

一、准确认定犯罪

（一）具有下列情形之一的，应当认定为刑法第一百二十条规定的"组织、领导恐怖活动组织"，以组织、领导恐怖组织罪定罪处罚：

1. 发起、建立恐怖活动组织的；

2. 恐怖活动组织成立后，对组织及其日常运行负责决策、指挥、管理的；

3. 恐怖活动组织成立后，组织、策划、指挥该组织成员进行恐怖活动的；

4. 其他组织、领导恐怖活动组织的情形。

具有下列情形之一的，应当认定为刑法第一百二十条规定的"积极参加"，以参加恐怖组织罪定罪处罚：

1. 纠集他人共同参加恐怖活动组织的；

2. 多次参加恐怖活动组织的；

3. 曾因参加恐怖活动组织、实施恐怖活动被追究刑事责任或者二年内受过行政处罚，又参加恐怖

活动组织的；

4. 在恐怖活动组织中实施恐怖活动且作用突出的；

5. 在恐怖活动组织中积极协助组织、领导者实施组织、领导行为的；

6. 其他积极参加恐怖活动组织的情形。

参加恐怖活动组织，但不具有前两款规定情形的，应当认定为刑法第一百二十条规定的"其他参加"，以参加恐怖组织罪定罪处罚。

犯刑法第一百二十条规定的犯罪，又实施杀人、放火、爆炸、绑架、抢劫等犯罪的，依照数罪并罚的规定定罪处罚。

（二）具有下列情形之一的，依照刑法第一百二十条之一的规定，以帮助恐怖活动罪定罪处罚：

1. 以募捐、变卖房产、转移资金等方式为恐怖活动组织、实施恐怖活动的个人、恐怖活动培训筹集、提供经费，或者提供器材、设备、交通工具、武器装备等物资，或者提供其他物质便利的；

2. 以宣传、招收、介绍、输送等方式为恐怖活动组织、实施恐怖活动、恐怖活动培训招募人员的；

3. 以帮助非法出入境，或者为非法出入境提供中介服务、中转运送、停留住宿、伪造身份证明材料等便利，或者充当向导、帮助探查偷越国（边）境路线等方式，为恐怖活动组织、实施恐怖活动、恐怖活动培训运送人员的；

4. 其他资助恐怖活动组织、实施恐怖活动的个人、恐怖活动培训，或者为恐怖活动组织、实施恐怖活动、恐怖活动培训招募、运送人员的情形。

实施恐怖活动的个人，包括已经实施恐怖活动的个人，也包括准备实施、正在实施恐怖活动的个人。包括在我国领域内实施恐怖活动的个人，也包括在我国领域外实施恐怖活动的个人。包括我国公民，也包括外国公民和无国籍人。

帮助恐怖活动罪的主观故意，应当根据案件具体情况，结合行为人的具体行为、认知能力、一贯表现和职业等综合认定。

明知是恐怖活动犯罪所得及其产生的收益，为掩饰、隐瞒其来源和性质，而提供资金账户，协助将财产转换为现金、金融票据、有价证券，通过转账或者其他结算方式协助资金转移，协助将资金汇往境外的，以洗钱罪定罪处罚。事先通谋的，以相关恐怖活动犯罪的共同犯罪论处。

（三）具有下列情形之一的，依照刑法第一百二

十条之二的规定，以准备实施恐怖活动罪定罪处罚：

1. 为实施恐怖活动制造、购买、储存、运输凶器，易燃易爆、易制爆品，腐蚀性、放射性、传染性、毒害性物品等危险物品，或者其他工具的；

2. 以当面传授、开办培训班、组建训练营、开办论坛、组织收听收看音频视频资料等方式，或者利用网站、网页、论坛、博客、微博客、网盘、即时通信、通讯群组、聊天室等网络平台、网络应用服务组织恐怖活动培训的，或者积极参加恐怖活动心理体能培训，传授、学习犯罪技能方法或者进行恐怖活动训练的；

3. 为实施恐怖活动，通过拨打电话、发送短信、电子邮件等方式，或者利用网站、网页、论坛、博客、微博客、网盘、即时通信、通讯群组、聊天室等网络平台、网络应用服务与境外恐怖活动组织、人员联络的；

4. 为实施恐怖活动出入境或者组织、策划、煽动、拉拢他人出入境的；

5. 为实施恐怖活动进行策划或者其他准备的情形。

（四）实施下列行为之一，宣扬恐怖主义、极端主义或者煽动实施恐怖活动的，依照刑法第一百二十条之三的规定，以宣扬恐怖主义、极端主义、煽动实施恐怖活动罪定罪处罚：

1. 编写、出版、印刷、复制、发行、散发、播放载有宣扬恐怖主义、极端主义内容的图书、报刊、文稿、图片或者音频视频资料的；

2. 设计、生产、制作、销售、租赁、运输、托运、寄递、散发、展示带有宣扬恐怖主义、极端主义内容的标识、标志、服饰、旗帜、徽章、器物、纪念品等物品的；

3. 利用网站、网页、论坛、博客、微博客、网盘、即时通信、通讯群组、聊天室等网络平台、网络应用服务等登载、张贴、复制、发送、播放、演示载有恐怖主义、极端主义内容的图书、报刊、文稿、图片或者音频视频资料的；

4. 网站、网页、论坛、博客、微博客、网盘、即时通信、通讯群组、聊天室等网络平台、网络应用服务的建立、开办、经营、管理者，明知他人利用网络平台、网络应用服务散布、宣扬恐怖主义、极端主义内容，经相关行政主管部门处罚后仍允许或者放任他人发布的；

5. 利用教经、讲经、解经、学经、婚礼、葬礼、纪念、聚会和文体活动等宣扬恐怖主义、极端主义、煽动实施恐怖活动的;

6. 其他宣扬恐怖主义、极端主义、煽动实施恐怖活动的行为。

(五)利用极端主义,实施下列行为之一的,依照刑法第一百二十条之四的规定,以利用极端主义破坏法律实施罪定罪处罚:

1. 煽动、胁迫群众以宗教仪式取代结婚、离婚登记,或者干涉婚姻自由的;

2. 煽动、胁迫群众破坏国家法律确立的司法制度实施的;

3. 煽动、胁迫群众干涉未成年人接受义务教育,或者破坏学校教育制度、国家教育考试制度等国家法律规定的教育制度的;

4. 煽动、胁迫群众抵制人民政府依法管理,或者阻碍国家机关工作人员依法执行职务的;

5. 煽动、胁迫群众损毁居民身份证、居民户口簿等国家法定证件以及人民币的;

6. 煽动、胁迫群众驱赶其他民族、有其他信仰的人员离开居住地,或者干涉他人生活和生产经营的;

7. 其他煽动、胁迫群众破坏国家法律制度实施的行为。

(六)具有下列情形之一的,依照刑法第一百二十条之五的规定,以强制穿戴宣扬恐怖主义、极端主义服饰、标志罪定罪处罚:

1. 以暴力、胁迫等方式强制他人在公共场所穿着、佩戴宣扬恐怖主义、极端主义服饰的;

2. 以暴力、胁迫等方式强制他人在公共场所穿着、佩戴含有恐怖主义、极端主义的文字、符号、图形、口号、徽章的服饰、标志的;

3. 其他强制他人穿戴宣扬恐怖主义、极端主义服饰、标志的情形。

(七)明知是载有宣扬恐怖主义、极端主义内容的图书、报刊、文稿、图片、音频视频资料、服饰、标志或者其他物品而非法持有,达到下列数量标准之一的,依照刑法第一百二十条之六的规定,以非法持有宣扬恐怖主义、极端主义物品罪定罪处罚:

1. 图书、刊物二十册以上,或者电子图书、刊物五册以上的;

2. 报纸一百份(张)以上,或者电子报纸二十份(张)以上的;

3. 文稿、图片一百篇(张)以上,或者电子文稿、图片二十篇(张)以上,或者电子文档五十万字符以上的;

4. 录音带、录像带等音像制品二十个以上,或者电子音频视频资料五个以上,或者电子音频视频资料二十分钟以上的;

5. 服饰、标志二十件以上的。

非法持有宣扬恐怖主义、极端主义的物品,虽未达到前款规定的数量标准,但具有多次持有,持有多类物品,造成严重后果或者恶劣社会影响,曾因实施恐怖活动、极端主义违法犯罪被追究刑事责任或者二年内受过行政处罚等情形之一的,也可以定罪处罚。

多次非法持有宣扬恐怖主义、极端主义的物品,未经处理的,数量应当累计计算。非法持有宣扬恐怖主义、极端主义的物品,涉及不同种类或者形式的,可以根据本条规定的不同数量标准的相应比例折算后累计计算。

非法持有宣扬恐怖主义、极端主义物品罪主观故意中的"明知",应当根据案件具体情况,以行为人实施的客观行为为基础,结合其一贯表现,具体行为、程度、手段、事后态度,以及年龄、认知和受教育程度、所从事的职业等综合审查判断。

具有下列情形之一,行为人不能做出合理解释的,可以认定其"明知",但有证据证明确属被蒙骗的除外:

1. 曾因实施恐怖活动、极端主义违法犯罪被追究刑事责任,或者二年内受过行政处罚,或者被责令改正后又实施的;

2. 在执法人员检查时,有逃跑、丢弃携带物品或者逃避、抗拒检查等行为,在其携带、藏匿或者丢弃的物品中查获宣扬恐怖主义、极端主义的物品的;

3. 采用伪装、隐匿、暗语、手势、代号等隐蔽方式制作、散发、持有宣扬恐怖主义、极端主义的物品的;

4. 以虚假身份、地址或者其他虚假方式办理托运、寄递手续,在托运、寄递的物品中查获宣扬恐怖主义、极端主义的物品的;

5. 有其他证据足以证明行为人应当知道的情形。

(八)犯刑法第一百二十条规定的犯罪,同时构成刑法第一百二十条之一至之六规定的犯罪的,依照处罚较重的规定定罪处罚。

犯刑法第一百二十条之一至之六规定的犯罪，同时构成其他犯罪的，依照处罚较重的规定定罪处罚。

（九）恐怖主义、极端主义，恐怖活动，恐怖活动组织，根据《中华人民共和国反恐怖主义法》等法律法规认定。

二、正确适用程序

（一）组织、领导、参加恐怖组织罪，帮助恐怖活动罪，准备实施恐怖活动罪，宣扬恐怖主义、煽动实施恐怖活动罪，强制穿戴宣扬恐怖主义服饰、标志罪，非法持有宣扬恐怖主义物品罪的第一审刑事案件由中级人民法院管辖；宣扬极端主义罪，利用极端主义破坏法律实施罪，强制穿戴宣扬极端主义服饰、标志罪，非法持有宣扬极端主义物品罪的第一审刑事案件由基层人民法院管辖。高级人民法院可以根据级别管辖的规定，结合本地区社会治安状况、案件数量等情况，决定实行相对集中管辖，指定辖区内特定的中级人民法院集中审理恐怖活动和极端主义犯罪第一审刑事案件，或者指定辖区内特定的基层人民法院集中审理极端主义犯罪第一审刑事案件，并将指定法院名单报最高人民法院备案。

（二）国家反恐怖主义工作领导机构对恐怖活动组织和恐怖活动人员作出认定并予以公告的，人民法院可以在办案中根据公告直接认定。国家反恐怖主义工作领导机构没有公告的，人民法院应当严格依照《中华人民共和国反恐怖主义法》有关恐怖活动组织和恐怖活动人员的定义认定，必要时，可以商地市级以上公安机关出具意见作为参考。

（三）宣扬恐怖主义、极端主义的图书、音频视频资料，服饰、标志或者其他物品的认定，应当根据《中华人民共和国反恐怖主义法》有关恐怖主义、极端主义的规定，从其记载的内容、外观特征等分析判断。公安机关应当对涉案物品全面审查并逐一标注或者摘录，提出审读意见，与扣押、移交物品清单及涉案物品原件一并移送人民检察院审查。人民检察院、人民法院可以结合在案证据、案件情况、办案经验等综合审查判断。

（四）恐怖活动和极端主义犯罪案件初查过程中收集提取的电子数据，以及通过网络在线提取的电子数据，可以作为证据使用。对于原始存储介质位于境外或者远程计算机信息系统上的恐怖活动和极端主义犯罪电子数据，可以通过网络在线提取。必要时，可以对远程计算机信息系统进行网络远程勘验。立案后，经设区的市一级以上公安机关负责人批准，可以采取技术侦查措施。对于恐怖活动和极端主义犯罪电子数据量大或者提取时间长等需要冻结的，经县级以上公安机关负责人或者检察长批准，可以进行冻结。对于电子数据涉及的专门性问题难以确定的，由具备资格的司法鉴定机构出具鉴定意见，或者由公安部指定的机构出具报告。

三、完善工作机制

（一）人民法院、人民检察院和公安机关办理恐怖活动和极端主义犯罪案件，应当互相配合，互相制约，确保法律有效执行。对于主要犯罪事实、关键证据和法律适用等可能产生分歧或者重大、疑难、复杂的恐怖活动和极端主义犯罪案件，公安机关商请听取有管辖权的人民检察院意见和建议的，人民检察院可以提出意见和建议。

（二）恐怖活动和极端主义犯罪案件一般由犯罪地公安机关管辖，犯罪嫌疑人居住地公安机关管辖更为适宜的，也可以由犯罪嫌疑人居住地公安机关管辖。移送案件应当一案一卷，将案件卷宗、提取物证和扣押物品等全部随案移交。移送案件的公安机关应当指派专人配合接收案件的公安机关开展后续案件办理工作。

（三）人民法院、人民检察院和公安机关办理恐怖活动和极端主义犯罪案件，应当坚持对涉案人员区别对待，实行教育转化。对被教唆、胁迫、引诱参与恐怖活动、极端主义活动，或者参与恐怖活动、极端主义活动情节轻微，尚不构成犯罪的人员，公安机关应当组织有关部门、村民委员会、居民委员会、所在单位、就读学校、家庭和监护人对其进行帮教。对被判处有期徒刑以上刑罚的恐怖活动罪犯和极端主义罪犯，服刑地的中级人民法院应当根据其社会危险性评估结果和安置教育建议，在其刑满释放前作出是否安置教育的决定。人民检察院依法对安置教育进行监督，对于实施安置教育过程中存在违法行为的，应当及时提出纠正意见或者检察建议。

最高人民检察院关于印发《人民检察院办理死刑第二审案件和复核监督工作指引（试行）》的通知

2018 年 3 月 31 日　　高检发诉二字〔2018〕1 号

各省、自治区、直辖市人民检察院，解放军军事检察院，新疆生产建设兵团人民检察院：

《人民检察院办理死刑第二审案件和复核监督工作指引（试行）》已经 2018 年 1 月 11 日最高人民检察院第十二届检察委员会第七十二次会议通过，现予印发，请遵照执行。

人民检察院办理死刑第二审案件和复核监督工作指引（试行）

（2018 年 1 月 11 日最高人民检察院第十二届检察委员会第七十二次会议通过）

第一章　一般规定

第一条 【目的和依据】为了规范人民检察院死刑第二审案件办理以及死刑复核监督工作，根据《中华人民共和国刑事诉讼法》和《人民检察院刑事诉讼规则（试行）》等相关规定，结合检察工作实际，制定本指引。

第二条 【案件与工作范围】本指引所称死刑第二审案件，是指因上诉或者抗诉而进入第二审程序的下列案件：

（一）第一审被告人被判处死刑立即执行的；

（二）第一审被告人被判处死刑缓期二年执行，人民法院决定开庭审理的；

（三）人民检察院认为第一审被告人应当被判处死刑立即执行或者死刑缓期二年执行而提出抗诉的。

本指引所称死刑复核监督工作，是指下列工作：

（一）最高人民检察院对最高人民法院复核死刑案件的监督；

（二）省级人民检察院对高级人民法院复核未上诉且未抗诉的死刑立即执行案件的监督；

（三）省级人民检察院对高级人民法院复核死刑缓期二年执行案件的监督。

第三条 【刑事政策】人民检察院办理死刑第二审案件和复核监督工作应当贯彻宽严相济刑事政策，坚持保留死刑，严格控制和慎重适用死刑政策，严格把握刑法规定的死刑适用条件，确保死刑只适用于极少数罪行极其严重的犯罪分子。

第四条 【原则】人民检察院办理死刑第二审案件和开展复核监督工作，应当遵循惩罚犯罪与保障人权相结合、程序公正与实体公正并重以及证据裁判原则。

第五条 【职责】人民检察院办理死刑第二审案件和开展死刑复核监督工作应当依法履行法律监督职责，确保死刑的公正、统一、正确适用。

第六条 【工作要求】办理死刑第二审案件和开展复核监督工作，应当坚持最严格的证明标准、最规范的办案程序、最审慎的工作态度。

第二章　死刑第二审案件审查与决定

第一节　案件审查

第七条　【收案】检察人员接收案件后，应当规范使用统一业务应用系统，在案件审查、决定、审结、出庭、裁判等环节及时填录案卡，制作文书。

第八条　【审查的主要内容】检察人员应当客观全面审查在案证据材料，并重点审查以下内容：

（一）第一审判决认定事实是否清楚，证据是否确实、充分；

（二）适用法律是否正确，对有关量刑情节的认定是否准确，量刑是否适当；

（三）被判处死刑的被告人是否罪行极其严重，是否必须立即执行；

（四）被告人被判处死刑缓期二年执行的，决定限制减刑或者终身监禁是否适当；

（五）抗诉、上诉意见与第一审判决存在的分歧，抗诉、上诉理由是否正确、充分；

（六）抗诉、上诉中是否提出或者第一审判决后是否出现了可能影响定罪量刑的新事实、新证据；

（七）有无遗漏罪行或者其他应当追究刑事责任的人；

（八）涉案财物处理是否妥当；

（九）诉讼活动是否存在影响公正判决的违法情形；

（十）被告方与被害方是否达成赔偿谅解；

（十一）是否有涉检信访或者重大舆情风险；

（十二）其他可能影响定罪量刑的内容。

第九条　【审查方式】检察人员审查案件，应当就第一审判决认定的案件事实和适用法律进行全面审查，重点围绕抗诉、上诉理由开展下列工作：

（一）复核主要证据，必要时到案发现场调查；

（二）讯问被告人，听取被告人的上诉理由或者辩解；

（三）必要时听取辩护人、被害人及其法定代理人或者近亲属的意见；

（四）必要时询问证人；

（五）对证据合法性有疑问的，应当进行调查核实；

（六）对鉴定意见有疑问的，可以重新鉴定或者补充鉴定；

（七）需要侦查机关补充调取和完善的证据，可以要求侦查机关提供，必要时可以自行调查核实，补充收集相关证据；

（八）应当开展的其他工作。

第十条　【核查证据】对于影响定罪或者量刑的主要证据应当进行复核，重点核查证据是否客观、真实，取证程序是否合法以及证据之间是否存在矛盾。

第十一条　【对物证、书证等证据的审查】加强对物证、书证等证据的审查。物证、书证的收集、送检、保管等不符合法定程序，可能严重影响司法公正的，应当要求侦查机关予以补正或者作出合理解释；不能补正或者无法作出合理解释的，应当予以排除，不能作为定案的根据。

第十二条　【对鉴定意见的审查】对鉴定意见应当重点审查以下内容：

（一）鉴定机构和鉴定人是否具有法定资质，鉴定人是否存在应当回避的情形；

（二）检材的收集、取得、保管、送检是否符合法律及有关规定，与相关提取笔录、扣押物品清单等记载的内容是否相符，检材是否充足、可靠；

（三）鉴定程序是否符合法律及有关规定，鉴定的过程和方法是否符合相关专业的规范要求，鉴定意见是否告知被告人和被害人及其法定代理人或者近亲属；

（四）鉴定意见形式要件是否完备，鉴定意见是否明确，鉴定意见与案件待证事实有无关联，鉴定意见与勘验、检查笔录及相关照片等其他证据是否矛盾，鉴定意见是否存在无法排除的合理怀疑，检验分析是否科学、全面；

（五）有利于被告人和不利于被告人的鉴定意见是否移送。

第十三条　【对勘验、检查笔录的审查】对勘验、检查笔录应当重点审查以下内容：

（一）勘验、检查是否依法进行，笔录的制作是否符合法律及有关规定，勘验、检查人员和见证人是否签名或者盖章；

（二）勘验、检查笔录的内容是否全面、详细、准确、规范，文字记载与实物或者绘图、录像、照片是否相符，固定证据的形式、方法是否科学、规范，现场、物品、痕迹等是否被破坏或者伪造，人身特征、伤害情况、生理状况有无伪装或者变化；

（三）补充进行勘验、检查的，前后勘验、检查的情况是否有矛盾，是否说明了再次勘验、检查的

理由;

（四）勘验、检查笔录中记载的情况与被告人供述、被害人陈述、鉴定意见等其他证据能否印证，有无矛盾。

第十四条 【讯问被告人】讯问被告人应当按照以下要求进行:

（一）讯问应当由两名以上检察人员进行;

（二）讯问前认真制作讯问提纲，明确讯问目的，拟定重点解决的问题;

（三）核对被告人的基本情况，告知诉讼权利和义务;

（四）听取被告人的上诉理由、辩解和供述，核查是否有新证据、是否有自首和立功等情节、是否有刑讯逼供等非法取证情况，以及其他需要核实的问题;

（五）规范制作讯问笔录，笔录首部内容应当填写完整，讯问人员应当在讯问笔录上签名;

（六）远程视频提讯的，应当制作同步录音录像。

对讯问过程中出现翻供或者在一审阶段曾经翻供的，应当详细讯问翻供的原因和理由，并重点讯问作案动机、目的、手段、工具以及与犯罪有关的时间、地点、人员等细节。

第十五条 【对技术侦查措施收集证据的审查】侦查机关采取技术侦查措施收集的物证、书证、电子数据等证据材料没有移送，影响定罪量刑的，检察人员可以要求侦查机关将相关证据材料连同批准采取技侦措施的法律文书一并移送，必要时可以到侦查机关技术侦查部门核查原始证据。

第十六条 【调查核实证据合法性】经审查，发现侦查人员以非法方法收集证据的，或者被告人及其辩护人申请排除非法证据，并提供相关线索或者材料的，应当依照相关规定，及时进行调查核实。

调查核实证据合法性可以采取以下方式:

（一）讯问被告人;

（二）询问办案人员;

（三）询问在场人员及证人;

（四）听取辩护律师意见;

（五）调取讯问笔录、讯问录音录像;

（六）调取、查询被告人出入看守所的身体检查记录及相关材料;

（七）调取、查询驻看守所检察人员在侦查终结前的核查材料;

（八）调取、查阅、复制相关法律文书或者案件材料;

（九）进行伤情、病情检查或者鉴定;

（十）其他调查核实方式。

第十七条 【审查同步录音录像的一般规定】检察人员对取证合法性产生疑问的，可以审查相关的录音录像，对于重大、疑难、复杂的案件，必要时可以审查全部录音录像。

第十八条 【审查同步录音录像的主要内容】对同步录音录像应当重点审查以下内容:

（一）是否全程、连续、同步，有无选择性录制，有无剪接、删改;

（二）是否与讯问笔录记载的起止时间一致;

（三）与讯问笔录记载的内容是否存在差异;

（四）是否存在刑讯逼供、诱供等违法行为。

讯问录音录像存在选择性录制、剪接、删改等情形，或者与讯问笔录存在实质性差异，不能排除以非法方法收集证据情形的，对相关证据应当予以排除。

第十九条 【非法证据排除】对采用下列非法方法收集的被告人供述，应当提出依法排除的意见:

（一）采取殴打、违法使用戒具等暴力方法或者变相肉刑的恶劣手段，使被告人遭受难以忍受的痛苦而违背意愿作出的供述;

（二）采用以暴力或者严重损害本人及其近亲属合法权益等进行威胁的方法，使被告人遭受难以忍受的痛苦而违背意愿作出的供述;

（三）采用非法拘禁等非法限制人身自由的方法收集的供述。

采用暴力、威胁以及非法限制人身自由等非法方法收集的证人证言、被害人陈述，应当予以排除。

第二十条 【重复自白的排除及除外情形】采用刑讯逼供方法使被告人作出供述，之后被告人受该刑讯逼供行为影响而作出的与该供述相同的重复性供述，应当提出依法排除的意见，但下列情形除外:

（一）侦查期间，根据控告、举报或者自己发现等，侦查机关确认或者不能排除以非法方法收集证据而更换侦查人员，其他侦查人员再次讯问时告知诉讼权利和认罪的法律后果，犯罪嫌疑人自愿供述的;

（二）审查逮捕、审查起诉和审判期间，检察人员、审判人员讯问时告知诉讼权利和认罪的法律后果，犯罪嫌疑人、被告人自愿供述的。

第二十一条 【对自首、立功等可能影响定罪量刑的材料和线索的审查】被告人、辩护人提出被告人自首、立功或者受到刑讯逼供等可能影响定罪量刑的材料和线索的，人民检察院可以依照管辖规定交侦查机关调查核实，也可以自行调查核实。发现遗漏罪行或者同案犯罪嫌疑人的，应当建议侦查机关侦查。

第二十二条 【案件线索来源存疑、侦破过程不清楚的案件的审查】对于案件线索来源存疑、侦破过程不清楚的，应当要求侦查机关提供相关法律文书或者作出详细的情况说明。

第二十三条 【补充收集证据的一般规定】对死刑第二审案件自行补充收集证据的，应当由两名以上检察人员进行，可以要求侦查机关提供协助，也可以申请本院司法警察协助。上级人民检察院通过下级人民检察院通知侦查机关补充收集证据的，下级人民检察院应当提供协助。

第二十四条 【自行补充收集证据的情形】死刑第二审案件具有下列情形之一的，可以自行补充收集证据：

（一）侦查机关以刑讯逼供等非法方法收集的被告人供述和采用暴力、威胁等非法手段取得的被害人陈述、证人证言，被依法排除后，侦查机关未另行指派侦查人员重新调查取证的；

（二）被告人作出无罪辩解或者辩护人提出无罪辩护意见，经审查后，认为侦查机关取得的言词证据不全面或者有遗漏，或者经审查后认为存在疑问的；

（三）案件在定罪量刑方面存在明显分歧或者较大争议，需要补充关键性言词证据，特别是影响案件定罪量刑的被告人供述、证人证言、被害人陈述等言词类证据的；

（四）认为需要补充收集的事项，侦查机关未补充收集或者补充收集后未达到要求，且自行补充收集具有可行性的；

（五）案件主要事实清楚，主要证据确实、充分，尚需要查明个别事实、情节或者补充个别证据材料的；

（六）其他需要自行补充收集证据的情形。

第二十五条 【保障律师执业权利】检察人员应当依法保障律师的执业权利。

辩护律师要求听取其意见的，应当及时安排在工作时间、工作场所接待，并由两名以上检察人员听取意见、制作笔录。

辩护律师提出的书面意见，或者提交的无罪、罪轻或者减轻、免除刑事责任的证据材料应当附卷，并在审查报告中说明是否采纳及理由。

第二十六条 【保障被害人权益】检察人员应当依法保障被害人及其法定代理人或者近亲属的合法权益。涉及影响案件定罪量刑、社会稳定、司法救助等情况的，应当主动听取被害人及其法定代理人或者近亲属的意见。

第二十七条 【审查报告的内容】死刑第二审案件审查报告一般包括：

（一）被告人及被害人基本情况；

（二）案件诉讼经过；

（三）第一审判决认定的事实及裁判结果、理由；

（四）抗诉或者上诉理由；

（五）辩护人的意见；

（六）审查认定的事实及对证据的综合分析；

（七）对上诉、抗诉理由的分析与意见；

（八）需要说明的问题；

（九）审查意见和理由。

第二十八条 【上诉案件的处理意见】对于上诉案件，审查后视情形提出以下处理意见：

（一）原判决认定事实清楚，证据确实、充分，适用法律正确，量刑适当，审判程序合法的，应当提出建议维持原判的意见；

（二）原判决在事实认定、证据采信、综合评判等方面存在不当之处，但不影响定罪量刑的，可以建议第二审人民法院在依法纠正后维持原判；

（三）原判决认定事实没有错误，但适用法律错误，导致定罪错误或者量刑不当的，应当提出建议改判的意见，但不得违反上诉不加刑原则；

（四）原判决认定事实不清或者证据不足的，可以在查清事实后提出建议改判的意见，也可以提出建议发回重审的意见；

（五）第一审人民法院违反法律规定的诉讼程序，可能影响公正审判的，应当提出建议发回重审的意见。

第二十九条 【抗诉案件的处理意见】对于抗诉案件，审查后视情形提出以下处理意见：

（一）具有《人民检察院刑事诉讼规则（试行）》

第五百八十四条规定的情形,原判决确有错误,抗诉意见正确的,应当提出支持抗诉的意见;

(二)原判决确有错误,抗诉意见部分正确的,可以变更、补充抗诉理由,提出部分支持抗诉的意见;

(三)原判决并无不当,抗诉意见不当的,应当提出撤回抗诉的意见。

第三十条 【阅卷时间】人民检察院应当在接到人民法院决定开庭、查阅案卷通知之日起一个月以内阅卷完毕。在一个月以内无法完成的,可以商请人民法院延期审理。

第二节　案件决定

第三十一条 【提请检察官联席会议或者检察委员会讨论的情形】检察人员可以对下列死刑案件提请公诉部门负责人召集检察官联席会议进行讨论,为案件处理提供参考意见。需要提请检察委员会讨论的,应当报检察长决定:

(一)抗诉案件;

(二)在事实认定、证据采信、法律适用等方面存在较大分歧的;

(三)在全国或者当地有重大社会影响的;

(四)当事人或者其近亲属反应强烈,可能引发社会矛盾的;

(五)其他重大、疑难、复杂的死刑案件。

第三十二条 【案件决定】检察长不同意检察人员处理意见,可以要求检察人员复核或者提请检察委员会讨论决定,也可以直接作出决定。要求复核的意见、决定,应当以书面形式作出,并归入案件卷宗。

第三十三条 【检察人员意见与决定不一致的处理】检察人员执行检察长决定时,认为决定错误的,可以提出异议;检察长不改变该决定,或者要求立即执行的,检察人员应当执行。

第三章　死刑第二审案件出席法庭

第一节　出席法庭准备

第三十四条 【确定出席法庭人员和制作相关文书】收到人民法院出席法庭通知书后,人民检察院应当及时确定出席法庭履行职务的检察人员,并制作派员出席法庭通知书送达人民法院。

第三十五条 【出庭法庭准备工作】检察人员应当做好以下出席法庭准备工作:

(一)进一步熟悉案情和主要证据,及时了解证据的变化情况和辩护人向法庭提供的新证据,确定需要在法庭上出示的证据,研究与本案有关的法律政策问题以及审判中可能涉及的专业知识;

(二)拟定出庭预案,包括讯问提纲、询问提纲、举证质证提纲、答辩提纲和出庭检察员意见书。重大、疑难、复杂的案件可以制作多媒体示证资料;

(三)在开庭前将需要通知到庭的证人、侦查人员、鉴定人、有专门知识的人的名单以及拟在法庭审理中出示的新证据提交人民法院,并与审判人员做好沟通;

(四)需要对出庭证人等诉讼参与人提供保护的,及时向人民法院提出建议,做好相关工作;

(五)对于重大、疑难、复杂和社会高度关注的案件,应当制作临庭处置方案,应对可能出现的各种复杂情况。

第三十六条 【出庭预案】出庭预案应当重点围绕抗诉、上诉理由,针对需要查证的、与定罪量刑有关的事实进行准备,根据具体案件情况,突出针对性和预见性。对于重大、疑难、复杂和社会高度关注的案件,可以召集检察官联席会议对出庭预案进行讨论。

第三十七条 【出庭检察员意见书】出庭检察员意见书的主要内容包括对第一审判决的全面评价、对抗诉理由的分析或者对上诉理由的评析、对辩解理由和辩护意见的评析等。

出庭检察员意见书应当表明建议法庭维持原判、依法改判或者发回重审的意见。

第三十八条 【与侦查人员、侦查活动相关的庭前准备工作】检察人员认为有必要由侦查人员或者其他人员出席法庭说明情况的,应当通知侦查机关及有关人员做好出席法庭准备;检察人员认为有必要当庭播放侦查活动的相关录音、录像,但录音、录像中有涉及国家秘密、商业秘密、个人隐私或者其他不宜公开的内容的,应当提前做好技术处理。

第二节　参加庭前会议

第三十九条 【参加庭前会议的人员及建议召开庭前会议的情形】人民法院通知人民检察院派员参加庭前会议的,由拟出席法庭的检察人员参加,检察长认为有必要的也可以参加。

对于证据材料较多,案情疑难复杂,社会影响重大等情形,人民法院未召开庭前会议的,可以建议召开庭前会议。

被告人及其辩护人在开庭审理前申请排除非法证据,并依照法律规定提供相关线索或者材料,人民法院未召开庭前会议的,应当建议人民法院召开庭前会议。第一审期间已进行非法证据调查,被告人及其辩护人没有新的线索或者材料,以相同理由再次提出申请的除外。

第四十条 【庭前会议的准备】参加庭前会议前,检察人员应当准备拟提出的问题及意见,预测辩护方可能提出的问题,制定应对方案。

第四十一条 【庭前会议的内容】在庭前会议中,检察人员可以对案件管辖、回避、出庭证人、鉴定人、有专门知识的人的名单、辩护人提供的无罪证据、非法证据排除、不公开审理、延期审理、庭审方案等与审判相关的问题提出和交换意见,了解辩护人收集的证据等情况。

对辩护人收集的证据有异议的,应当提出。

第四十二条 【申请证人、鉴定人、侦查人员、有专门知识的人出席法庭的情形】具有下列情形,检察人员可以在庭前会议中申请人民法院通知证人、鉴定人、侦查人员、有专门知识的人出席法庭:

(一)对证人证言有异议,且该证人证言对案件定罪量刑有重大影响的;

(二)对鉴定意见有异议的;

(三)需要侦查人员就相关证据材料的合法性说明情况的;

(四)需要有专门知识的人就鉴定意见或者专门性问题提出意见的。

第四十三条 【对非法证据进行说明】被告人及其辩护人在庭前会议中提出证据系非法取得,人民法院认为可能存在以非法方法收集证据情形的,检察人员应当通过出示有关证据材料等方式,有针对性地对证据收集的合法性作出说明。

第四十四条 【庭前会议的效力】对于人民法院已在庭前会议中对可能导致法庭审理中断的程序性事项作出处理决定的,被告人及其辩护人没有新的理由,在法庭审理中再次提出有关申请或者异议的,检察人员应当建议法庭予以驳回。

第三节 出席法庭

第四十五条 【主要任务】检察人员出席死刑第二审法庭的主要任务是:

(一)支持抗诉或者听取上诉意见,对原审人民法院作出的错误判决或者裁定提出纠正意见;

(二)维护原审人民法院正确的判决或者裁定,建议法庭维持原判;

(三)维护诉讼参与人的合法权利;

(四)对法庭审判活动是否合法进行监督;

(五)依法从事其他诉讼活动。

第四十六条 【对法庭准备工作的监督】在法庭审理开始前,检察人员应当注意发现和纠正以下违法行为:

(一)不公开审理的案件允许旁听;

(二)辩护人没有到庭;

(三)应当配备翻译人员没有配备;

(四)证人、鉴定人、有专门知识的人在旁听席就坐等情形。

检察人员在审判长征求对法庭准备工作的意见时应当表明意见。

第四十七条 【对申请检察人员回避的处理】当事人及其法定代理人、辩护人、诉讼代理人申请检察人员回避的,对符合刑事诉讼法第二十八条、第二十九条规定情形的回避申请,应当在人民法院决定休庭后,由人民检察院作出是否回避的决定。对不符合刑事诉讼法第二十八条、第二十九条规定情形的回避申请,检察人员应当建议法庭继续开庭审理。

第四十八条 【对开庭后宣告裁判前申请撤回上诉的处理】被判处死刑立即执行的上诉人,在第二审开庭后宣告裁判前申请撤回上诉的,检察人员应当建议人民法院不予准许撤回上诉,继续按照上诉案件审理。

第四十九条 【对审判长概括内容的意见】审判长就抗诉、上诉未涉及的事实归纳总结后,检察人员认为该部分事实清楚、证据确实充分的,应当表示无异议,当庭予以确认;认为有异议的,应当指出,并提请法庭进行调查。

对于审判长概括的审理重点和焦点问题,检察人员认为需要补充的,应当及时提出。

第五十条 【对已认定为非法证据的处理】人民检察院认定的非法证据,应当予以排除。被排除的非法证据应当随案移送,并写明为依法排除的证据。

第五十一条 【对当事人在法庭审理中申请排除非法证据的处理】被告人及其辩护人在开庭审理

前未申请排除非法证据,在法庭审理过程中提出申请的,检察人员应当建议法庭要求其说明理由。

第五十二条 【建议驳回排除非法证据申请的情形】对于被告人及其辩护人法庭审理中申请排除非法证据,但没有提供相关线索或者材料的,或者申请排除的理由明显不符合法律规定的,检察人员可以建议法庭当庭驳回申请。

第五十三条 【建议对排除非法证据申请进行审查的情形】被告人及其辩护人在法庭审理期间发现相关线索或者材料,在法庭审理中申请排除非法证据的,检察人员可以建议合议庭对相关证据的合法性进行审查。

第五十四条 【检察人员对证据合法性的证明方式】对于被告人及其辩护人在法庭审理期间申请排除非法证据,法庭决定进行调查的,检察人员可以出示讯问笔录、提讯登记、体检记录、采取强制措施或者侦查措施的法律文书、侦查终结前对讯问合法性的核查材料等证据材料,有针对性地播放讯问录音录像,提请法庭通知侦查人员或者其他人员出席法庭说明情况。

第五十五条 【法庭审理阶段讯问被告人】检察人员讯问被告人应当根据法庭确定的审理重点和焦点问题,围绕抗诉、上诉理由以及对原审判决、裁定认定事实有争议的部分进行,对没有异议的事实不再全面讯问。上诉案件先由辩护人发问,抗诉案件以及既有上诉又有抗诉的案件先由检察人员讯问。讯问应当注意以下方面:

(一)被告人当庭辩解之前所作的供述不属实的,应当就其提出的不属实部分和翻供理由,进行有针对性的讯问,翻供理由不成立的,应当结合相关证据当庭指出;

(二)被告人供述不清楚、不全面、不合理,或者与案件第一审判决查证属实的证据相矛盾的,应当进行讯问,与案件抗诉、上诉部分的犯罪事实无关的问题可以不讯问;

(三)对于辩护人已经发问而被告人作出客观回答的问题,不进行重复讯问,但是被告人供述矛盾、含糊不清或者翻供,影响对案件事实、性质的认定或者量刑的,应当有针对性地进行讯问;

(四)在法庭调查结束前,可以根据辩护人或者诉讼代理人发问、审判长(审判员)讯问的情况,进行补充讯问。

讯问共同犯罪案件的被告人应当个别进行,讯问中应当注意讯问被告人在共同犯罪中的地位、作用。被告人对同一事实的供述存在矛盾的,检察人员可以建议法庭传唤有关被告人到庭对质。

第五十六条 【禁止诱导性及不当的讯问、发问】检察人员讯问被告人,应当避免可能影响陈述客观真实的诱导性讯问或者其他不当讯问。

辩护人采用诱导性发问或者其他不当发问可能影响陈述的客观真实的,检察人员应当提请审判长予以制止或者要求对该项发问所获得的当庭供述不予采信。

第五十七条 【举证质证的一般规定】检察人员举证质证应当围绕对抗诉、上诉意见及理由具有重要影响的关键事实和证据进行。上诉案件先由被告人及其辩护人举证;抗诉案件以及既有上诉又有抗诉的案件,先由检察人员举证。

第五十八条 【举证】检察人员举证应当注意以下方面:

(一)对于原判决已经确认的证据,如果检察人员、被告人及其辩护人均无异议,可以概括说明证据的名称和证明事项;

(二)对于有争议且影响定罪量刑的证据,应当重新举证;

(三)对于新收集的与定罪量刑有关的证据,应当当庭举证。

第五十九条 【质证】检察人员质证应当注意以下方面:

(一)对于诉讼参与人提交的新证据和原审法院未经质证而采信的证据,应当要求当庭质证;

(二)发表质证意见、答辩意见应当简洁、精练,一般应当围绕证据的合法性、客观性、关联性进行;

(三)对于被告人及其辩护人提出的与证据证明无关的质证意见,可以说明理由不予答辩,并提请法庭不予采纳;

(四)被告人及其辩护人对证人证言、被害人陈述提出质疑的,应当根据证言、陈述情况,针对证言、陈述中有争议的内容重点答辩;

(五)被告人及其辩护人对物证、书证、勘验检查笔录、鉴定意见提出质疑的,应当从证据是否客观、取证程序是否合法等方面有针对性地予以答辩。

第六十条 【举证质证应当采取保护措施的情形】采取技术侦查措施收集的物证、书证及其他证据材料,如果可能危及特定人员的人身安全、涉及国家秘密,或者公开后可能暴露侦查秘密或者严重损害商业秘密、个人隐私的,检察人员应当采取或者建议法庭采取避免暴露有关人员身份、技术方法等保护措施。在必要的时候,可以建议不在法庭上质证,由审判人员在庭外对证据进行核实。

第六十一条 【询问证人】检察人员应当按照审判长确定的顺序询问证人。询问时应当围绕与定罪量刑紧密相关的事实进行,对证人证言中有虚假、遗漏、矛盾、模糊不清、有争议的内容,应当重点询问,必要时宣读证人在侦查、审查起诉阶段提供的证言笔录或者出示、宣读其他证据。

询问证人应当避免可能影响证言客观真实的诱导性询问以及其他不当询问。

第六十二条 【侦查人员出庭作证】对于侦查人员就其执行职务过程中目击的犯罪情况出庭作证的,检察人员可以参照证人出庭有关规定进行询问;侦查人员为证明证据收集的合法性出庭作证的,检察人员应当主要围绕证人证言、被告人供述、被害人陈述的取得,物证、书证的收集、保管及送检等程序、方式是否符合法律及有关规定进行询问。

第六十三条 【鉴定人出庭作证】对于鉴定人出庭作证的,检察人员应当重点围绕下列问题发问:

(一)鉴定人所属鉴定机构的资质情况,包括核准机关、业务范围、有效期限等;

(二)鉴定人的资质情况,包括执业范围、执业证使用期限、专业技术职称、执业经历等;

(三)委托鉴定的机关、时间以及事项,鉴定对象的基本情况,鉴定时间,鉴定程序等;

(四)鉴定意见及依据。

第六十四条 【有专门知识的人出庭作证】有专门知识的人出庭对鉴定意见发表意见的,检察人员应当重点询问鉴定的程序、方法、分析过程是否符合本专业的检验鉴定规程和技术方法要求,鉴定意见是否科学等内容。

第六十五条 【法庭辩论】法庭辩论阶段,检察人员应当在法庭调查的基础上,围绕控辩双方在案件事实、证据、法律适用和量刑方面的争议焦点,依据事实和法律,客观公正地发表出庭意见。

第六十六条 【答辩】对于被告人、辩护人提出的意见可能影响被告人的定罪或者量刑的,检察人员应当答辩。答辩应当观点明确、重点突出、主次分明、有理有据。对于与案件无关或者已经发表意见的问题,可以不再答辩。

第六十七条 【建议延期审理的情形】法庭审理过程中遇有下列情形之一的,检察人员可以建议法庭延期审理:

(一)发现事实不清、证据不足,或者遗漏罪行、遗漏同案犯罪嫌疑人,需要补充侦查或者补充提供证据的;

(二)被告人揭发他人犯罪行为或者提供重要线索,需要查证的;

(三)需要申请人民法院通知证人、鉴定人出庭作证或者有专门知识的人出庭提出意见的;

(四)需要调取新的证据,重新鉴定或者勘验的;

(五)被告人、辩护人向法庭出示检察人员还未掌握的与定罪量刑有关的证据,需要调查核实的;

(六)不能当庭证明证据收集的合法性,需要调查核实的。

第六十八条 【开庭后证据出现新情况的处理】第二审开庭后宣告裁判前,检察人员发现被告人有立功情节、与被害方达成赔偿协议、取得谅解等情形,或者案件证据发生重大变化的,应当及时调查核实,并将有关材料移送人民法院。

上述情形经查证,可能对被告人定罪量刑有影响,可以补充举证质证;也可以变更处理意见,报请检察长审批后,书面送达人民法院。

第四章 死刑案件诉讼监督

第六十九条 【侦查活动监督】对于侦查活动中的违法情形,由检察人员依法提出纠正意见。对于情节较重的违法情形,应当报请检察长或者检察委员会决定后,发出纠正违法通知书。

第七十条 【审判活动监督】人民检察院在审判活动监督中,如果发现人民法院或者审判人员审理案件违反法律规定的诉讼程序的,应当向人民法院提出纠正意见。

出席法庭的检察人员发现法庭审判违反法律规定的诉讼程序的,应当在休庭后及时向检察长报告。需要提出纠正意见的,应当在法庭审理后提出。

第七十一条 【监督意见落实】检察人员对于提出的监督意见,应当逐件跟踪,督促纠正。对于侦查、审判活动中普遍存在的问题,应当归纳、分析并及时提出监督意见。

对于经督促仍不纠正的,可以通过上级人民检察院向被监督单位的上级机关通报,必要时可以向同级人民代表大会常务委员会报告。

第七十二条　【列席审判委员会会议】对于可能判处被告人死刑立即执行或者可能改判无罪的案件以及人民检察院提出抗诉的案件，检察长或者受检察长委托的副检察长可以列席同级人民法院审判委员会会议，发表监督意见。

第七十三条　【对第二审裁判文书的审查】检察人员应当及时了解第二审裁判的情况，督促人民法院依法送达裁判文书。

检察人员应当在收到死刑第二审裁判文书后及时进行审查，对第二审裁判认定事实、适用法律和量刑等提出明确审查意见，并填制二审判决、裁定审查表；省级人民检察院对确有错误的判决、裁定，应当依法及时提请最高人民检察院抗诉或者监督。

审查完毕后，检察人员应当及时在统一业务应用系统点击"流程结束"，以便死刑复核监督阶段查阅。

第七十四条　【对司法工作人员违法犯罪的监督】人民检察院公诉部门在诉讼监督活动中，应当注意发现可能影响案件公正处理的司法工作人员违法犯罪问题，加强与相关部门的沟通配合与衔接，形成监督合力。

第五章　死刑复核监督

第七十五条　【死刑复核监督案件范围】人民检察院承办下列死刑复核监督案件：

（一）人民法院通报的死刑复核案件；

（二）死刑复核期间下级人民检察院提请监督或者报告重大情况的案件；

（三）死刑复核期间当事人及其近亲属或者受委托的律师向人民检察院申请监督的案件；

（四）人民检察院认为应当监督的其他死刑复核案件。

第七十六条　【死刑复核监督的主要任务】人民检察院办理死刑复核监督案件的主要任务是：

（一）审查人民法院的死刑适用是否适当，根据案件事实、法律及刑事政策提出监督意见；

（二）审查下级人民检察院的监督意见和重大情况报告，以及当事人及其近亲属或者受委托的律师申请监督的理由；

（三）对人民法院死刑复核活动是否合法进行监督；

（四）发现和纠正侦查、审查起诉和第一审、第二审审判活动中的违法行为；

（五）维护诉讼参与人的合法权益，依法保障人权。

第七十七条　【最高人民法院通报案件受理和审查】最高人民法院向最高人民检察院通报的死刑复核案件，由办理死刑复核案件的公诉部门直接受理、审查。

第七十八条　【提请抗诉与监督】对于高级人民法院第二审判处被告人死刑缓期二年执行的案件，省级人民检察院审查后认为被告人罪行极其严重，应当判处死刑立即执行或者第二审裁判认定事实、适用法律严重错误，应当及时向最高人民检察院提请抗诉。

对于高级人民法院第二审判处死刑立即执行或者维持死刑立即执行判决，且已报最高人民法院复核的案件，省级人民检察院审查后认为不应判处死刑立即执行的，应当及时向最高人民检察院提请监督。

第七十九条　【提请监督、报告重大情况的受理和审查】省级人民检察院对死刑复核案件提请监督或者报告重大情况，由本院案件管理部门报送。最高人民检察院案件管理部门经审查认为案件材料齐全的，移送办理死刑复核案件的公诉部门审查。

第八十条　【申请监督案件的受理和审查】当事人及其近亲属或者受委托的律师向最高人民检察院申请监督的死刑复核案件，由最高人民检察院控告检察部门受理。对于有明确请求和具体理由的，移送办理死刑复核案件的公诉部门审查。

第八十一条　【提请监督的情形】省级人民检察院对高级人民法院死刑第二审裁判进行审查后，发现有下列情形之一的，应当及时向最高人民检察院提请监督：

（一）案件事实不清、证据不足，依法应当发回重新审判或者改判，高级人民法院第二审判处死刑或者维持死刑判决的；

（二）被告人具有从宽处罚情节，依法不应当判处死刑，高级人民法院第二审判处死刑或者维持死刑判决的；

（三）适用法律错误，高级人民法院第二审判处死刑或者维持死刑判决的；

（四）违反法律规定的诉讼程序，可能影响公正审判的；

（五）其他应当提请监督的情形。

第八十二条　【报告重大情况的情形】省级人民检察院发现进入死刑复核程序的被告人有立功、

怀孕或者达成赔偿协议、被害方谅解等新的重大情况，可能影响死刑适用的，应当及时向最高人民检察院报告。

第八十三条 【提请监督、报告重大情况的要求】省级人民检察院提请监督或者报告重大情况，应当制作死刑复核案件提请监督意见书或者重大情况报告，加盖印章，连同该案第一审和第二审裁判文书，第二审案件审查报告及新的证据材料等报送最高人民检察院。

第八十四条 【报送备案的要求】对于适用死刑存在较大分歧或者在全国有重大影响的死刑第二审案件，省级人民检察院公诉部门在收到第二审裁判文书后，应当制作死刑复核案件备案函，说明备案理由，加盖印章，连同起诉书、上诉状、抗诉书、第一审和第二审裁判文书、第二审案件审查报告等及时报最高人民检察院公诉部门备案。

第八十五条 【分、州、市级院向省级院提请监督、报告重大情况、备案的程序】在高级人民法院死刑复核期间，分、州、市人民检察院向省级人民检察院提请监督、报告重大情况、备案等程序，参照本指引第七十九条至第八十四条的相关规定办理。

第八十六条 【死刑复核监督案件的审查内容】办理死刑复核监督案件，应当重点审查以下内容：

（一）据以定罪量刑的事实是否清楚，证据是否确实、充分；

（二）人民法院适用死刑的理由、下级人民检察院提请监督的理由、当事人及其近亲属或者受委托的律师申请监督的理由是否正确、充分；

（三）适用法律是否正确；

（四）是否必须判处死刑；

（五）程序是否合法；

（六）其他应当审查的内容。

第八十七条 【死刑复核监督案件的审查方式】对死刑复核监督案件可以采取以下方式进行审查：

（一）书面审查人民法院移送的材料、下级人民检察院报送的相关案件材料、当事人及其近亲属或者受委托的律师提交的申诉材料；

（二）向下级人民检察院调取案件审查报告、出庭检察员意见书等材料，了解案件相关情况；

（三）向人民法院调阅或者查阅案件材料；

（四）核实或者委托核实主要证据，就有关技术性问题向专门机构或者专家咨询，或者委托其进行证据审查；

（五）讯问被告人或者听取受委托的律师的意见；

（六）需要采取的其他方式。

第八十八条 【听取下级院意见的情形】审查死刑复核监督案件，具有下列情形之一的，应当听取下级人民检察院的意见：

（一）对案件主要事实、证据有疑问的；

（二）对适用死刑存在较大争议的；

（三）可能引起司法办案重大风险的；

（四）其他应当听取意见的情形。

第八十九条 【死刑复核监督案件审查报告的内容】死刑复核监督案件审查报告，应当重点对案件焦点问题进行分析，提出明确的处理意见，并阐明理由和依据。

第九十条 【提交检察官联席会议讨论的情形】下列死刑复核监督案件应当提交检察官联席会议讨论：

（一）在全国或者当地有重大社会影响的；

（二）案件重大、疑难、复杂，存在较大争议的；

（三）拟向人民法院提出检察意见的；

（四）其他应当讨论的情形。

讨论死刑复核监督案件，可以通知有关下级人民检察院公诉部门派员参加。

第九十一条 【提出检察意见的情形】死刑复核监督案件具有下列情形之一的，人民检察院应当向人民法院提出检察意见：

（一）认为死刑适用确有错误的；

（二）发现新情况、新证据，可能影响被告人定罪量刑的；

（三）严重违反法律规定的诉讼程序，可能影响公正审判的；

（四）司法工作人员在办理案件中，有贪污受贿、徇私舞弊、枉法裁判等行为的；

（五）其他应当提出意见的情形。

第九十二条 【提出检察意见的程序】拟对死刑复核监督案件提出检察意见的，应当提请检察长或者检察委员会决定。

第六章 死刑案件办理指导

第九十三条 【工作指导的要求】上级人民检察院应当加强对死刑案件提前介入侦查、审查起诉、出席第一审法庭、第二审法庭和死刑复核监督工作的指导。

省级人民检察院对可能判处死刑的重大、疑

难、复杂案件,应当加强审查起诉和出席第一审法庭的指导工作。对特别重大、疑难、复杂的死刑第二审案件,最高人民检察院应当派员进行指导。

第九十四条 【同步指导】对于下级人民检察院提前介入侦查活动的可能判处死刑的案件以及下级人民检察院办理的其他死刑案件,上级人民检察院在必要时可以进行同步指导。

第九十五条 【向上级院报告重大事项】对于具有重大社会影响可能判处死刑的案件,下级人民检察院公诉部门应当将案件基本情况和出现的重大情况,及时向上一级人民检察院公诉部门书面报告,必要时层报最高人民检察院公诉部门。

第九十六条 【对改变起诉指控事实、罪名的判决的审查】对于人民法院第一审判决改变起诉指控事实、罪名的死刑案件,人民检察院应当在收到判决书后三日以内,将审查报告、起诉书和判决书等案件材料报送上一级人民检察院备案审查。

上级人民检察院收到备案材料后,应当及时审查。认为应当抗诉的,应当及时通知下级人民检察

院依法提出抗诉;对于判决有错误但无抗诉必要的,应当及时通知下级人民检察院依法提出纠正意见;对于具有被告人上诉等其他情形的,应当提前做好相应准备工作。

第九十七条 【死刑案件数据统计、分析及报送】人民检察院公诉部门应当做好死刑案件的数据统计、分析工作;省级人民检察院应当在每年3月15日前,将上一年度死刑案件综合分析报告报送最高人民检察院,并严格做好保密工作。

第七章　附　则

第九十八条 【参照执行的案件类型】对于人民法院按照第二审程序提审或者重新开庭审理的其他死刑案件,人民检察院出席第二审法庭的,参照本指引执行。

第九十九条 【效力】最高人民检察院原有的相关规定与本指引不一致的,以本指引为准。

第一百条 【解释权及生效时间】本指引由最高人民检察院负责解释,自下发之日起试行。

最高人民检察院关于在全国检察机关开展"监督维护在押人员合法权益专项活动"的通知

2018年4月21日　高检发执检字〔2018〕6号

各省、自治区、直辖市人民检察院,解放军军事检察院,新疆生产建设兵团人民检察院:

最高人民检察院决定,自2018年4月至2019年12月,在全国检察机关开展"监督维护在押人员合

法权益专项活动"。现将《全国检察机关"监督维护在押人员合法权益专项活动"实施方案》印发你们,请结合实际,认真组织实施。执行中的情况和遇到的问题,请及时报告最高人民检察院刑事执行检察厅。

全国检察机关"监督维护在押人员合法权益专项活动"实施方案

为认真贯彻落实中央关于总体国家安全观、加强人权司法保障的要求,通过强化刑事执行检察监

督,进一步加大对监狱、看守所在押人员人权保障力度,促进监管场所提高监管改造质量,更好维护

在押人员合法权益和社会安全稳定,最高人民检察院决定,自 2018 年 4 月至 2019 年 12 月,在全国检察机关开展"监督维护在押人员合法权益专项活动"。具体实施方案如下:

一、专项活动的总体要求

本次专项活动的总体要求是:坚持以习近平新时代中国特色社会主义思想为指导,深入学习贯彻党的十九大和十三届全国人大一次会议、中央政法工作会议、全国检察长会议精神,牢固树立标本兼治、重在治本的治本安全观,既注重依法保障在押人员合法权益,又有利于促进罪犯改造,依法履行刑事执行监督职责,突出问题导向,精准、有力监督,坚决监督纠正和预防减少侵犯在押人员合法权益违法行为,建立健全保障在押人员合法权益长效机制,切实维护在押人员合法权益和社会安全稳定,提高执法司法公信力。同时,通过深入开展专项活动,促进刑事执行检察人员和监狱、看守所监管人员转变刑事执行理念,进一步提高人权保护意识,进一步强化治本安全观,认识到没有到位的执行、总体国家安全观就不成其为"总体",提升监督维护在押人员合法权益的能力和水平,进而促进提高罪犯改造质量,降低罪犯刑满释放后重新违法犯罪率。

二、专项活动的重点内容和检察方式

(一)专项活动的重点内容

这次专项活动紧紧围绕维护在押人员合法权益,监督监狱、看守所等执行机关依法、规范开展刑罚执行、刑事强制措施执行工作,严格落实保障在押人员合法权益的各项法律、法规、规章和规范性文件规定,着力监督解决在押人员人权保障方面存在的突出问题。重点包括以下方面:

1. 依法维护监狱罪犯等在押人员获得刑事奖励权、休息权、劳动报酬权、会见权等法定权利,促进提高监管改造质量。

(1)着眼于将罪犯改造成为守法公民,监督监狱严格落实惩罚和改造相结合的原则。依法保障服刑罪犯获得公平减刑假释暂予监外执行的权利,对符合减刑、假释条件的罪犯,应当监督监狱等执行机关和法院及时提请、裁定减刑、假释。对服刑罪犯不服刑事裁判的申诉,要注意区分情形,防止把刑事申诉简单视为不具有悔改表现,监督和建议监狱、法院依法保障申诉罪犯获得公平减刑、假释。坚决监督纠正违法减刑假释暂予监外执行。加大生活卫生检察监督力度,依法保护在押人员的生活、卫生权利。依法保障监狱罪犯的会见权、通信权和其他未被剥夺的合法权利,使他们既感受到法律的尊严权威,又感受到司法人文关怀。

(2)着眼于更好改造罪犯,严格监督监狱、看守所依法组织在押人员参加劳动,落实劳动报酬。监督监狱严格按照每周"5+1+1"的时间规定组织在押人员从事生产劳动和学习,坚决纠正和有效预防强迫在押人员超时、超体力劳动等违法问题。要监督监狱严格落实监狱法第七十二条的规定,按照有关规定给予参加劳动的罪犯合理劳动报酬。监督建议司法行政机关、监狱管理机关、监狱根据各地的经济社会发展水平和财政状况逐步提高罪犯的劳动报酬。

(3)着眼于预防和纠正冤假错案,依法监督维护在押人员的会见律师权、控告举报申诉等诉讼权利。对在押人员的控告举报申诉,必须做到件件有登记、件件有调查、件件有反馈,并配合控告申诉检察等部门做好相关工作。积极探索开展重大案件侦查终结前讯问合法性核查,及时发现、纠正和预防侦查机关刑讯逼供等违法取证行为,配合侦监、公诉部门坚决排除非法证据,最大限度防止冤假错案的发生。坚决预防和纠正超期羁押,切实巩固近年来检察机关纠防超期羁押和清理久押不决案件专项活动成果。

2. 依法监督打击"牢头狱霸"和体罚虐待等违法行为,依法开展被监管人死亡和监管事故检察,切实保护在押人员的生命权、健康权、人格权。依法督促有关机关严厉打击看守所、监狱在押人员违反监规纪律,拉帮结伙,恃强凌弱,殴打、体罚虐待、强制猥亵、侮辱其他在押人员,抢吃强占,敲诈勒索其他在押人员财物等"牢头狱霸"行为或苗头性问题。应当通过以案说法、警示教育、法制宣传等形式,坚决预防和纠正监管人员殴打、体罚虐待或者变相体罚虐待在押人员的违法行为。依法监督纠正监管人员违法使用禁闭、械具、电警棍、警用约束带、约束衣以及其他侵犯在押人员合法权利的违法行为。依法依规加强监管场所安全防范检察、被监管人死亡和监管事故检察,预防和减少在押人员非正常死亡、伤残等监管事故发生,切实保障在押人员及其家属的合法权益。依法监督建议办案机关和刑事执行机关规范适用取保候审、保外就医，对有严重疾病的在押人员尽可能实现"能保尽保"。

3. 加大办理羁押必要性审查案件力度，最大限度减少不必要羁押。对于被逮捕后的犯罪嫌疑人、被告人，发现符合刑事诉讼法及《人民检察院办理羁押必要性审查案件规定》规定情形的，应当及时启动羁押必要性审查程序。经审查，对不需要继续羁押的，应当及时建议办案机关予以释放或变更强制措施。

（二）检察方式

各级检察机关要围绕上述重点内容和环节，采取以下方式开展专项活动：

1. 自查。各级检察院要按照专项活动方案确定的检察内容和检察重点，对本辖区内的刑事执行活动进行全面检察，确保监督全覆盖。在专项活动中，派驻检察人员必须深入看守所在押人员监室或监狱罪犯劳动、学习、生活三大现场进行日常检察，获取有效监督信息和线索。对检察中发现的刑事执行机关及其工作人员侵犯在押人员合法权益问题，不仅要从监管执法的角度查找问题、分析原因、监督纠正整改，还要从履行检察监督职责是否到位的角度分析原因，确保问题找得准、原因分析透，纠正意见和检察建议依法规范、准确到位。

2. 交叉检查。为确保专项活动取得实效，上级检察院可以根据需要，适时组织本辖区的检察人员对辖区内下级检察院的刑事执行和检察监督工作进行交叉检查，纠正侵犯在押人员合法权益的行为，整改检察监督中存在的问题。

3. 巡视检察。上级检察院要按照检察机关对监管场所巡视检察工作的规定，将巡视检察作为专项活动的重要方式，采取随机抽查、突击检察等形式开展巡视检察，检察重点要放在监督维护在押人员合法权益方面。巡视检察对象的选择要注重问题比较突出、工作比较薄弱的监狱、看守所及派驻检察室。

4. 上级督导。上级检察院要根据平时掌握的情况，对问题比较突出、有典型性和代表性的地区或者单位进行实地督促检查和指导，听取专项活动进展情况汇报，与刑事执行机关工作人员、一线派驻检察人员座谈，共同分析问题和原因，帮助解决困难、排除干扰阻力，推动专项活动顺利开展。

三、专项活动的时间安排和具体措施

专项活动从 2018 年 4 月开始，到 2019 年 12 月结束，主要分三个阶段进行。

（一）动员部署阶段（2018 年 4 月至 5 月）

各级检察机关特别是刑事执行检察部门要认真学习和深刻领会中央和高检院有关会议精神，认真学习专项活动实施方案，严格贯彻落实高检院关于开展"监督维护在押人员合法权益专项活动"的安排部署，充分认识开展专项活动的必要性和重要性，统一思想，精心组织，以高度负责的精神开展好这次专项活动。各地检察机关要层层动员部署，确保将高检院的安排部署和要求传达到每一名刑事执行检察人员。

（二）集中检察和建章立制阶段（2018 年 6 月至 2019 年 9 月）

专项活动的自查和交叉检查，分别安排在 2018 年、2019 年的 6 月至 7 月进行，上级检察院集中实地督导检查分别安排在 2018 年 8 月至 9 月、2019 年 5 月至 6 月进行。

各级检察机关要认真梳理专项活动中发现的在押人员合法权益保护方面存在的突出问题，并在 2019 年第一季度集中向同级人民法院、公安机关、司法行政机关及监狱、看守所反馈，加强沟通协调，提出有针对性的解决问题的建议意见。根据需要，高检院将及时向中央政法委进行专题汇报，请求协调解决长期存在的在押人员合法权益保护方面存在的全国性突出问题。

同时，各级检察机关要认真剖析自身的刑事执行监督工作是否到位，梳理检察监督中存在的问题和困难，采取切实有效措施予以解决。坚持边发现问题、边纠正整改、边建章立制，建立健全监督维护在押人员合法权益的长效机制，包括派驻检察官进监室巡查、在押人员约见检察官等制度。各省级检察院要在建章立制方面发挥主导作用，确保关于刑事执行及检察监督的法律、法规、规章和中央有关机关规范性文件的规定得到切实贯彻执行。

（三）总结阶段（2019 年 10 月至 12 月）

专项活动结束前，各级检察机关要认真总结专项活动开展情况、成效以及监督纠正的典型案例等，并及时报告上级检察机关。各省级检察院要将这次专项活动的基本情况、监督纠正的主要问题及典型案例、整改落实的措施和效果、建立完善的制度和工作机制等情况认真进行总结，并写出总结报告，于 2019 年 11 月 20 日前报高检院刑事执行检察厅。

四、工作要求

（一）提高思想认识，增强工作责任感。这次专项活动，是检察机关强化刑事执行检察监督、加强在押人员人权司法保障的一项重要举措。地方各级检察机关要站在讲政治、讲大局的高度，深刻认识到监督维护在押人员合法权益既是检察机关的一项法定职责，也是检察机关的一项重要政治任务，进一步提高对开展这次专项活动必要性和重要性的认识，将思想统一到高检院的工作部署和要求上来，按照方案要求扎实开展好专项活动各项工作，确保专项活动取得实实在在的成效。

（二）加强组织领导，严格落实责任。地方各级检察机关要结合本地实际成立专项活动领导机构，细化专项活动方案和工作任务，切实做到任务明确、措施明确、责任明确，确保见行动、见措施、见成效。地方各级检察机关的分管院领导和执检部门负责人要带头深入监管场所一线，现场指挥或者直接开展检察工作。

上级检察院对在专项活动中忠实履职、依法监督、规范监督、敢于监督、善于监督的先进集体和先进个人应当予以通报表扬或者表彰奖励；对不依法履职、不负责任、报送材料不及时、弄虚作假的单位和个人要予以通报批评，对造成不良社会影响等情节严重的，要依纪依法追究有关人员的责任。

（三）加强协调配合，形成工作合力。在专项活动中，要加强检察机关内部的协作配合，充分发挥检察一体化优势。地方各级检察机关检察长要靠前指挥，统筹调配力量，发挥各业务部门和新闻宣传等部门的职能作用。各地检察机关的执检部门要加强与本院侦监、公诉、控告、申诉、检察技术信息等部门的协调配合，形成工作合力。各级检察机关宣传部门要做好对专项活动的创新举措、经验做法和工作成效的宣传报道。同时，检察人员要找准角色定位，既要依法监督、敢于监督，又要善于监督，主动加强与人民法院、公安机关、司法行政机关、监狱、看守所等的沟通协调，争取支持配合，形成工作合力，达到共赢、双赢、多赢的效果。

（四）加强督促指导，确保取得实效。各地检察机关要按照通知要求，狠抓落实，以钉钉子的精神做实、做细、做好专项活动各项工作。各级检察机关要加强跟踪监督，确保违法行为纠正到位、问题整改到位。对刑事执行活动中易发、多发侵犯在押人员合法权益的执行环节以及容易出现反复的突出问题，要加大跟踪监督纠正整改力度，切实防止问题反弹。上级检察院要加强督促检查和对下指导，对专项活动不认真、搞形式主义的单位要书面通报批评，并限期整改。同时，上级检察院要积极帮助下级检察院协调解决专项活动中遇到的困难和问题，确保专项活动不走形式、不走过场，取得实效。

（五）加强信息报送和数据统计工作，确保准确及时。在专项活动中，各地检察机关要注意总结工作经验，及时向上级检察院报送专项活动信息、经验材料和突出问题及建议。高检院将编发专项活动简报，及时刊发各地专项活动开展情况，推广好的经验。各省级检察院执检部门应严格按照下列要求向高检院刑事执行检察厅报送信息：1. 自 2018 年 6 月起至 2019 年 10 月止，每季度报送包括工作措施、经验做法、典型案例、存在的问题困难、建章立制等情况的专项活动小结和统计表；2. 在 2018 年 12 月 20 日前，报送专项活动中期总结；3. 遇到重要或紧急情况，必须及时报告。各地检察机关执检部门要指定专人负责数据统计和信息报送，有关统计数据必须经部门负责人审核。在专项活动中，各地必须在执检子系统上规范办理羁押必要性审查、被监管人死亡和监管事故检察、纠正违法、检察建议等案件，准确填录有关信息、数据。

专项活动由高检院刑事执行检察厅具体负责组织实施。

附件：检察机关"监督维护在押人员合法权益专项活动"情况统计表（略）

最高人民检察院关于印发《检察机关对监狱实行巡回检察试点工作方案》的通知

2018 年 5 月 28 日　　高检发执检字〔2018〕8 号

山西、辽宁、上海、山东、湖北、海南、四川、宁夏等省、自治区、直辖市人民检察院：

为深入贯彻落实习近平新时代中国特色社会主义政法思想，推进监狱检察改革，增强检察机关法律监督整体实效，推动新时代中国特色社会主义检察事业创新发展，高检院制定了《检察机关对监狱实行巡回检察试点工作方案》，现印发给你们，请结合本地实际，认真组织实施。试点工作中遇到的问题、经验做法和成效，请及时报告高检院。

检察机关对监狱实行巡回检察试点工作方案

对监狱刑罚执行和监管改造活动实行法律监督是我国法律赋予检察机关的一项重要职责。为进一步加强和规范对监狱刑罚执行和监管改造活动的监督，切实改进监督方式，强化监督力度和实效，促进监狱提高刑罚执行和监管改造质量，保证国家法律法规在刑罚执行活动中统一正确实施，高检院决定在部分省（区、市）检察机关开展对监狱巡回检察试点工作。现就试点工作提出如下方案。

一、总体要求

（一）指导思想。深入贯彻落实党的十九大关于深化依法治国实践、推进司法体制改革和坚持总体国家安全观的决策部署，以习近平新时代中国特色社会主义政法思想为指导，以努力让人民群众在检察机关办理的每一起监督案件中感受到公平正义和满足人民群众在法治、公平、正义、安全等方面更丰富内涵、更高水平的需求为目标，以转变监督理念、改革监督方式、加大监督力度、强化监督实效、健全监督机制为主要任务，着力提升新时代监狱检察工作，增强检察机关法律监督整体实效，推动新时代中国特色社会主义检察事业创新发展。

（二）工作目标。通过试点实践，积累和总结经验模式，进一步更新监督理念，健全监狱检察工作机制，形成可复制、可推广的巡回检察工作标准和规范，与监狱共同推进严格执法、公正司法，共同落实治本安全观，共同促进提升监管改造效果，共同维护法律权威和法制统一，实现监狱检察工作政治效果、社会效果和法律效果的有机统一。

二、试点时间和地区

试点时间：2018 年 6 月至 2019 年 5 月，为期一年。

试点地区：在山西、辽宁、上海、山东、湖北、海南、四川、宁夏八个省（区、市）开展试点。承担试点任务的省（区）院要至少确定三个、上海市院要至少确定两个地市级院或者刑事执行检察院为试点院。试点院对辖区内的监狱全面实行巡回检察。

三、主要内容

承担试点任务的省（区、市）院、地市级院和刑事执行检察院要按照本方案确定的试点范围认真组织实施，重点做好以下工作：

（一）统筹安排巡回检察人员。各试点院对辖区监狱不再实行派驻检察，以现有派驻检察人员为基础，调整充实和整合力量，组成若干个检察官办案组，负责对监狱进行巡回检察，办理监狱提请减刑假释暂予监外执行监督案件、罪犯又犯罪审查逮捕和审查起诉案件、监管事故检察案件等。检察官办案组组长必须由员额检察官担任，必要时可以由分管副检察长担任，成员不得少于三人。检察官办案组成员要定期调整、轮换。保留现有派驻检察室办公办案用房和装备设施，用于开展巡回检察和办案工作。同时现有派驻检察室的机构和编制暂时保持不变，现有派驻检察人员晋升和业绩考核不受试点工作影响。试点院根据工作需要，可以安排检察技术部门工作人员或者抽调下级人民检察院刑事执行检察部门工作人员参加巡回检察。承担试点任务的省（区、市）院也可以直接组织安排，对设置在试点地区的监狱进行巡回检察。

（二）明确巡回检察职责和重点。检察官办案组执行巡回检察任务时代表本院对监狱执行刑事诉讼法、监狱法等法律规定情况，刑罚执行和监管改造活动是否合法进行全面检察。重点是监管改造、教育改造、劳动改造等活动检察；监管安全防范检察；戒具使用和禁闭检察；罪犯合法权益保障情况检察等。

（三）规范巡回检察方式和要求。各试点院可以采取不定期检察等方式，对监狱刑罚执行和监管改造活动进行巡回检察。试点期间对监狱巡回检察的次数及每次的时间、人员安排等，各试点院可以根据工作实际自行确定，但要保证巡回检察的工作质效。根据监督工作需要，可以采取不固定人员、不固定监狱的方式，组织开展交叉巡回检察。监狱发生罪犯非正常死亡、脱逃等监管事故的，应当及时进行专门检察。

（四）综合运用巡回检察工作方法措施。巡回检察可以采取以下方法和措施：（1）调阅、复制有关案卷材料、档案资料、有关账表、会议记录、罪犯计分考核、奖励材料等资料，调看监控录像和联网监管信息；（2）实地查看禁闭室、会见室、监区、监舍、医疗场所及罪犯生活、学习、劳动场所；（3）抽取一两个监室，找罪犯逐人谈话；（4）找出监人员或者即将刑满释放的罪犯谈话；（5）听取监狱工作情况介绍，列席监狱狱情分析会等有关会议，找有关监管民警进行谈话，召开座谈会；（6）开展专项检察；（7）需要采取的其他工作方法和措施。

（五）依法及时妥善处理巡回检察发现的问题。巡回检察中，发现监狱在刑罚执行和监管改造活动中存在轻微违法情况和工作漏洞、安全隐患的，应当当场向监狱提出口头纠正意见或者建议。发现严重违法情况或者存在可能导致执法不公和重大

事故等苗头性、倾向性问题，需要向监狱发出纠正违法通知书或者检察建议书的，应当作为监督案件办理，依法提出纠正意见或者建议并落实专人跟踪督促纠正。对发出纠正违法通知书后十五日内，监狱仍未纠正或者回复意见的，应当及时层报省级人民检察院，由省级人民检察院通报省（区、市）监狱管理局进行监督纠正。发现执法司法人员涉嫌贪污受贿、失职渎职等职务违法或者职务犯罪的问题线索的，依法处理或者办理。对首轮巡回检察发现的问题，要依法适度从宽处理；对此后巡回检察发现的问题，要依法从严处理。同时，要注意加强内部监督制约，适时安排不同的检察官办案组对同一监狱进行巡回检察，及时发现和解决上次巡回检察工作存在的问题和不足，进一步提升巡回检察工作的质效。

（六）严格规范巡回检察记录和报告工作。每次巡回检察都应当制作检察记录，报告重大事项。记录和报告的内容包括巡回检察工作基本情况、发现的问题、处理措施、有关意见或者建议等，报本院领导和上级人民检察院刑事执行检察部门。巡回检察工作开展情况，可以以适当方式公开，接受人民群众监督。

（七）建立健全与监狱工作联系和沟通协作机制。各试点院要根据巡回检察工作需要，与监狱建立联席会议等工作联系和沟通协作机制，及时了解监狱重要工作部署和发生的重大情况，共同分析监管执法和检察监督工作中存在的问题，研究改进工作的措施。在巡回检察工作中，既要敢于监督、善于监督、规范监督，又要注重加强与被监督单位的工作配合，支持监狱依法开展刑罚执行和监管改造工作。

（八）推进巡回检察工作常态化、规范化开展。各试点院要结合试点工作，建立健全巡回检察工作机制，规范巡回检察工作流程，保障人员配备和车辆装备。有条件的地方，可以探索建立专门的巡回检察机构。承担试点任务的省（区、市）院要统筹、协调、指导试点院开展巡回检察工作，制定巡回检察工作规范，建立完善考核激励机制。对不依法履行巡回检察职责，对监狱存在的违法问题应当发现而未发现的，要依据相关规定追究有关人员失职的责任；对发现的监狱存在的违法问题不予报告、未依法及时提出监督纠正意见的，要依据相关规定追究有关人员渎职的责任。对上轮巡回检察发现的监狱存在的违法问题提出监督纠正意见后，不及时采取措施督促监狱整改落实，履行监督职责不到位

的,要依据相关规定追究有关人员失职的责任。

四、试点工作要求

(一)提高思想认识。对监狱实行巡回检察试点,是检察机关深入贯彻落实中央司法体制改革精神,加强新形势下法律监督工作的重要举措,对于进一步整合刑事执行检察人员力量,开创监狱检察工作新局面,增强检察机关法律监督整体实效具有重要意义。承担试点任务的各级地方检察机关要从中国特色社会主义检察事业创新发展的战略高度,充分认识新形势下推进监狱检察改革的重要性和必要性,切实把思想和行动统一到高检院的部署上来,敢于实践,勇于担当,善于创新,确保试点工作任务落地见效。

(二)加强组织领导。承担试点任务的省(区、市)院和试点院要高度重视,精心组织,周密部署,强化保障,切实把试点工作摆上重要议事日程抓紧抓好,抓出成效。承担试点任务的省(区、市)院要成立以分管副检察长为组长、试点院要成立以检察长为组长、各有关部门负责人为成员的试点工作领导小组。要结合试点工作,进一步加强刑事执行检察机构和派出检察院建设。要有针对性地开展专题培训,认真组织巡回检察人员学习监狱检察有关法律法规、司法解释、规范性文件和典型监督案例,提升巡回检察监督能力和水平。

(三)加强沟通协调。承担试点任务的省(区、市)院和试点院对于试点工作中的重要问题和重大事项,要及时向地方党委请示报告,积极争取地方党委、人大、政府和有关部门的支持。要建立与省(区、市)司法厅(局)、监狱管理局和监狱的协调配合机制,保障巡回检察顺利进行,保证试点工作稳步开展。

(四)明确工作进度。承担试点任务的省(区、

市)院要结合本地实际抓紧制定具体实施方案,确定试点单位,细化试点工作部署和目标任务,统筹规划具体时间表、路线图和责任清单,全面启动试点工作,积极推进工作创新。有关试点工作方案和试点单位名单,要于2018年6月底前报高检院备案。开展试点工作的地市级院和刑事执行检察院的具体落实方案要报省(区、市)院审核。

(五)加强督导检查。承担试点任务的省(区、市)院要组织指导试点单位有力有序地开展试点工作,采取切实措施抓好督导检查,及时了解掌握试点工作进展情况,帮助分析解决试点工作中遇到的实际问题,督促各项工作措施落到实处,确保试点工作扎实有效开展。

(六)及时总结报告。承担试点任务的省(区、市)院要及时总结报送好的经验和做法,采取多种形式进行推广。自2018年9月底开始,每个季度都要总结、分析并向高检院报告本地试点工作进展情况,提出改进和完善的具体意见。2019年6月10日之前,对本地区试点工作总体情况、主要做法和成效、存在的问题及建议等进行总结,形成试点工作总体报告报送高检院。试点工作中遇有重大问题,要及时报告高检院。高检院将跟踪了解试点工作进展情况,对试点工作进行总结评估,提出在全国推广的意见,并对试点工作中成效突出的地方给予通报表扬。

(七)注重宣传引导。要适时适度适当宣传解读试点工作举措,最大限度凝聚共识,正确引导社会舆论。既要及时宣传试点工作的好经验、好做法和取得的成效,又要把握宣传策略,严格宣传纪律,密切跟踪监测舆情,正确引导社会预期,为试点工作营造良好的舆论氛围。

最高人民检察院关于加快推进全国检察机关工作网建设的通知

2018年6月8日　高检发技字〔2018〕13号

各省、自治区、直辖市人民检察院,新疆生产建设兵团人民检察院:

为全面贯彻《"十三五"时期科技强检规划纲

要》,深入落实中央政法委关于推进政法网建设的部署,政法机关要在年底前实现设施联通、网络畅通、平台贯通、数据融通的要求,高检院决定加

快推进检察工作网建设。现将有关事项通知如下：

一、主要任务

1. 建成全覆盖的检察工作网。要在 2018 年年底前实现全国四级检察机关检察工作网全覆盖，各省级院要不等不靠、积极作为，勇于担当、攻坚克难，全力推进检察工作网建设，确保如期完成各项工作任务。各地若开通新电路组建二、三级网确有困难，可以通过拆分现有电路资源、划分一定的带宽开通工作网，今后根据需求逐步升级扩容优化。

2. 完成分支网建设。各省级院要根据检察工作网业务应用发展需求，逐步开通分支网。检察工作网分支网可以通过对现有检察分支网络进行改造迁移的方式开通，也可以单独建设专线，各省级院可根据实际情况确定。

3. 完成局域网建设。各级院要在 2018 年年底前完成本地局域网建设，根据业务需要配备终端设备，全面满足司法办案需求。若各级院局域网综合布线系统无法满足需要，可以先采取网络三通头分线器将现有非涉密网络布线分芯使用，也可以考虑将目前互联网布线调整为工作网使用，互联网可采取其他接入方案，待今后综合布线改造时再整体解决。

4. 完善基础设施建设。按照信息安全等级保护三级要求，同步完成检察工作网网络安全、边界防护、访问控制以及身份认证基础设施等网络安全防护体系建设，及时开展等保护测评工作。近期高检院将制定下发检察工作网安全保障指导意见，指导各省级院推进网络安全防护体系建设。

5. 完成 IP 地址规范工作。各省级院要按照《全国检察机关信息网络系统 IP 地址规范》有关要求，2018 年年底前完成检察工作网 IP 地址规范设置和迁移工作。

6. 完成域名解析工作。各省级院要按照《全国检察机关信息网络系统域名管理规范》（高检信办〔2018〕3 号）有关要求，进一步规范检察工作网域名管理。高检院已完成检察工作网域名解析系统建设，主域名服务器 dns1. gj. jcy 地址为：143.0.1.7，辅域名服务器 dns2. gj. jcy 地址为：143.0.1.8，各省级院要在 7 月底前完成域名解析系统建设，完成后及时与高检院进行对接。

7. 实现与政法网的联通。各省级院要按照地方政法委的部署安排，主动联系，完成检察工作网在省级层面与政法网的互联互通。

8. 积极开展业务应用。各省级院要做好统筹规划，统一安排部署，积极推进检察工作网应用系统建设，逐步将目前在涉密网运行的非涉密应用迁移或改造部署到检察工作网，不断拓展检察工作网应用系统。同时，各省级院要及早谋划检察工作网基础运行软硬件环境，为下步统一业务应用系统等在工作网适时部署做好准备。

二、有关要求

1. 加强组织领导。检察工作网是检察信息网络传输体系的重要组成部分，各省级院要进一步提高对建设检察工作网重要性和紧迫性的认识，把检察工作网建设纳入重要日程，严格按照高检院统一安排部署，加强对本地区检察工作网建设的组织领导，抓好工作落实。

2. 统筹协调推进。省级院要认真梳理本地区检察工作网建设应用现状，强化各部门协调配合，明确相关责任部门任务分工，确定本地区任务清单，制定时间表，统筹指导，分级负责，上下联动，形成工作合力，确保各项建设任务按时完成。

3. 稳妥互联互通。各省级院要积极谋划，加强沟通，稳妥推进与政法网等其他部门网络系统的互联互通，做好边界防护和访问控制等安全措施，实现数据共享和业务协同。各省级院制定的与其他网络系统互联对接技术方案需报高检院备案。

最高人民检察院关于印发《最高人民检察院关于充分发挥检察职能为打好"三大攻坚战"提供司法保障的意见》的通知

2018 年 6 月 11 日　　高检发〔2018〕8 号

各省、自治区、直辖市人民检察院，解放军军事检察院，新疆生产建设兵团人民检察院：

为深入贯彻党中央关于"坚决打好防范化解重大风险、精准脱贫、污染防治的攻坚战"（以下简称"三大攻坚战"）的重大部署，依法履行检察职能，充分发挥检察机关参与和保障"三大攻坚战"的积极作用，最高人民检察院制定了《关于充分发挥检察职能为打好"三大攻坚战"提供司法保障的意见》（以下简称《意见》）。现予印发，请结合实际认真贯彻执行。

服从、服务党和国家工作大局，是检察工作必须长期坚持的指导原则。各级人民检察院和全体检察人员要以习近平新时代中国特色社会主义思想为指导，紧密结合各地实际，强化政治意识、大局意识和责任担当，以积极作为的姿态，找准参与和保障"三大攻坚战"的切入点和着力点，切实增强责任感和使命感，主动调整工作思路，积极谋划工作举措，全面履职、综合施策、精准发力，保障"三大攻坚战"顺利推进。要强化工作执行力，将《意见》提出的各项工作要求贯彻落实到各项检察业务中，加大案件办理力度，充分履行法律监督职责，确保检察机关在"三大攻坚战"中发挥积极有效的作用。要不断创新工作方式，积极探索设立办理金融、生态环境等案件的专门机构或办案组织，构建一体化办案机制，加强智慧检务建设，丰富专业类型案件的办理方式。要认真总结经验，深入研究工作中遇到的困难和问题，及时向党委和上级人民检察院报告。对于检察机关参与和保障"三大攻坚战"中涌现的先进事迹和办理的典型案例，要积极做好宣传。

《意见》执行情况和遇到的问题，请及时报告最高人民检察院。

最高人民检察院关于充分发挥检察职能为打好"三大攻坚战"提供司法保障的意见

打好防范化解重大风险、精准脱贫、污染防治的攻坚战（以下简称"三大攻坚战"），是以习近平同志为核心的党中央深刻分析国际国内形势，着眼党和国家事业发展全局作出的重大战略部署，对于夺取全面建成小康社会伟大胜利、开启全面建设社会主义现代化强国新征程具有重大的现实意义和深远的历史意义。为充分发挥检察职能作用，努力为"三大攻坚战"顺利推进提供优质法治环境和司法保障，确保党中央重大决策部署得到贯彻落实，提出如下意见：

一、加强组织领导，完善办案机制，集中力量办好涉"三大攻坚战"案件

各级人民检察院要深刻认识打好"三大攻坚战"的重大意义，深刻认识检察机关参与和保障"三大攻坚战"的职责使命，将之作为当前和今后三年的重点任务。要坚持以办案为中心，建立健全专门工作机制，检察长负总责，亲自谋划部署，分管副检察长具体抓，确保贯彻落实。院党组和检察委员会要对落实参与和保障"三大攻坚战"任务的具体措施、相关案件办理机制、法律政策把握指导等进行专门研究，制定切实可行的工作方案。检察长、副检察长、检察委员会委员和业务部门负责人要带头办理涉"三大攻坚战"的重大复杂案件。各相关业务部门可通过设立专业化办案组织和指定专门办案人员，集中优势力量加大办案力度。案件管理部门对涉"三大攻坚战"案件要专项统计，及时分析，定期通报。上级院业务部门对下级院业务部门要加强指导。办理重大复杂敏感案件要精心制定工作预案，主动向党委和上级人民检察院请示报告。

二、从严惩处危害金融安全、妨害精准扶贫、破坏生态环境刑事犯罪

始终坚持"严"字当头，加强审查逮捕、审查起诉工作，强化刑事诉讼法律监督，形成高压态势。要排除阻力和干扰，依法严厉惩处擅自设立金融机构、非法吸收公众存款、集资诈骗、网络传销、高利转贷以及"校园贷""套路贷"和以故意伤害、非法拘禁、侮辱等非法手段催收民间贷款等严重危害金融安全、破坏社会稳定的犯罪行为；从严惩治金融从业人员搞权钱交易、利益输送、内外勾连的"内鬼"以及进行内幕交易、操纵市场的"金融大鳄"，筑牢金融安全司法防线。依法严厉打击虚报冒领、套取侵吞、截留私分、挤占挪用、盗窃诈骗扶贫资金的犯罪，发生在群众身边、损害群众利益的"蝇贪""蚁贪"等"微腐败"犯罪，以及"村霸"等黑恶势力犯罪及其背后的"保护伞"，维护农村稳定，确保党和国家精准扶贫的惠民政策落到实处。以零容忍态度坚决打击非法排放、倾倒或者处置有毒有害污染物、非法排放超标污染物等污染环境犯罪，依法严厉惩治群众反映强烈、社会影响恶劣的严重破坏生态环境案事件背后的滥用职权、玩忽职守等职务犯罪，着力保护绿水青山。贯彻宽严相济刑事司法政策，对于认罪认罚、主动退赃挽损、自愿修复生态的涉罪人员，依法区别对待，当宽则宽。

三、依法履行民事、行政检察和公益诉讼职责，积极助力"三大攻坚战"有效推进

加大金融、扶贫和环保领域公益诉讼案件办理力度。加强刑事检察与民事、行政检察工作衔接，办理审查逮捕、审查起诉、刑事诉讼监督案件，要注意发现和及时移送相关公益诉讼案件线索；民事、行政检察部门要充分运用调查核实措施，查清违法行为、损害后果及其因果关系，依法运用检察建议、支持起诉、提起公益诉讼等方式，有效维护国家利益和社会公共利益。加强对涉"三大攻坚战"民事、行政诉讼的法律监督，既有效保障当事人的合法权益，维护司法公正，又依法支持人民法院的合法裁判，维护司法权威。加大对涉"三大攻坚战"虚假诉讼的监督和惩治。依法支持人民法院重点审查金融、扶贫、环保案件中被执行人规避执行、抗拒执行和违法干预执行的行为，对于拒不执行人民法院生效裁判构成犯罪的，依法追究刑事责任。对违法采取执行措施、违法处置执行标的物等情形，及时提出检察建议督促纠正。

四、坚持严格依法办案，加强证据审查把关，夯实案件质量基础

牢固树立案件质量是司法活动生命线的理念，严守罪刑法定、疑罪从无、证据裁判原则，善于运用法治思维和法治方式、政治智慧和法律智慧办理涉"三大攻坚战"案件。要准确把握法律政策界限，严格区分经济纠纷与经济犯罪、金融创新与金融犯罪、正当融资与非法集资、个人犯罪与企业违规、单位犯罪等的界限。办理涉及企业的案件，要落实平等保护各种所有制经济的宪法和法律原则，讲究办案方式，依法维护企业合法权益。办理案件要注意听取行业主管、监管部门意见，防止机械司法，确保案件的质量和效果。认真贯彻落实以审判为中心的刑事诉讼制度改革要求，加强对金融、扶贫、环保领域刑事案件侦查活动的监督引导和证据审查，严把事实关、证据关和法律适用关，既体现从严从快惩处相关犯罪要求，又实事求是、依法办案，确保批捕、起诉的案件都成为经得起法律和历史检验的铁案，让人民群众在每一起案件中都感受到公平正义。

五、办理案件与追赃挽损并重，尽最大可能减少违法犯罪造成的损失

办理涉"三大攻坚战"案件，要重视追赃挽损并

制定切实可行的工作预案,依法用好用足法律手段进行追赃挽损,坚决不让违法犯罪人员在经济上获利,切实挽回国家、集体和被害人的损失。对于重大刑事案件要及时介入侦查活动,建议公安机关对涉案财物及时依法采取查封、扣押、冻结措施;对犯罪分子违法所得的一切财物及其孳息,要确保依法予以追缴或者责令退赔。办理相关公益诉讼案件,应当立即制止违法行为的,要积极协调行政执法部门或者向党委、政府报告、通报,通过有效措施促使违法人员立即停止侵害,防止损失扩大;需要采取财产保全措施的,及时向人民法院建议对被告财产进行保全。对于涉众型经济犯罪案件,要严格执行中共中央办公厅、国务院办公厅《关于进一步规范刑事诉讼涉案财物处置工作的意见》(中办发〔2015〕7号)、《最高人民检察院、公安部关于公安机关办理经济犯罪案件的若干规定》(公通字〔2017〕25号)等文件规定,配合、监督公安机关、人民法院依法开展追赃挽损、资产处置等工作,加快涉案资产向被害人返还进度,最大限度减少人民群众的实际损失。

六、充分发挥检察建议功能,积极参与"三大攻坚战"社会治理

各级人民检察院要结合办案,深入剖析金融、扶贫、环保领域违法犯罪的主要特点、发案规律和深层次原因,以及相关领域社会治理的新隐患、新矛盾、新特点,查找制度缺陷和监管漏洞,综合运用专题报告、信息简报、综合通报等方式,及时向党委、政府和主管、监管部门提出对各类社会风险的预测预警及应对风险的检察建议,并抄报上一级人民检察院。树立"助对防错""双赢""共赢"的法律监督理念,在办理涉"三大攻坚战"案件时,加强与金融、扶贫、环保等部门的沟通协作,支持相关部门依法强化监管执法活动,对于相关部门不履行职责或怠于监管的,积极运用检察建议督促其依法履行职责,促进其加强制度建设、工作创新和监管治理。对各类风险要做到早发现、早处置、早化解,努力从源头上预防和减少违法犯罪行为发生。

七、进一步增强工作预见性、主动性,确保办案"三个效果"有机统一

树立积极履责意识,克服等案上门的消极思想,主动了解党委、政府关于"三大攻坚战"的整体部署及进展情况,分析掌握"三大攻坚战"中存在的困难问题和对检察工作的需求,从中确定工作重点,发掘案件线索,依法履行职责。加强与公安机关、人民法院和金融、扶贫、环保等部门以及监察机关的工作衔接,建立健全行政执法与刑事司法、行政检察衔接平台,行政执法部门与检察机关联席会议,相关违法犯罪线索受理移送等多元化办案协作和监督制约机制。充分利用"信、访、网、电"等诉求表达渠道,对涉及"三大攻坚战"的控告、申诉及时受理、仔细甄别。要坚持稳定压倒一切,对案件办理的法律效果、政治效果和社会效果进行综合考量,依法妥善处理。建立健全办案风险评估预警处置机制,对重大敏感案件、涉众型案件,要做好风险评估和预警,研究制定处置预案,依法及时有效处置。对违法犯罪行为引发的突发性事件和群体性事件,要与有关部门协作配合,依法妥善化解矛盾纠纷,有效维护社会和谐稳定。对涉金融、扶贫、环保的来信来访,严格落实首办责任制,及时就地解决问题,依法息诉息访。对办理案件引发的社会舆情,要及时快速应对,正面引导疏解,确保司法办案和维护稳定依法顺利进行。

八、加强宣传教育,积极为打好"三大攻坚战"营造良好法治环境

认真落实国家机关"谁执法谁普法"的普法责任制,结合办理涉"三大攻坚战"案件,深入推进检察官以案释法和法律文书说理工作,加大刑事申诉案件公开审查力度,让司法办案成为生动的普法课堂。精心选择和及时发布社会关注度高、法律适用准、政策把握好、办案效果佳的金融、扶贫、环保领域典型案例,充分利用报刊、广播、电视和门户网站、微信、微博、新闻客户端等平台,宣传解读有关"三大攻坚战"的方针政策和相关法律法规,把国家政策讲透彻,把法律法规讲明白,把责任风险讲清楚,实现办理一案、教育一片的良好效果。常态化开展法律"进机关、进乡村、进社区、进学校、进企业、进单位"等普法活动,围绕金融安全、扶贫助贫、污染治理等人民群众关心的热点难点问题开展法治宣讲,引导人民群众自觉守法、遇事找法、维权靠法,推动形成全社会依法办事的良好局面。

最高人民法院　最高人民检察院
国家文物局　公安部　海关总署关于印发
《涉案文物鉴定评估管理办法》的通知

2018 年 6 月 14 日　文物博发〔2018〕4 号

各省、自治区、直辖市高级人民法院、人民检察院、文物局（文化厅）、公安厅（局），解放军军事法院、军事检察院、新疆维吾尔自治区高级人民法院生产建设兵团分院，新疆生产建设兵团人民检察院、文物局、公安局、海关总署广东分署、各直属海关：

为贯彻落实《国务院关于进一步加强文物工作的指导意见》（国发〔2016〕17 号）和《国务院办公厅关于进一步加强文物安全工作的实施意见》（国办发〔2017〕81 号）的要求，规范涉案文物鉴定评估活动，打击文物违法犯罪活动，根据《最高人民法院、最高人民检察院关于办理妨害文物管理等刑事案件适用法律若干问题的解释》（法释〔2015〕23 号），国家文物局、最高人民法院、最高人民检察院、公安部、海关总署共同制定了《涉案文物鉴定评估管理办法》。现印发给你们，请认真遵照执行。

涉案文物鉴定评估管理办法

第一章　总　则

第一条　为适应人民法院、人民检察院和公安机关等办案机关办理文物犯罪刑事案件的需要，规范涉案文物鉴定评估活动，保证涉案文物鉴定评估质量，根据《中华人民共和国文物保护法》、《最高人民法院、最高人民检察院关于办理妨害文物管理等刑事案件适用法律若干问题的解释》和有关法律法规，制定本办法。

第二条　本办法所称涉案文物，专指文物犯罪刑事案件涉及的文物或者疑似文物。

本办法所称涉案文物鉴定评估，是指涉案文物鉴定评估机构组织文物鉴定评估人员，运用专门知识或者科学技术对涉案文物的专门性问题进行鉴别、判断、评估并提供鉴定评估报告的活动。

第三条　国家文物局指定的涉案文物鉴定评估机构和予以备案的文物鉴定评估人员开展涉案文物鉴定评估活动，适用本办法。

第四条　涉案文物鉴定评估机构开展涉案文物鉴定评估活动，应当遵循合法、独立、客观、公正的原则。

第五条　文物鉴定评估人员在涉案文物鉴定评估活动中，应当遵守法律法规，遵守职业道德和职业纪律，尊重科学，遵守标准规范。

第六条　国家文物局负责遴选指定涉案文物鉴定评估机构，制定涉案文物鉴定评估管理制度和标准规范，对全国涉案文物鉴定评估工作进行宏观指导。

第七条　省级文物行政部门负责推荐本行政区域内涉案文物鉴定评估机构，对涉案文物鉴定评估工作进行监督管理。

省级文物行政部门应当保障本行政区域内涉案文物鉴定评估机构开展涉案文物鉴定评估工作所需的业务经费。

第八条　涉案文物鉴定评估机构的发展应当符合统筹规划、合理布局、严格标准、确保质量的要求。

第二章　鉴定评估范围和内容

第九条　涉案文物鉴定评估范围涵盖可移动文物和不可移动文物。

（一）可移动文物鉴定评估类别包括陶瓷器、玉石器、金属器、书画、杂项等五个类别。

（二）不可移动文物鉴定评估类别包括古文化遗址、古墓葬、古建筑、石窟寺及石刻、近现代重要史迹及代表性建筑、其他等六个类别。

第十条　已被拆解的不可移动文物的构件，涉案文物鉴定评估机构可以应办案机关的要求，将其作为可移动文物进行鉴定评估。

第十一条　可移动文物鉴定评估内容包括：

（一）确定疑似文物是否属于文物；

（二）确定文物产生或者制作的时代；

（三）评估文物的历史、艺术、科学价值，确定文物级别；

（四）评估有关行为对文物造成的损毁程度；

（五）评估有关行为对文物价值造成的影响；

（六）其他需要鉴定评估的文物专门性问题。

可移动文物及其等级已经文物行政部门认定的，涉案文物鉴定评估机构不再对上述第一至三项内容进行鉴定评估。

第十二条　不可移动文物鉴定评估内容包括：

（一）确定疑似文物是否属于古文化遗址、古墓葬；

（二）评估有关行为对文物造成的损毁程度；

（三）评估有关行为对文物价值造成的影响；

（四）其他需要鉴定评估的文物专门性问题。

不可移动文物及其等级已经文物行政部门认定的，涉案文物鉴定评估机构不再对上述第一项内容进行鉴定评估。

第十三条　涉案文物鉴定评估机构可以根据自身专业条件，并应办案机关的要求，对文物的经济价值进行评估。

第三章　鉴定评估机构和人员

第十四条　国有文物博物馆机构申请从事涉案文物鉴定评估业务，应当具备下列条件：

（一）有独立法人资格；

（二）有固定的办公场所和必要的文物鉴定技术设备；

（三）能够从事本办法第九条规定的可移动文物所有类别或者不可移动文物所有类别的鉴定评估业务，每类别有三名以上专职或者兼职的文物鉴定评估人员；

（四）有一定数量的专职文物鉴定评估人员；

（五）具备一定的文物鉴定评估组织工作经验。

第十五条　国有文物博物馆机构申请从事涉案文物鉴定评估业务，应当提交下列材料：

（一）申请从事涉案文物鉴定评估业务的文件；

（二）涉案文物鉴定评估机构申请表；

（三）文物鉴定评估人员登记表；

（四）法人证书复印件或者证明法人资格的相关文件；

（五）此前组织开展文物鉴定评估工作的相关情况说明。

第十六条　省级文物行政部门按照本办法第十四条规定的条件，对本行政区域内申请从事涉案文物鉴定评估业务的国有文物博物馆机构进行初审，初审合格的报国家文物局。

国家文物局对各省上报的机构进行遴选，指定其中符合要求的为涉案文物鉴定评估机构，并通过适当方式向社会公告。

第十七条　涉案文物鉴定评估机构的文物鉴定评估人员，应当至少符合下列条件之一：

（一）取得文物博物及相关系列中级以上专业技术职务，并有至少持续五年文物鉴定实践经历；

（二）是文物进出境责任鉴定人员；

（三）是国家或者省级文物鉴定委员会委员。

第十八条　省级文物行政部门按照本办法第十七条规定的条件，对拟从事涉案文物鉴定评估工作的文物鉴定评估人员进行审核，审核合格的报国家文物局备案。

第十九条　涉案文物鉴定评估机构的文物鉴定评估人员只能在一个鉴定评估机构中任职（包括兼职），但可以接受其他涉案文物鉴定评估机构的聘请，从事特定事项的涉案文物鉴定评估活动。

文物鉴定评估人员不得私自接受涉案文物鉴定评估委托。

第四章　鉴定评估程序

第一节　委托与受理

第二十条　涉案文物鉴定评估机构受理所在

省（自治区、直辖市）行政区域内人民法院、人民检察院和公安机关等办案机关的涉案文物鉴定评估委托。

第二十一条 办案机关委托文物鉴定评估的，应当向涉案文物鉴定评估机构提供立案决定书、办案机关介绍信或者委托函、鉴定评估物品清单、照片、资料等必要的鉴定评估材料，并对鉴定评估材料的真实性、合法性负责。

经双方同意，办案机关可以将鉴定评估文物暂时委托涉案文物鉴定评估机构保管。

第二十二条 涉案文物鉴定评估机构收到鉴定评估材料和鉴定评估文物后，应当详细查验并进行登记，并严格开展鉴定评估文物和其他鉴定评估材料的交接、保管、使用和退还工作。

第二十三条 涉案文物鉴定评估机构对属于本机构涉案文物鉴定评估业务范围，鉴定评估用途合法，提供的鉴定评估材料能够满足鉴定评估需要的鉴定评估委托，应当受理。

鉴定评估材料不完整、不充分，不能满足鉴定评估需要的，涉案文物鉴定评估机构可以要求委托办案机关进行补充。

委托办案机关故意提供虚假鉴定评估材料的，涉案文物鉴定评估机构应当主动向委托办案机关的上级部门报告。

第二十四条 有下列情形之一的鉴定评估委托，涉案文物鉴定评估机构不予受理：

（一）委托主体不符合本办法对办案机关的规定的；

（二）委托鉴定评估物品不符合本办法对涉案文物的规定的；

（三）鉴定评估范围和内容不属于涉案文物鉴定评估机构业务范围或者不符合本办法规定的；

（四）鉴定评估材料不具备鉴定评估条件或者与鉴定评估要求不相符的。

第二十五条 涉案文物鉴定评估机构应当自收到鉴定评估材料之日起五个工作日内，作出是否受理鉴定评估委托的决定。

第二十六条 涉案文物鉴定评估机构决定受理鉴定评估委托的，应当与委托办案机关签订涉案文物鉴定评估委托书。鉴定评估委托书应当载明委托办案机关名称、涉案文物鉴定评估机构名称、委托鉴定评估内容、鉴定评估时限以及双方权利义务等事项。

第二十七条 涉案文物鉴定评估机构决定不予受理鉴定评估委托的，应当向委托主体说明理由，并退还鉴定评估材料。

第二十八条 对于本办法三十五条第二款和三十六条第一款规定的鉴定评估终止情形，或者因其他重大特殊原因，办案机关可以申请跨行政区域委托涉案文物鉴定评估。

跨行政区域委托涉案文物鉴定评估的，由办案机关所在地省行政部门，共同确定具有相应鉴定评估能力的涉案文物鉴定评估机构开展。协商不成的，可以由办案机关所在地省级文物行政部门报国家文物局指定。

第二节 鉴定评估

第二十九条 涉案文物鉴定评估机构接受鉴定评估委托后，应当组织本机构与委托鉴定评估文物类别一致的文物鉴定评估人员进行鉴定评估。每类别文物鉴定评估应当有两名以上文物鉴定评估人员参加鉴定评估。

对复杂、疑难和重大案件所涉的鉴定评估事项，可以聘请其他涉案文物鉴定评估机构相关文物类别的文物鉴定评估人员参加鉴定评估。

第三十条 文物鉴定评估人员有下列情形之一的，应当自行回避，涉案文物鉴定评估机构负责人也应当要求其回避：

（一）是案件的当事人或者是当事人的近亲属的；

（二）本人或者其近亲属与案件有利害关系的；

（三）与案件当事人和案件有其他关系；可能影响其独立、客观、公正鉴定评估的。

第三十一条 可移动文物的鉴定评估，应当依托涉案文物实物开展，并依照相关标准和技术规范进行。

第三十二条 不可移动文物的鉴定评估，应当到涉案文物所在地现场开展调查研究，并依照相关标准和技术规范进行。

第三十三条 涉案文物鉴定评估过程中，需要进行有损科技检测的，涉案文物鉴定评估机构应当征得委托办案机关书面同意。文物鉴定评估人员应当对科技检测的手段、过程和结果进行记录，并签名存档备查。

第三十四条　涉案文物鉴定评估采取文物鉴定评估人员独立鉴定评估和合议相结合的方式进行。文物鉴定评估人员应当对鉴定评估的方法、过程和结论进行记录,并签名存档备查。

第三十五条　鉴定评估活动完成后,涉案文物鉴定评估机构应当对文物鉴定评估人员作出的鉴定评估意见进行审查,对鉴定评估意见一致的出具鉴定评估报告。

鉴定评估意见不一致的,涉案文物鉴定评估机构应当组织原鉴定人员以外的文物鉴定评估人员再次进行鉴定评估,再次鉴定评估意见一致的出具鉴定评估报告;再次鉴定评估意见仍不一致的,可以终止鉴定评估,涉案文物鉴定评估机构应当书面通知委托办案机关终止鉴定评估决定并说明理由。

第三十六条　有下列情形之一的,涉案文物鉴定评估机构可以终止鉴定评估:

（一）在鉴定评估过程中发现本机构难以解决的技术性问题的;

（二）确需补充鉴定评估材料而委托办案机关无法补充的;

（三）委托办案机关要求终止鉴定评估的;

（四）其他需要终止鉴定评估的情形。

除上述第三项情形外,涉案文物鉴定评估机构应当书面通知委托办案机关终止鉴定评估决定并说明理由。

第三十七条　有下列情形之一的,涉案文物鉴定评估机构应当接受办案机关委托进行重新鉴定评估:

（一）有明确证据证明鉴定评估报告内容有错误的;

（二）鉴定评估程序不符合本办法规定的;

（三）文物鉴定评估人员故意作出虚假鉴定评估或者应当回避而未予回避的;

（四）其他可能影响鉴定评估客观、公正的情形。

涉案文物鉴定评估机构应当组织原鉴定评估人员以外的文物鉴定评估人员进行重新鉴定评估。

鉴定评估报告中出现的明显属于错别字或者语言表述瑕疵的,可以由鉴定评估机构出具更正说明,更正说明属于原鉴定评估报告的组成部分。

第三十八条　有下列情形之一的,涉案文物鉴定评估机构应当根据办案机关要求进行补充鉴定评估:

（一）鉴定评估报告内容有遗漏的;

（二）鉴定评估报告意见不明确的;

（三）办案机关发现新的相关重要鉴定评估材料的;

（四）办案机关对涉案文物有新的鉴定评估要求的;

（五）鉴定评估报告不完整,委托事项无法确定的;

（六）其他需要补充鉴定评估的情形。

补充鉴定评估是原委托鉴定评估活动的组成部分,应当由涉案文物鉴定评估机构组织原文物鉴定评估人员进行。

第三十九条　办案机关对有明确证据证明涉案文物鉴定评估机构重新出具的鉴定评估报告有错误的,可以由最高人民法院、最高人民检察院、公安部、海关总署商国家文物局,由国家文物局指定涉案文物鉴定评估机构进行再次鉴定评估。

第四十条　涉案文物鉴定评估机构一般应当自鉴定评估委托书签订之日起十五个工作日内完成鉴定评估。

因办案时限规定或者其他特殊事由,需要缩减或者延长鉴定评估时限的,由双方协商确定。延长鉴定评估时限的,一般不超过四十五个工作日。

第四十一条　涉案文物鉴定评估机构应当按照统一规定的文本格式制作鉴定评估报告。

鉴定评估报告一式五份,三份交委托办案机关,一份由涉案文物鉴定评估机构存档,一份在鉴定评估活动完成次月15日前报所在地省级文物行政部门备案。

第四十二条　鉴定评估事项结束后,涉案文物鉴定评估机构应当将鉴定评估报告以及在鉴定评估过程中产生的有关资料整理立卷、归档保管。

第四十三条　未经委托办案机关同意,涉案文物鉴定评估机构和文物鉴定评估人员不得向文物行政部门以外的其他组织或者个人提供与鉴定评估事项有关的信息。

第五章　监督管理

第四十四条　涉案文物鉴定评估机构应当于

每年 11 月 15 日前，将本年度涉案文物鉴定评估业务情况和鉴定的涉案文物信息书面报告所在地省级文物行政部门。省级文物行政部门汇总后于当年 12 月 1 日前报送国家文物局。

第四十五条 最高人民法院、最高人民检察院、公安部、海关总署直接办理或者督办的刑事案件所涉的文物鉴定评估，涉案文物鉴定评估机构应当在接受鉴定评估委托后，及时通过省级文物行政部门向国家文物局报告。

第四十六条 涉案文物鉴定评估机构发生法定代表人、办公地点或者机构性质等重大事项变更，或者文物鉴定评估人员发生变动的，应当及时将相关情况通过省级文物行政部门报国家文物局备案。

第四十七条 省级文物行政部门应当对本行政区域内涉案文物鉴定评估机构进行不定期检查，发现问题或者有举报、投诉等情况的，应当及时进行调查处理。

第四十八条 涉案文物鉴定评估机构有下列情形之一的，由所在地省级文物行政部门给予警告，并责令其改正：

（一）超出本办法规定的涉案文物鉴定评估业务范围开展涉案文物鉴定评估活动的；

（二）组织未经国家文物局备案的文物鉴定评估人员开展涉案文物鉴定评估活动的；

（三）鉴定评估活动未按照本办法规定的程序要求和标准规范开展的；

（四）无正当理由拒绝接受涉案文物鉴定评估委托的；

（五）无正当理由超出鉴定评估时限的；

（六）法律、法规规定的其他情形。

第四十九条 涉案文物鉴定评估机构有下列情形之一的，由所在地省级文物行政部门进行调查，国家文物局根据情节严重程度暂停或者终止其从事涉案文物鉴定评估业务：

（一）因严重不负责任造成鉴定评估报告内容明显错误的；

（二）因严重不负责任造成委托鉴定评估文物实物损毁、遗失的；

（三）法律、法规规定的其他情形。

第五十条 文物鉴定评估人员有下列情形之一的，由所在涉案文物鉴定评估机构给予警告，并责令其改正：

（一）无正当理由拒绝接受涉案文物鉴定评估工作的；

（二）向委托办案机关私自收取鉴定评估费用的；

（三）法律、法规规定的其他情形。

第五十一条 文物鉴定评估人员有下列情形之一的，由所在涉案文物鉴定评估机构给予警告，并责令其改正；情节严重的，报省级文物行政部门同意后暂停或者终止其开展涉案文物鉴定评估活动：

（一）应当回避而未予回避，造成恶劣影响的；

（二）违反职业道德和职业纪律，造成恶劣影响的；

（三）因严重不负责任造成委托鉴定评估文物实物损毁、遗失的；

（四）法律、法规规定的其他情形。

第五十二条 涉案文物鉴定评估机构负责人在管理工作中滥用职权、玩忽职守造成严重后果的，依法追究相应的法律责任。

涉案文物鉴定评估机构负责人和文物鉴定评估人员故意出具虚假鉴定评估报告，或者故意隐匿、侵占、毁损委托鉴定评估文物，构成犯罪的，依法追究刑事责任。

第六章 附 则

第五十三条 对古猿化石、古人类化石及其与人类活动有关的第四纪古脊椎动物化石的鉴定评估活动，依照本办法执行。

第五十四条 涉案文物鉴定评估机构和文物鉴定评估人员开展行政案件、民事案件涉及文物的鉴定评估活动，可以参照本办法执行。

第五十五条 对尚未登记公布的古文化遗址、古墓葬，县级以上文物行政部门可以依据已生效判决采纳的鉴定评估意见，依法开展登记公布工作。

第五十六条 本办法自公布之日起实施，此前有关规定与本办法不一致的，以本办法为准。

最高人民检察院关于印发《人民检察院公诉人出庭举证质证工作指引》的通知

2018 年 7 月 3 日 高检发诉字〔2018〕8 号

各省、自治区、直辖市人民检察院，解放军军事检察院，新疆生产建设兵团人民检察院：

《人民检察院公诉人出庭举证质证工作指引》（以下简称《指引》）已经 2018 年 5 月 2 日最高人民检察院第十三届检察委员会第一次会议通过。现印发你们，供参考。现提出如下工作要求。

一、充分认识加强举证质证工作的重要意义。出席法庭支持公诉是刑事公诉工作的龙头，举证质证是出庭支持公诉的核心环节。举证质证的质量，直接影响指控犯罪的质量和出庭支持公诉的效果。随着刑事诉讼立法和实践的不断发展变化，特别是以审判为中心的刑事诉讼制度改革、刑事案件认罪认罚从宽制度试点的深入推进，包括举证质证工作在内的公诉人出庭支持公诉工作面临着新的更高要求，公诉人在庭前审查预测和准备、把握庭审主动权、有效应对庭审变化等方面面临新挑战。加强出庭举证质证工作，对于检察机关深化诉讼制度改革，全面贯彻证据裁判规则，有效应对庭审实质化具有重要意义。各级人民检察院要切实加强举证质证工作，更好发挥公诉人在庭审中的职能作用，着力提高出庭公诉质量和效果，不断提升司法公信力。

二、全面理解和准确把握《指引》的内容。《指引》适应建立完善多层次诉讼体系需要，着眼于构建以庭前准备为基础，以当庭指控证实犯罪为核心，认罪与不认罪案件相区别的出庭公诉模式，提升公诉人出庭举证质证水平，对举证质证的概念内涵、目标任务、遵循原则、基本要求、一般方法等作了规定，为公诉人出庭举证质证工作提供了基本遵循。要全面理解和准确把握《指引》内容，熟练掌握运用举证质证原则和方法，更好履行指控犯罪职能。要坚持实事求是，恪守客观公正立场，尊重辩方，服从法庭，理性文明。要推进繁简分流，优化司法资源配置，疑难复杂案件按照庭审实质化要求举证质证，简单案件简化举证质证。要加强举证质证的准备，特别是有效运用庭前会议整理争点、解决争议、确定举证方式等。要加强证据合法性的举证和证明，积极质证答辩，保证公诉案件客观公正，符合程序正义。要熟练掌握和运用各类举证质证方法，通过构建证据体系，证明公诉主张，有效反驳辩解，掌握庭审主动权，确保指控犯罪有力。

三、切实抓好《指引》的学习培训。《指引》充分吸收了各级公诉部门和优秀公诉人实践经验，基本涵盖了举证质证工作全过程的常见问题，对于提升公诉人出庭整体水平具有重要指导作用。各级人民检察院要高度重视，将《指引》作为学习培训的重要内容，通过举办业务培训班、开展庭审观摩、听庭评议等，教育引导公诉人准确掌握举证质证工作理念原则、基本要求和常用方法，规范出庭履职行为，围绕保证庭审在查明事实、认定证据、保护诉权、公正裁判中发挥决定性作用，有效提高举证质证工作质量，有力指控和证明犯罪。要加强对司法实践中举证质证新情况新问题的研究，及时总结推广优秀公诉人的成功办案经验，不断丰富完善举证质证方法策略。要加强案例指导，注重收集和编发具有典型意义的公诉人出庭举证质证案例，发挥典型案例的示范引领作用。

执行《指引》过程中遇到的重要情况和问题，请及时报告最高人民检察院公诉厅。

人民检察院公诉人出庭举证质证工作指引

（2018 年 5 月 2 日最高人民检察院第十三届检察委员会第一次会议通过）

第一章 总 则

第一条 为适应以审判为中心的刑事诉讼制度改革新要求，全面贯彻证据裁判规则，进一步加强和改进公诉人出庭举证质证工作，构建认罪和不认罪案件相区别的出庭公诉模式，增强指控犯罪效果，根据《中华人民共和国刑事诉讼法》和相关规定，结合检察工作实际，制定本工作指引。

第二条 举证是指在出庭支持公诉过程中，公诉人向法庭出示、宣读、播放有关证据材料并予以说明，对出庭作证人员进行询问，以证明公诉主张成立的诉讼活动。

质证是指在审判人员的主持下，由控辩双方对所出示证据材料及出庭作证人员的言词证据的证据能力和证明力相互进行质疑和辩驳，以确认是否作为定案依据的诉讼活动。

第三条 公诉人出庭举证质证，应当以辩证唯物主义认识论为指导，以事实为根据，以法律为准绳，注意运用逻辑法则和经验法则，有力揭示和有效证实犯罪，提高举证质证的质量、效率和效果，尊重和保障犯罪嫌疑人、被告人和其他诉讼参与人诉讼权利，努力让人民群众在每一个司法案件中感受到公平正义。

第四条 公诉人举证质证，应当遵循下列原则：

（一）实事求是，客观公正；

（二）突出重点，有的放矢；

（三）尊重辩方，理性文明；

（四）遵循法定程序，服从法庭指挥。

第五条 公诉人可以根据被告人是否认罪，采取不同的举证质证模式。

被告人认罪的案件，经控辩双方协商一致并经法庭同意，举证质证可以简化。

被告人不认罪或者辩护人作无罪辩护的案件，一般应当全面详细举证质证。但对辩护方无异议的证据，经控辩双方协商一致并经法庭同意，举证质证也可以简化。

第六条 公诉人举证质证，应当注重与现代科技手段相融合，积极运用多媒体示证、电子卷宗、出庭一体化平台等，增强庭审指控犯罪效果。

第二章 举证质证的准备

第七条 公诉人审查案件时，应当充分考虑出庭准备和庭审举证质证工作的需要，有针对性地制作审查报告。

第八条 公诉人基于出庭准备和庭审举证质证工作的需要，可以在开庭前从人民法院取回有关案卷材料和证据，或者查阅电子卷宗。

第九条 公诉案件开庭前，公诉人应当进一步熟悉案情，掌握证据情况，深入研究与本案有关的法律政策问题，熟悉审判可能涉及的专业知识，围绕起诉书指控的犯罪事实和情节，制作举证质证提纲，做好举证质证准备。

制作举证质证提纲应当注意以下方面：

（一）证据的取得是否符合法律规定；

（二）证据是否符合法定形式；

（三）证据是否为原件、原物，照片、录像、复制件、副本等与原件、原物是否相符；

（四）发现证据时的客观环境；

（五）证据形成的原因；

（六）证人或者提供证据的人与本案有无利害关系；

（七）证据与待证事实之间的关联关系；

（八）证据之间的相互关系；

（九）证据是否共同指向同一待证事实，有无无法排除的矛盾和无法解释的疑问，全案证据是否形成完整的证明体系，根据全案证据认定的事实是否足以排除合理怀疑，结论是否具有唯一性；

（十）证据是否具有证据能力及其证明力的其他问题。

第十条 公诉人应当通过参加庭前会议，及时掌握辩护方提供的证据，全面了解被告人及其辩护人对证据的主要异议,并在审判人员主持下,就案件的争议焦点、证据的出示方式等进行沟通,确定举证顺序、方式。根据举证需要,公诉人可以申请证人、鉴定人、侦查人员、有专门知识的人出庭,对辩护方出庭人员名单提出异议。

审判人员在庭前会议中组织展示证据的,公诉人应当出示拟在庭审中出示的证据,梳理存在争议的证据,听取被告人及其辩护人的意见。

被告人及其辩护人在开庭审理前申请排除非法证据,并依照法律规定提供相关线索或者材料的,公诉人经查证认为不存在非法取证行为的,应当在庭前会议中通过出示有关证据材料等方式,有针对性地对证据收集的合法性作出说明。

公诉人可以在庭前会议中撤回有关证据。撤回的证据,没有新的理由,不得在庭审中出示。

公诉人应当根据庭前会议上就举证方式达成的一致意见,修改完善举证提纲。

第十一条　公诉人在开庭前收到人民法院转交或者被告人及其辩护人、被害人、证人等递交的反映证据系非法取得的书面材料的,应当进行审查。对于审查逮捕、审查起诉期间已经提出并经查证不存在非法取证行为的,应当通知人民法院,或者告知有关当事人和辩护人,并按照查证的情况做好庭审准备。对于新的材料或者线索,可以要求侦查机关对证据收集的合法性进行说明或者提供相关证明材料,必要时可以自行调查核实。

第十二条　公诉人在庭前会议后依法收集的证据,在开庭前应当及时移送人民法院,并了解被告人或者其辩护人是否提交新的证据。如果有新的证据,公诉人应当对该证据进行审查。

第十三条　公诉人在开庭前,应当通过讯问被告人、听取辩护人意见、参加庭前会议、与法庭沟通等方式,了解掌握辩护方所收集的证明被告人无罪、罪轻或者反映存在非法取证行为的相关材料情况,进一步熟悉拟在庭审中出示的相关证据,围绕证据的真实性、关联性、合法性,全面预测被告人、辩护人可能提出的质证观点,有针对性地制作和完善质证提纲。

第三章　举　　证

第一节　举证的基本要求

第十四条　公诉人举证,一般应当遵循下列要求:

（一）公诉人举证,一般应当全面出示证据;出示、宣读、播放每一份(组)证据时,一般应当出示证据的全部内容。根据普通程序、简易程序以及庭前会议确定的举证方式和案件的具体情况,也可以简化出示,但不得随意删减、断章取义。没有召开庭前会议的,公诉人可以当庭与辩护方协商,并经法庭许可确定举证方式。

（二）公诉人举证前,应当先就举证方式作出说明;庭前会议对简化出示证据达成一致意见的,一并作出说明。

（三）出示、宣读、播放每一份(组)证据前,公诉人一般应当先就证据证明方向、证据的种类、名称、收集主体和时间以及所要证明的内容向法庭作概括说明。

（四）对于控辩双方无异议的非关键性证据,举证时可以仅就证据的名称及所证明的事项作出说明;对于可能影响定罪量刑的关键证据和控辩双方存在争议的证据,以及法庭认为有必要调查核实的证据,应当详细出示。

（五）举证完毕后,应当对出示的证据进行归纳总结,明确证明目的。

（六）使用多媒体示证的,应当与公诉人举证同步进行。

第十五条　公诉人举证,应当主要围绕下列事实,重点围绕控辩双方争议的内容进行:

（一）被告人的身份;

（二）指控的犯罪事实是否存在,是否为被告人所实施;

（三）实施犯罪行为的时间、地点、方法、手段、结果,被告人犯罪后的表现等;

（四）犯罪集团或者其他共同犯罪案件中参与犯罪人员的各自地位和应负的责任;

（五）被告人有无刑事责任能力,有无故意或者过失,行为的动机、目的;

（六）有无依法不应当追究刑事责任的情形,有无法定从重或者从轻、减轻以及免除处罚的情节;

（七）犯罪对象、作案工具的主要特征,与犯罪有关的财物的来源、数量以及去向;

（八）被告人全部或者部分否认起诉书指控的犯罪事实的,否认的根据和理由能否成立;

（九）与定罪、量刑有关的其他事实。

第十六条　对于公诉人简化出示的证据,辩护人要求公诉人详细出示的,可以区分不同情况作出处理。具有下列情形之一的，公诉人应当详细出示：

（一）审判人员要求详细出示的；

（二）辩护方要求详细出示并经法庭同意的；

（三）简化出示证据可能影响举证效果的。

具有下列情形之一的，公诉人可以向法庭说明理由，经法庭同意后，可以不再详细出示：

（一）公诉人已经详细出示过相关证据，辩护方重复要求的；

（二）公诉人简化出示的证据能够证明案件事实并反驳辩护方异议的；

（三）辩护方所要求详细出示的内容与起诉书认定事实无关的；

（四）被告人承认指控的犯罪事实和情节的。

第十七条 辩护方当庭申请公诉人宣读出示案卷中对被告人有利但未被公诉人采信的证据的，可以建议法庭决定由辩护方宣读出示，并说明不采信的理由。法庭采纳辩护方申请要求公诉人宣读出示的，公诉人应当出示。

第十八条 公诉人、被告人及其辩护人对收集被告人供述是否合法未达成一致意见，人民法院在庭审中对证据合法性进行调查的，公诉人可以根据讯问笔录、羁押记录、提讯登记、出入看守所的健康检查记录、医院病历、看守管教人员的谈话记录、采取强制措施或者侦查措施的法律文书、侦查机关对讯问过程合法性的证明材料、侦查机关或者检察机关对证据收集合法性调查核实的结论、驻看守所检察人员在侦查终结前对讯问合法性的核查结论等，对庭前讯问被告人的合法性进行证明，可以要求法庭播放讯问同步录音、录像，必要时可以申请法庭通知侦查人员或者其他人员出庭说明情况。

控辩双方对收集证人证言、被害人陈述、收集物证、书证等的合法性以及其他程序事实发生争议的，公诉人可以参照前款规定出示、宣读有关法律文书、侦查或者审查起诉活动笔录等予以证明。必要时，可以建议法庭通知负责侦查的人员以及搜查、查封、扣押、冻结、勘验、检查、辨认、侦查实验等活动的见证人出庭陈述有关情况。

第二节　举证的一般方法

第十九条 举证一般应当一罪名一举证、一事实一举证，做到条理清楚、层次分明。

第二十条 举证顺序应当以有利于证明公诉主张为目的，公诉人可以根据案件的不同种类、特点和庭审实际情况，合理安排和调整举证顺序。一般先出示定罪证据，后出示量刑证据；先出示主要证据，后出示次要证据。

公诉人可以按照与辩护方协商并经法庭许可确定的举证顺序进行举证。

第二十一条 根据案件的具体情况和证据状况，结合被告人的认罪态度，举证可以采用分组举证或者逐一举证的方式。

案情复杂、同案被告人多、证据数量较多的案件，一般采用分组举证为主、逐一举证为辅的方式。

对证据进行分组时，应当遵循证据之间的内在逻辑关系，可以将证明方向一致或者证明内容相近的证据归为一组；也可以按照证据种类进行分组，并注意各组证据在证明内容上的层次和递进关系。

第二十二条 对于可能影响定罪量刑的关键证据和控辩双方存在争议的证据，应当单独举证。

被告人认罪的案件，对控辩双方无异议的定罪证据，可以简化出示，主要围绕量刑和其他有争议的问题出示证据。

第二十三条 对于被告人不认罪案件，应当立足于证明公诉主张，通过合理举证构建证据体系，反驳被告人的辩解，从正反两个方面予以证明。重点一般放在能够有力证明指控犯罪事实系被告人所为的证据和能够证明被告人无罪辩解不成立的证据上，可以将指控证据和反驳证据同时出示。

对于被告人翻供的，应当综合运用证据，阐明被告人翻供的时机、原因、规律，指出翻供的不合理、不客观、有矛盾之处。

第二十四条 "零口供"案件的举证，可以采用关键证据优先法。公诉人根据案件证据情况，优先出示定案的关键证据，重点出示物证、书证、现场勘查笔录等客观性证据，直接将被告人与案件建立客观联系，在此基础上构建全案证据体系。

辩点较多案件的举证，可以采用先易后难法。公诉人根据案件证据情况和庭前会议了解的被告人及辩护人的质证观点，先出示被告人及辩护人没有异议的证据或者分歧较小的证据，后出示控辩双方分歧较大的证据，使举证顺利推进，为集中精力对分歧证据进行质证作准备。

依靠间接证据定案的不认罪案件的举证，可以采用层层递进法。公诉人应当充分运用逻辑推理，合理安排举证顺序，出示的后一份（组）证据与前一份（组）证据要紧密关联，环环相扣，层层递进，通过逻辑分析揭示各个证据之间的内在联系,综合证明案件已经排除合理怀疑。

第二十五条　对于一名被告人有一起犯罪事实或者案情比较简单的案件,可以根据案件证据情况按照法律规定的证据种类举证。

第二十六条　对于一名被告人有数起犯罪事实的案件,可以以每一起犯罪事实为单元,将证明犯罪事实成立的证据分组举证或者逐一举证。其中,涉及每起犯罪事实中量刑情节的证据,应当在对该起犯罪事实举证中出示;涉及全案综合量刑情节的证据,应当在全案的最后出示。

第二十七条　对于数名被告人有一起犯罪事实的案件,根据各被告人在共同犯罪中的地位、作用及情节,一般先出示证明主犯犯罪事实的证据,再出示证明从犯犯罪事实的证据。

第二十八条　对于数名被告人有数起犯罪事实的案件,可以采用不同的分组方法和举证顺序,或者按照作案时间的先后顺序,或者以主犯参与的犯罪事实为主线,或者以参与人数的多少为标准,并注意区分犯罪集团的犯罪行为、一般共同犯罪行为和个别成员的犯罪行为,分别进行举证。

第二十九条　对于单位犯罪案件,应当先出示证明单位构成犯罪的证据,再出示对其负责的单位主管人员或者其他直接责任人员构成犯罪的证据。对于指控被告单位犯罪与指控单位主管人员或者其他直接责任人员犯罪的同一份证据可以重复出示,但重复出示时仅予以说明即可。

第三节　各类证据的举证要求

第三十条　出示的物证一般应当是原物。原物不易搬运、不易保存或者已返还被害人的,可以出示反映原物外形和特征的照片、录像、复制品,并向法庭说明情况及与原物的同一性。

出示的书证一般应当是原件,获取书证原件确有困难的,可以出示书证副本或者复制件,并向法庭说明情况及与原件的同一性。

出示物证、书证时,应当对物证、书证所要证明的内容、收集情况作概括说明,可以提请法庭让当事人、证人等诉讼参与人辨认。物证、书证经过技术鉴定的,可以宣读鉴定意见。

第三十一条　询问出庭作证的证人,应当遵循以下规则:

(一)发问应当单独进行;

(二)发问应当简洁、清楚;

(三)发问应当采取一问一答形式,不宜同时发问多个内容不同的问题;

(四)发问的内容应当着重围绕与定罪、量刑紧密相关的事实进行;

(五)不得以诱导方式发问;

(六)不得威胁或者误导证人;

(七)不得损害证人的人格尊严;

(八)不得泄露证人个人隐私;

(九)询问未成年人,应当结合未成年人的身心特点进行。

第三十二条　证人出庭的,公诉人可以要求证人就其了解的与案件有关的事实进行陈述,也可以直接发问。对于证人采取猜测性、评论性、推断性语言作证的,公诉人应当提醒其客观表述所知悉的案件事实。

公诉人认为证人作出的回答对案件事实和情节的认定有决定性或者重大影响,可以提请法庭注意。

证人出庭作证的证言与庭前提供的证言相互矛盾的,公诉人应当问明理由,并对该证人进行询问,澄清事实。认为理由不成立的,可以宣读证人在改变证言前的笔录内容,并结合相关证据予以反驳。

对未到庭证人的证言笔录,应当当庭宣读。宣读前,应当说明证人和本案的关系。对证人证言笔录存在疑问、确实需要证人出庭陈述或者有新的证人的,公诉人可以要求延期审理,由人民法院通知证人到庭提供证言和接受质证。

根据案件情况,公诉人可以申请实行证人远程视频作证。

控辩双方对证人证言无异议,证人不需要出庭的,或者证人因客观原因无法出庭且无法通过视频等方式作证的,公诉人可以出示、宣读庭前收集的书面证据材料或者作证过程录音、录像。

第三十三条　公诉人申请出庭的证人当庭改变证言、被害人改变其庭前的陈述,公诉人可以询问其言词发生变化的理由,认为理由不成立的,可以择机有针对性地宣读其在侦查、审查起诉阶段的证言、陈述,或者出示、宣读其他证据,对证人、被害人进行询问,予以反驳。

第三十四条　对被害人、鉴定人、侦查人员、有专门知识的人的询问,参照适用询问证人的规定。

第三十五条　宣读被告人供述,应当根据庭审中被告人供述的情况进行。被告人有多份供述且内容基本一致的，一般选择证明力最充分的一份或者几份出示。被告人当庭供述与庭前供述的实质性内容一致的，可以不再宣读庭前供述，但应当向法庭说明；被告人当庭供述与庭前供述存在实质性差异的，公诉人应当问明理由，认为理由不成立的，应当就存在实质性差异的内容宣读庭前供述，并结合相关证据予以反驳。

第三十六条 被告人作无罪辩解或者当庭供述与庭前供述内容不一致，足以影响定罪量刑的，公诉人可以有针对性地宣读被告人庭前供述笔录，并针对笔录中被告人的供述内容对被告人进行讯问，或者出示其他证据进行证明，予以反驳，并提请法庭对其当庭供述不予采信。对翻供内容需要调查核实的，可以建议法庭休庭或者延期审理。

第三十七条 鉴定意见以及勘验、检查、辨认和侦查实验等笔录应当当庭宣读，并对鉴定人、勘验人、检查人、辨认人、侦查实验人员的身份、资质、与当事人及本案的关系作出说明，必要时提供证据予以证明。鉴定人、有专门知识的人出庭，公诉人可以根据需要对其发问。发问时适用对证人询问的相关要求。

第三十八条 播放视听资料，应当首先对视听资料的来源、制作过程、制作环境、制作人员以及所要证明的内容进行概括说明。播放一般应当连续进行，也可以根据案情分段进行，但应当保持资料原貌，不得对视听资料进行剪辑。

播放视听资料，应当向法庭提供视听资料的原始载体。提供原始载体确有困难的，可以提供复制件，但应当向法庭说明原因。

出示音频资料，也可以宣读庭前制作的附有声音资料语言内容的文字记录。

第三十九条 出示以数字化形式存储、处理、传输的电子数据证据，应当对该证据的原始存储介质、收集提取过程等予以简要说明，围绕电子数据的真实性、完整性、合法性，以及被告人的网络身份与现实身份的同一性出示证据。

第四章 质 证

第一节 质证的基本要求

第四十条 公诉人质证应当根据辩护方所出示证据的内容以及对公诉方证据提出的质疑，围绕案件事实、证据和适用法律进行。

质证应当一证一质一辩。质证阶段的辩论，一般应当围绕证据本身的真实性、关联性、合法性，针对证据能力有无以及证明力大小进行。对于证据与证据之间的关联性、证据的综合证明作用问题，一般在法庭辩论阶段予以答辩。

第四十一条 对影响定罪量刑的关键证据和控辩双方存在争议的证据，一般应当单独质证。

对控辩双方没有争议的证据，可以在庭审中简化质证。

对于被告人认罪案件，主要围绕量刑和其他有争议的问题质证，对控辩双方无异议的定罪证据，可以不再质证。

第四十二条 公诉人可以根据需要将举证质证、讯问询问结合起来，在质证阶段对辩护方观点予以适当辩驳，但应当区分质证与辩论之间的界限，重点针对证据本身的真实性、关联性、合法性进行辩驳。

第四十三条 在每一份（组）证据或者全部证据质证完毕后，公诉人可以根据具体案件情况，提请法庭对证据进行确认。

第二节 对辩护方质证的答辩

第四十四条 辩护方对公诉方当庭出示、宣读、播放的证据的真实性、关联性、合法性提出的质证意见，公诉人应当进行全面、及时和有针对性地答辩。

辩护方提出的与证据的证据能力或者证明力无关、与公诉主张无关的质证意见，公诉人可以说明理由不予答辩，并提请法庭不予采纳。

公诉人答辩一般应当在辩护方提出质证意见后立即进行。在不影响庭审效果的情况下，也可以根据需要在法庭辩论阶段结合其他证据综合发表意见，但应当向法庭说明。

第四十五条 对辩护方符合事实和法律的质证，公诉人应当实事求是、客观公正地发表意见。

辩护方因对证据内容理解有误而质证的，公诉人可以对证据情况进行简要说明。

第四十六条 公诉人对辩护方质证的答辩，应当重点针对可能动摇或者削弱证据能力、证明力的质证观点进行答辩，对于不影响证据能力、证明力的质证观点可以不予答辩或者简要答辩。

第四十七条 辩护方质疑言词证据之间存在矛盾的，公诉人可以综合全案证据，立足证据证明体系,从认知能力、与当事人的关系、客观环境等角度,进行重点答辩,合理解释证据之间的矛盾。

第四十八条　辩护人询问证人或者被害人有下列情形之一的,公诉人应当及时提请审判长制止,必要时应当提请法庭对该项陈述或者证言不予采信:

(一)以诱导方式发问的;

(二)威胁或者误导证人的;

(三)使被害人、证人以推测性、评论性、推断性意见作为陈述或者证言的;

(四)发问内容与本案事实无关的;

(五)对被害人、证人带有侮辱性发问的;

(六)其他违反法律规定的情形。

对辩护人询问侦查人员、鉴定人和有专门知识的人的质证,参照前款规定。

第四十九条　辩护方质疑证人当庭证言与庭前证言存在矛盾,公诉人可以有针对性地对证人进行发问,也可以提请法庭决定就有异议的内容由被告人与证人进行对质诘问,在发问或对质诘问过程中,对前后矛盾或者疏漏之处作出合理解释。

第五十条　辩护方质疑被告人庭前供述系非法取得的,公诉人可以综合采取以下方式证明取证的合法性:

(一)宣读被告人在审查(决定)逮捕、审查起诉阶段的讯问笔录,证实其未曾供述过在侦查阶段受到刑讯逼供,或者证实其在侦查机关更换侦查人员且再次讯问时告知诉讼权利和认罪的法律后果后仍自愿供述,或者证实其在检察人员讯问并告知诉讼权利和认罪的法律后果后仍自愿供述;

(二)出示被告人的羁押记录,证实其接受讯问的时间、地点、次数等符合法律规定;

(三)出示被告人出入看守所的健康检查记录、医院病历,证实其体表和健康情况;

(四)出示看守管教人员的谈话记录;

(五)出示与被告人同监舍人员的证言材料;

(六)当庭播放或者庭外核实讯问被告人的录音、录像;

(七)宣读重大案件侦查终结前讯问合法性核查笔录,当庭播放或者庭外核实对讯问合法性进行核查时的录音、录像;

(八)申请侦查人员出庭说明办案情况。

公诉人当庭不能证明证据收集的合法性,需要调查核实的,可以建议法庭休庭或者延期审理。

第五十一条　辩护人质疑收集被告人供述存在程序瑕疵申请排除证据的,公诉人可以宣读侦查机关的补正说明。没有补正说明的,也可以从讯问的时间地点符合法律规定,已进行权利告知,不存在威胁、引诱、欺骗等情形,被告人多份供述内容一致,全案证据能够互相印证,被告人供述自愿性未受影响,程序瑕疵没有严重影响司法公正等方面作出合理解释。必要时,可以提请法庭播放同步录音录像,从被告人供述时情绪正常、表达流畅、能够趋利避害等方面证明庭前供述自愿性,对瑕疵证据作出合理解释。

第五十二条　辩护方质疑物证、书证的,公诉人可以宣读侦查机关收集物证、书证的补正说明,从此类证据客观、稳定、不易失真以及取证主体、程序、手段合法等方面有针对性地予以答辩。

第五十三条　辩护方质疑鉴定意见的,公诉人可以从鉴定机构和鉴定人的法定资质、检材来源、鉴定程序、鉴定意见形式要件符合法律规定等方面,有针对性地予以答辩。

第五十四条　辩护方质疑不同鉴定意见存在矛盾的,公诉人可以阐释不同鉴定意见对同一问题得出不同结论的原因,阐明检察机关综合全案情况,结合案件其他证据,采信其中一份鉴定意见的理由。必要时,可以申请鉴定人、有专门知识的人出庭。控辩双方仍存在重大分歧,且辩护方质疑有合理依据,对案件有实质性影响的,可以建议法庭休庭或者延期审理。

第五十五条　辩护方质疑勘验、检查、搜查笔录的,公诉人可以从勘验、检查、搜查系依法进行,笔录的制作符合法律规定,勘验、检查、搜查人员和见证人有签名或者盖章等方面,有针对性地予以答辩。

第五十六条　辩护方质疑辨认笔录的,公诉人可以从辨认的过程、方法,以及辨认笔录的制作符合有关规定等方面,有针对性地予以答辩。

第五十七条　辩护方质疑侦查实验笔录的,公诉人可以从侦查实验的审批、过程、方法、法律依据、技术规范或者标准、侦查实验的环境条件与原案接近程度、结论的科学性等方面,有针对性地予以答辩。

第五十八条　辩护方质疑视听资料的,公诉人可以从此类证据具有不可增添性、真实性强,内容连续完整,所反映的行为人的言语动作连贯自然,提取、复制、制作过程合法，内容与案件事实关联程度等方面，有针对性地予以答辩。

第五十九条 辩护方质疑电子数据的，公诉人可以从此类证据提取、复制、制作过程、内容与案件事实关联程度等方面，有针对性地予以答辩。

第六十条 辩护方质疑采取技术侦查措施获取的证据材料合法性的，公诉人可以通过说明采取技术侦查措施的法律规定、出示批准采取技术侦查措施的法律文书等方式，有针对性地予以答辩。

第六十一条 辩护方在庭前提出排除非法证据申请，经审查被驳回后，在庭审中再次提出排除申请的，或者辩护方撤回申请后再次对有关证据提出排除申请的，公诉人应当审查辩护方是否提出新的线索或者材料。没有新的线索或者材料表明可能存在非法取证的，公诉人可以建议法庭予以驳回。

第六十二条 辩护人仅采用部分证据或者证据的部分内容，对证据证明的事项发表不同意见的，公诉人可以立足证据认定的全面性、同一性原则，综合全案证据予以答辩。必要时，可以扼要概述已经法庭质证过的其他证据，用以反驳辩护方的质疑。

第六十三条 对单个证据质证的同时，公诉人可以简单点明该证据与其他证据的印证情况，以及在整个证据链条中的作用，通过边质证边论证的方式，使案件事实逐渐清晰，减轻辩论环节综合分析论证的任务。

第三节　对辩护方证据的质证

第六十四条 公诉人应当认真审查辩护方向法庭提交的证据。对于开庭五日前未提交给法庭的，可以当庭指出，并根据情况，决定是否要求查阅该证据或者建议休庭；属于下列情况的，可以提请法庭不予采信：

（一）不符合证据的真实性、关联性、合法性要求的证据；

（二）辩护人提供的证据明显有悖常理的；

（三）其他需要提请法庭不予采信的情况。

对辩护方提出的无罪证据，公诉人应当本着实事求是、客观公正的原则进行质证。对于与案件事实不符的证据，公诉人应当针对辩护方证据的真实性、关联性、合法性提出质疑，否定证据的证明力。

对被告人的定罪、量刑有重大影响的证据，当

庭难以判断的，公诉人可以建议法庭休庭或者延期审理。

第六十五条 对辩护方提请出庭的证人，公诉人可以从以下方面进行质证：

（一）证人与案件当事人、案件处理结果有无利害关系；

（二）证人的年龄、认知、记忆和表达能力、生理和精神状态是否影响作证；

（三）证言的内容及其来源；

（四）证言的内容是否为证人直接感知，证人感知案件事实时的环境、条件和精神状态；

（五）证人作证是否受到外界的干扰或者影响；

（六）证人与案件事实的关系；

（七）证言前后是否矛盾；

（八）证言之间以及与其他证据之间能否相互印证，有无矛盾。

第六十六条 辩护方证人未出庭的，公诉人认为其证言对案件的定罪量刑有重大影响的，可以提请法庭通知其出庭。

对辩护方证人不出庭的，公诉人可以从取证主体合法性、取证是否征得证人同意、是否告知证人权利义务、询问未成年人时其法定代理人或者有关人员是否到场、是否单独询问证人等方面质证。质证中可以将证言与已经出示的证据材料进行对比分析，发现并反驳前后矛盾且不能作出合理解释的证人证言。证人证言前后矛盾或者与案件事实无关的，应当提请法庭注意。

第六十七条 对辩护方出示的鉴定意见和提请出庭的鉴定人，公诉人可以从以下方面进行质证：

（一）鉴定机构和鉴定人是否具有法定资质；

（二）鉴定人是否存在应当回避的情形；

（三）检材的来源、取得、保管、送检是否符合法律和有关规定，与相关提取笔录、扣押物品清单等记载的内容是否相符，检材是否充足、可靠；

（四）鉴定意见的形式要件是否完备，是否注明提起鉴定的事由、鉴定委托人、鉴定机构、鉴定要求、鉴定过程、鉴定方法、鉴定日期等相关内容，是否由鉴定机构加盖司法鉴定专用章并由鉴定人签名、盖章；

（五）鉴定程序是否符合法律和有关规定；

（六）鉴定的过程和方法是否符合相关专业的规范要求；

（七）鉴定意见是否明确；

（八）鉴定意见与案件待证事实有无关联；

（九）鉴定意见与勘验、检查笔录及相关照片等其他证据是否矛盾；

（十）鉴定意见是否依法及时告知相关人员，当事人对鉴定意见有无异议。

必要时，公诉人可以申请法庭通知有专门知识的人出庭，对辩护方出示的鉴定意见进行必要的解释说明。

第六十八条　对辩护方出示的物证、书证，公诉人可以从以下方面进行质证：

（一）物证、书证是否为原物、原件；

（二）物证的照片、录像、复制品，是否与原物核对无误；

（三）书证的副本、复制件，是否与原件核对无误；

（四）物证、书证的收集程序、方式是否符合法律和有关规定；

（五）物证、书证在收集、保管、鉴定过程中是否受损或者改变；

（六）物证、书证与案件事实有无关联。

第六十九条　对辩护方出示的视听资料，公诉人可以从以下方面进行质证：

（一）收集过程是否合法，来源及制作目的是否清楚；

（二）是否为原件，是复制件的，是否有复制说明；

（三）制作过程中是否存在威胁、引诱当事人等违反法律、相关规定的情形；

（四）内容和制作过程是否真实，有无剪辑、增加、删改等情形；

（五）内容与案件事实有无关联。

第七十条　对辩护方出示的电子数据，公诉人可以从以下方面进行质证：

（一）是否随原始存储介质移送，在原始存储介质无法封存、不便移动等情形时，是否有提取、复制过程的说明；

（二）收集程序、方式是否符合法律及有关技术规范；

（三）电子数据内容是否真实，有无删除、修改、增加等情形；

（四）电子数据制作过程中是否受到暴力胁迫或者引诱因素的影响；

（五）电子数据与案件事实有无关联。

第七十一条　对于因专门性问题不能对有关证据发表质证意见的，可以建议休庭，向有专门知识的人咨询意见。必要时，可以建议延期审理，进行鉴定或者重新鉴定。

第四节　法庭对质

第七十二条　控辩双方针对同一事实出示的证据出现矛盾的，公诉人可以提请法庭通知相关人员到庭对质。

第七十三条　被告人、证人对同一事实的陈述存在矛盾需要对质的，公诉人可以建议法庭传唤有关被告人、证人同时到庭对质。

各被告人之间对同一事实的供述存在矛盾需要对质的，公诉人可以在被告人全部陈述完毕后，建议法庭当庭进行对质。

第七十四条　辩护方质疑物证、书证、鉴定意见、勘验、检查、搜查、辨认、侦查实验等笔录、视听资料、电子数据的，必要时，公诉人可以提请法庭通知鉴定人、有专门知识的人、侦查人员、见证人等出庭。

辩护方质疑采取技术侦查措施获取的证据材料合法性的，必要时，公诉人可以建议法庭采取不暴露有关人员身份、不公开技术侦查措施和方法等保护措施，在庭外对证据进行核实，并要求在场人员履行保密义务。

对辩护方出示的鉴定意见等技术性证据和提请出庭的鉴定人，必要时，公诉人可以提请法庭通知有专门知识的人出庭，与辩护方提请出庭的鉴定人对质。

第七十五条　在对质过程中，公诉人应当重点就证据之间的矛盾点进行发问，并适时运用其他证据指出不真实、不客观、有矛盾的证据材料。

第五章　附　　则

第七十六条　本指引主要适用于人民检察院派员出庭支持公诉的第一审非速裁程序案件。对于派员出席第二审、再审案件法庭的举证、质证工作，可以参考本指引。

第七十七条　本指引自印发之日起施行。

最高人民检察院关于印发《全国检察机关智慧检务行动指南(2018—2020年)》的通知

2018年7月9日　高检发技字〔2018〕16号

各省、自治区、直辖市人民检察院,解放军军事检察院,新疆生产建设兵团人民检察院:

十八大以来,党中央、国务院高度重视科技信息化建设,明确提出科技强国战略、网络强国战略、数字中国战略。2018年1月,习近平总书记对政法工作作出重要指示,要求"以全面深化改革、现代科技应用为动力,深入推进平安中国、法治中国和过硬队伍建设,深化智能化建设。"2018年4月,习近平总书记在全国网络安全和信息化工作会议上指出,"要加强党中央对网信工作的集中统一领导,确保网信事业始终沿着正确方向前进。各地区各部门要高度重视网信工作,将其纳入重点工作计划和重要议事日程,及时解决新情况新问题","自主创新推进网络强国建设"。

近年来,在高检院党组的坚强领导下,全国检察机关牢固树立科技强检理念,贯彻智慧检务思想,大力推进电子检务工程建设和智能化应用探索,信息化基础设施建设显著加强,信息化运用能力和运维保障水平明显提高,各项工作取得了很大成效。

同时,各地在建设推进过程中,还不同程度遇到以下问题:一是统筹管理不足。顶层设计和宏观规划不完善,尚不能完全适应新时代检察工作发展需要,不能有效应对全国智慧检务迅猛发展遇到的新形势、新问题、新挑战。检察信息化标准规范体系尚未健全,标准推广应用的刚性不足。一定程度上存在发展不平衡、兼容性不够等问题,对下指导、管理策略都需加强和深化。二是供需结合不紧。调查研究和分析论证不深入,信息化建设需求挖掘不充分,存在"技术拖着业务应用走"现象和"两张皮"问题。智慧检务应用与司法办案规律结合不够,系统研发不能充分体现服务理念和用户思维,人机协同性不强,使用积极性不高,办案质效提升不明显。三是共享开放不够。检察机关数据资源体系不健全,数据接口开放不够,没有做到有效及时的数据资源返还,不利于各地检察大数据深度应用和协同创新。检察机关与其他政法机关、行政执法机关互联互通程度有待进一步提升。四是人才队伍不强。信息化人才引进、培养使用机制不完善,发展渠道不畅通。高端人才不足,缺乏一批既懂业务又懂科技的复合型专家。基层检察机关特别是边远地区信息化人才队伍薄弱,存在"留不住"问题,信息化运维保障难度大。

新一届高检院党组高度重视智慧检务的顶层设计工作。张军检察长在考察调研、召开会议时多次强调技术信息化部门要强化顶层设计,5月14日作出批示,要求"关键是要形成强化、优化检务工作信息化建设的动力。知不足而后有方向,要努力做到后来居上,实现后发优势,抓紧拿出智慧检务顶层设计方案,考虑连接政法系统打通信息孤岛的运用方案"。

为科学应对检察信息化遇到的新问题,进一步细化《最高人民检察院关于深化智慧检务建设的意见》的第二阶段工作任务,遵循科学化、智能化、人性化原则,全面构建应用层、支撑层、数据层有机结合的新时代智慧检务生态。最高人民检察院制定了《全国检察机关智慧检务行动指南(2018—2020年)》,已于6月19日经最高人民检察院党组会审议通过,现印发给你们,请结合实际认真贯彻落实。

各级检察机关要高度重视智慧检务工作,将其纳入党组重点工作计划和重要议事日程,党组理论中心组要专题学习研究智慧检务,及时掌握新情况,解决新问题。各省级院网信领导小组要根据《全国检察机关智慧检务行动指南(2018—2020年)》,结合本地实际情况,制定贯彻落实意见,明确工作分工和部门责任,细化时间表与路线图,确保在高检院规定时间内完成各项工作任务,并将落实情况及时反馈至高检院备案。

全国检察机关智慧检务行动指南
（2018—2020 年）

党的十九大作出中国特色社会主义进入新时代的重大政治判断,为做好新时代检察工作提供了时代坐标和科学依据。以信息化推进检察工作创新发展,必须适应新形势,落实新要求,实现新突破。习近平总书记在全国网络安全和信息化工作会议上指出,要敏锐抓住信息化发展的历史机遇,自主创新推进网络强国建设。中央政法委郭声琨书记强调,要坚持把智能化建设作为重要支撑,提高政法工作现代化水平。新一届高检院党组明确提出"讲政治、顾大局、谋发展、重自强"的新时代检察工作要求,张军检察长强调要把司法改革和现代科技应用深度结合,统筹研发运用智能辅助办案系统,积极参与和推进跨部门大数据办案平台建设,推动新时代检察工作质量效率有新的提高。为做好检察信息化工作指明了发展方向,明确了工作重点。

为贯彻党中央、中央政法委和高检院关于信息化工作有关要求,进一步落实《国家信息化发展战略纲要》、《国家电子政务总体方案》、《"十三五"国家政务信息化工程建设规划》要求,细化《最高人民检察院关于深化智慧检务建设的意见》2018 年至2020 年第二阶段工作任务,推动《"十三五"时期科技强检规划纲要》、《检察大数据行动指南(2017—2020 年)》落地实施,全面加强检察机关智慧检务建设,特制定本文件。

一、总体要求

（一）指导思想

全面贯彻党的十九大和十九届一中、二中、三中全会精神,深入贯彻习近平新时代中国特色社会主义思想特别是网络强国战略思想,落实高检院党组"加快全国检察信息化建设顶层设计,推动智慧检务再上新层次,提升检察机关法律监督能力"的要求,按照"创新、协调、绿色、开放、共享"的发展理念和"高起点规划、高水平建设、高共享发展"的政法智能化建设思路,紧密围绕服务检察办案和满足新时代人民群众新需求,为新时代检察工作创新发展提供有力支撑和强大动力。

（二）基本原则

科学化原则。坚持"有所为、有所不为",加强统筹规划,防止重复建设、资源浪费。统筹管理智慧检务创新,注重地方典型经验和成熟软件推广。坚持标准先行,加强标准应用刚性。强化检察网络安全保护体系,稳妥有序推进检察机关自主安全建设。

智能化原则。坚持把科技作为检察工作的创新发展动力,加快推进检察机关智能化建设,促进云计算、大数据、人工智能、物联网、区块链、虚拟现实等新兴科技与检察工作的深度融合。牢固树立前瞻性设计理念,加大信息系统开放共享力度。推进检察机关数据资源体系建设,加强与公安、法院、司法行政等其他部门的互联互通和数据共享。

人性化原则。树立"寓监督于办案、寓办案于服务"理念,坚持以办案为中心和以需求为导向,建用并举、以用促建,打造优质、实用、好用的智慧检务产品,提升一线检察官办案质量、效率和能力,提升人民群众和检察人员对智慧检务产品的满意度。

（三）建设目标

到2020 年底,全面构建应用层、支撑层、数据层有机结合的新时代智慧检务生态,助力提升检察机关司法办案的法律效果、政治效果和社会效果。智慧检务应用生态进一步完善,智能辅助办案系统更好应用于检察工作实战,跨部门大数据办案平台正式投入运行,各类检察应用全面整合升级;智慧检务支撑生态进一步强化,检察工作网全面建成,标准规范体系基本健全,自主安全可控程度大幅提升;智慧检务数据生态进一步优化,国家检察大数据中心(分中心)全面建成,检务大数据资源库基本成型,检察机关内外部信息资源共享机制和数据资源管理机制初步建立。

二、主要任务

（一）全面构建以办案为中心的智慧检务应用层生态

1. 推进智能辅助办案系统建设。以需求为导向，统筹研发智能辅助办案系统，推进大数据、人工智能等前沿科技在刑事、民事、行政、公益诉讼等检察工作中的应用，持续提升检察办案质效。

统筹研发智能辅助办案系统。高检院在深度调研各地智能辅助办案系统建设应用情况基础上，确定一批试点单位开展深入应用和优化完善，并组织专家进行评估论证、统一评审。高检院根据评估情况优中选优，统筹建设推广智能辅助办案系统，实现功能整合和集成优化，最大程度节约建设资金。切实加强工具辅助、指引辅助、知识辅助、共享辅助等方面应用，初步实现为检察办案提供辅助阅卷、辅助文书生成、辅助出庭、辅助填写案卡信息、文书纠错等功能。统一建设检察技术智能辅助平台，加强司法鉴定与技术性证据审查等工作协同配合、资源共享。各地可根据自身实际对高检院统筹研发的智能辅助办案系统进行拓展和迭代开发，合力推进系统优化，不断提高系统可用性、便捷性；具备条件的地区经高检院批准可试点探索研发尚未统筹建设的智能辅助办案功能，为将来在全国检察机关推广应用积累经验。（完成时间：2019年底前主体功能全面应用；责任部门：高检院网络安全和信息化领导小组、高检院各业务部门、技术信息中心）

研发应用检察业务咨询平台。深度利用统一业务应用系统案件数据，整合各类数据资源，构建权威的案例知识库，搭建知识服务平台，提供知识查询、在线问答等服务，为检察官办理案件提供智库支撑。（完成时间：已启动建设，2018年7月上线；责任部门：高检院各业务部门、学院、理论所、技术信息中心）

2. 推进跨部门数据共享和业务协同。按照中央政法委部署要求，高检院认真指导相关省份检察机关抓好试点应用工作，及时总结经验，适时全面推广，共同推进跨部门大数据办案平台建设，实现与审判机关、公安机关、司法行政机关等政法部门案件信息网上流转和业务协同办理。加强与政法机关和行政执法部门资源共享，逐步建立行政执法和刑事司法衔接、行政执法与行政检察衔接、侦查和侦查监督信息共享、刑事审判和刑事审判监督信息共享等平台，共享普通刑事案件信息、民事案件信息、行政执法和行政案件信息、减刑假释信息等数据。探索与监察机关的协同办案和数据交换。（完成时间：2020年底前；责任部门：高检院各业务部门、技术信息中心）

3. 升级优化统一业务应用系统。2018年底前，完成统一业务应用系统检察工作网版本研发工作，实现统一业务应用系统从检察涉密网向检察工作网的"脱密"。2018年底同步启动工作网统一业务应用系统（二期）建设，2019年底前研发完成。高检院统一研发统一业务应用系统的数据和功能接口，提供各地使用，推动系统对外数据共享。（完成时间：2019年底前；责任部门：高检院网络安全和信息化领导小组、办公厅、案管办、技术信息中心）

4. 构建便民智慧服务平台。整合各级检察院现有对外服务窗口和外网平台，做优、做精检察网站，推进功能转型升级，形成融检察服务、检务公开、检察宣传、监督评议等于一体的12309检察服务中心网络平台。推进检察宣传类的互联网门户建设，由各省级院统筹建设门户网站集群。加强集门户网站、微博、微信、微视频、客户端等于一体的运行管理工作。（完成时间：2019年底前；责任部门：办公厅、控告厅、案管办、新闻办、技术信息中心）

5. 优化高效智慧管理平台。各级院进一步完善检察办公管理系统，加强移动办公应用，建设涉密文件和设备管理、档案信息化、智能会议等平台。（完成时间：2020年底前；责任部门：办公厅、技术信息中心）优化队伍管理平台，结合检察人员分类管理，利用科技手段设置合理的绩效考核指标，构建科学考核体系，完善检察网络教育基础培训平台，推进"智慧队伍管理"建设，与相关外部平台实现接口对接。（完成时间：2020年底前；责任部门：政治部、技术信息中心）优化检务保障平台，对接财政部门、社会化服务等外部平台系统，组织开展检务保障智能辅助试点应用。（完成时间：2020年底前；责任部门：计财局、技术信息中心）统一建设监督综合管理系统和廉政风险防控信息系统，将"智慧监督"贯穿始终。（完成时间：2020年底前；责任部门：监察局、技术信息中心）

（二）全面构建以安全可靠为基础的智慧检务支撑层生态

1. 大力推进检察工作网建设。建成覆盖全国四级检察机关的检察工作网,建设完善本地局域网,各省级院逐步开通分支网。同步建设检察工作网身份认证、电子印章等配套系统。各省级院完成检察工作网 IP 地址规范设置和迁移、域名解析系统建设等工作,并按照政法委部署安排,完成省级层面与政法网的互联互通。(完成时间:2018 年底前;责任部门:办公厅、技术信息中心)

2. 全面加强音视频技术应用。2018 年底前各省级院建成高仿真远程视频会议系统,实现与高检院互联互通。建设各级检察机关音视频资源整合调度中心,实现四级检察机关视频联网调度,逐步接入外部单位视频资源,整合各类音视频资源,开展视频数据分析利用。加强讯(询)问、远程接访、远程提讯、远程出庭、远程送达、远程指挥、远程汇报、警务安防等音视频基础设施建设,拓展覆盖范围。建设高检院和省级院实时互联的智能语音云平台。(完成时间:2020 年底前;责任部门:办公厅、侦监厅、公诉厅、执检厅、控告厅、公诉二厅、未检办、技术信息中心)

3. 加强信息网络安全体系建设。将信息安全贯穿智慧检务建设始终,升级检察涉密网安全防护设备,完善检察工作网物理安全、通信保障、入侵防御、边界防护等基础安全防护措施,提升检察网络信息基础设施安全防护能力。按照中央部署要求,加快实施检察机关涉密领域国产化替代工程,全力推进党政机关电子公文系统安全可靠应用试点,加快推进检察机关软件正版化。加强检察机关互联网门户网站和“三微一端”的安全防护和监测。升级完善检察网络安全管理平台,加快建设网络安全接入和交换平台,建设完善检察网络信任服务体系。探索建设移动接入平台,实现移动办公终端的安全接入。(完成时间:2020 年底前;责任部门:办公厅、计财局、技术信息中心)

4. 大力开展标准体系建设。在电子检务工程系列标准规范的基础上,高检院结合智慧检务建设要求,不断完善标准规范体系,加快制定检察机关数据治理、音视频处理、数据和服务运营、智慧检务业务应用等标准规范。省级院做好标准规范的贯彻落实,及时反馈标准应用过程中发现的问题。(完成时间:2020 年底前;责任部门:高检院各内设机构、技术信息中心)

5. 完善国家检察大数据中心基础设施。建立国家检察大数据中心(分中心),统筹规划检务云平台建设,推广云服务模式,实现计算和存储资源集约共享,完善基于云环境的涉密数据中心和非涉密数据中心机房建设,推动标准化机房升级扩容改造。有序建设容灾备份系统,有条件的省级院可建设同城双活和异地应用级灾备系统。(完成时间:2020 年底前;责任部门:技术信息中心)

（三）全面构建以开放共享为导向的智慧检务数据层生态

1. 加快建立数据资源体系。建设检务大数据资源库,包括检察人员库、组织机构库、法律文书库、数字图书馆、案例库、检务知识库、检务语音资源库、视频图像资源库、涉检全国信访数据库等基础资源库,涵盖各检察业务、各诉讼阶段。加强与法院、律师协会等的合作,收集相关资料,汇总庭审辩论记录,不断提高检察人员司法办案能力。(完成时间:2020 年底前;责任部门:中国检察出版社,技术信息中心)

2. 切实加强数据资源管理。加快建设检察大数据资源管理平台,具备数据采集、存储、加工、挖掘与分析等功能。坚持开放共享可持续的发展模式,建设数据资源共享交换体系,推动全国检察机关数据资源的综合利用。编制检察信息资源目录,明确数据资源的共享范围、责任部门和使用方式。(完成时间:2020 年底前;责任部门:技术信息中心)

3. 科学开展大数据分析应用。升级完善智慧检务决策支持平台,信息化部门牵头开展大数据深度分析,建立检察信息全景视图,多维度展示检察机关工作成效和发展趋势,为司法办案、管理决策、为民服务提供数据支持,充分释放数据红利。(完成时间:2020 年底前;责任部门:技术信息中心)

三、保障措施

（一）完善智慧检务统筹管理机制

强化网络安全和信息化工作领导小组“牵头抓总、统筹协调”的职能作用,健全运行机制,完善管理制度,借鉴江苏、上海等地经验,努力推动各级检察院成立网络安全和信息化领导小组办公室实体化机构。(责任部门:办公厅、政治部、技术信息中心)探索建立全国检察机关信息化项目建设管理平台,畅通检察机关上、下级之间信息化工作沟通交流渠道,规范信息化项目报备审核程序。加强对下指导,运用"试点建设—统筹研发—应用推广"的迭代升级模式,推动系统持续优化。建立健全信息化系统运行管理制度。(责任部门:技术信息中心)坚持"谁使用、谁负责"原则,以业务需求为主线,将信息化工作情况纳入领导干部考核评价体系,压实检察机关各业务条线信息化建设主体责任。(责任部门:政治部、高检院相关内设机构、技术信息中心)

(二)完善智慧检务综合保障机制

加大智慧检务建设的人财物保障力度,健全综合保障机制。在人才队伍建设方面,结合检察人员分类管理改革和国家专业技术类公务员管理办法,构建与专业技术人员发展相适应的管理机制;加强与高校、科研机构、科技企业合作,创新检察机关信息化人才引入机制;加强业务部门和信息化部门人员横向交流,探索建立跟班学习制度,培养既懂信息化又懂业务的复合型人才;探索建立智慧检务参与度评价体系,提高参与积极性。(责任部门:政治部、司改办、技术信息中心)在资金保障方面,加大

沟通协调力度,争取地方党委、政府支持,推动智慧检务工程立项和实施;探索运用政府购买服务方式进行数据分析等创新工作;加强资金使用监督管理,建立资金台账,引入审计单位,强化信息化建设各个环节资金使用情况监督,打造优质工程、廉洁工程。(责任部门:监察局、计财局、司改办、技术信息中心)

(三)完善智慧检务创新发展机制

基于智慧检务创新研究院现有架构,建立实体化的国家智慧检务研究院。加强智慧检务理论、规划、应用研究,积极申报国家、省级科技研究专项,探索设立高检院科技研究课题。加强智慧检务联合实验室建设,在知名高校、科研院所探索设立国家智慧检务研究院分中心。加强智慧检务培训,编制系列教材,按照缺什么补什么原则,培养符合新时代需要的复合型高精尖人才。定期开展智慧检务沙龙,鼓励和引导各地检察机关展示创新成果,交流建设经验,凝聚发展共识。(责任部门:高检院各内设机构、服务中心、学院、理论所、技术信息中心)

最高人民检察院关于印发
《检答网使用管理办法》的通知

2018 年 7 月 16 日　　高检发研字〔2018〕11 号

各省、自治区、直辖市人民检察院,解放军军事检察院,新疆生产建设兵团人民检察院:

为促进全体检察人员深入学习贯彻习近平新时代中国特色社会主义思想特别是政法思想,进一步加强检察机关政治建设和业务能力建设,最高人民检察院决定开办检答网。为保障检答网规范、高效、安全、稳定运行,制定《检答网使用管理办法》(以下简称《办法》)。现将《办法》印发你们,并就贯彻执行好《办法》通知如下:

一、深刻认识检答网建设使用的重要意义

检答网是最高人民检察院为全国检察人员提供法律政策运用和检察业务咨询答疑服务的信息共享平台。开办检答网是加强新形势下检察队伍素质能力建设的重要抓手,是践行"讲政治、顾大局、谋发

展、重自强"总要求的重要举措。各级人民检察院要高度重视检答网的建设、使用和管理,加强组织领导,省级人民检察院要结合本地工作实际,进一步细化落实《办法》的措施。要做好《办法》的教育培训,鼓励检察人员使用检答网进行自主学习、互助交流,确保检答网的使用管理取得实效。

二、及时启动检答网登录咨询工作

检答网由最高人民检察院在互联网平台统一搭建,供全体检察人员使用。为保障检察人员实名登录检答网,各级人民检察院检察技术信息部门和人事管理部门具体负责使用系统默认的管理员账户和密码登陆检答网,逐项填录本院检察人员的基本信息。要确定系统管理员,做好后期检答网用户信息的增、删、改等日常管理工作。全体检察人员

要熟悉检答网咨询答疑流程,在检答网首页底部"资料下载"栏目下载有关培训课件,学习掌握检答网的操作使用方法。

三、切实做好检答网答疑工作

根据《办法》规定,省级人民检察院检答网专家组负责本省范围内检察人员咨询问题的答疑工作,相关日常组织工作由各省级人民检察院法律政策研究室负责。各省级人民检察院法律政策研究室在检答网上线运行前,要根据本地实际,确定检答网专家组人员组成,明确其工作职责,细化值班、答疑、发布、上报等工作规范和流程,报最高人民检察院检察理论研究所备案。

四、强化部门联动和指导督查

各省级人民检察院各内设机构要重视对接联动,根据职能分工配合做好检答网的建设、运营、维护等各项工作,形成工作合力。各省级人民检察院法律政策研究室要掌握咨询答疑工作总体情况,检察技术信息部门要做好技术保障工作。

各省级人民检察院要加强对下指导和督查,利用检答网后台统计功能,对本地检察人员使用检答网的情况进行统计分析,定期通报情况,及时研究解决检答网使用中遇到的问题。适时开展对专家组答疑工作的效果评估,并结合答疑情况,及时调整专家组成员。

贯彻执行《办法》中遇到的问题,需要最高人民检察院研究解决的,技术性问题及时报最高人民检察院检察技术信息研究中心,答疑工作问题及时报告最高人民检察院检察理论研究所。

检答网使用管理办法

第一章　总　　则

第一条　为保障检答网规范、高效、安全、稳定运行,结合检察工作实际,制定本办法。

第二条　检答网是为检察人员学习运用习近平新时代中国特色社会主义思想特别是政法思想,理论联系实际,提供法律政策运用、检察业务咨询答疑服务,加强检察机关政治建设和业务能力建设的信息共享平台。

第三条　检察人员应当实名登录检答网,对检察工作、学习和研究中涉及的法律适用、办案程序和司法政策等方面问题进行咨询。

咨询仅限于办案工作中涉及的法律、司法解释以及规范性文件的理解和适用,不得反映案件的具体情况,不得对案件的事实认定问题进行咨询。

第四条　下级人民检察院办理具体案件中,对涉及法律适用、办案程序、司法政策等方面确属重大疑难复杂的问题,需要向上级人民检察院请示的,应当按照《人民检察院案件请示办理工作规定(试行)》办理。

第五条　最高人民检察院、省级人民检察院组织成立检答网专家组,负责答疑工作。

检答网专家组发布的答疑意见不具有法律效力和规范力,不得在法律文书、工作文书中援引作为办案的理由和依据,仅供检察人员学习、研究和参考。

第六条　检答网专家组实行值班制度,由值班的专家组成员负责答疑工作。

第七条　检答网专家组应当认真研究咨询的问题,严格依据法律、司法解释和检察工作规定,提出明确答疑意见,在检答网及时发布。

第二章　省级人民检察院专家组答疑

第八条　省级人民检察院检答网专家组负责本省范围内检察人员咨询问题的答疑工作。

第九条　省级人民检察院检答网专家组负责以下具体工作:

(一)研究、拟定并发布答疑意见;

(二)定期研究分析本省范围内咨询答疑的相关数据资料;

(三)与咨询答疑有关的其他工作。

对重大疑难复杂问题不能形成一致意见的,报院领导审批;院领导认为需要报最高人民检察院检答网专家组答疑的,报最高人民检察院检答网专家组。

第十条 省级人民检察院检答网专家组一般应当在收到咨询问题后的二个工作日内发布答疑意见。重大疑难复杂问题应当在收到咨询问题后的四个工作日内发布答疑意见。

需要报最高人民检察院检答网专家组的，应当在收到咨询问题后的五个工作日内将答疑意见、院领导审批意见等材料报最高人民检察院检答网专家组。

第十一条 省级人民检察院检答网专家组的工作程序和人员组成，由各省级人民检察院根据本省的具体情况确定，日常工作由法律政策研究室负责。

第三章 最高人民检察院专家组答疑

第十二条 最高人民检察院检答网专家组负责省级人民检察院报请咨询问题的答疑工作。

第十三条 最高人民检察院检答网专家组负责以下具体工作：

（一）研究、拟定答疑意见，送最高人民检察院相关部门审核；

（二）发布答疑意见；

（三）与咨询答疑有关的其他工作。

第十四条 最高人民检察院审核答疑意见部门的工作人员对专家组答疑意见提出初审意见，经部门负责人审查后送最高人民检察院检答网专家组发布。

第十五条 最高人民检察院检答网专家组应当在收到咨询问题后的二个工作日内拟定答疑意见，送最高人民检察院相关部门审核。

最高人民检察院审核答疑意见的部门应当在收到答疑意见后的二个工作日内提出审核意见，送检答网专家组发布。

需要召开专家论证会研究的，应当在取得答疑意见后，及时送检答网专家组发布。

第十六条 最高人民检察院检答网专家组人员由检察理论研究所、国家检察官学院及有关业务厅室人员组成。必要时，可邀请院校、科研机构专家学者参与相关工作。

第十七条 最高人民检察院各内设机构负责审核本部门业务工作范围内的答疑意见。

参与审核的工作人员包括上述部门的负责人、业务骨干等，具体人员由各审核部门根据实际情况确定。

第十八条 最高人民检察院检答网的日常工作由检察理论研究所会同国家检察官学院负责。

第四章 数据及保障要求

第十九条 检答网建立数据库，提供法律、司法解释、司法解释性质文件、指导性案例、典型案例，最高人民检察院、省级人民检察院制定的规范性文件，以及咨询问题和答疑意见的查询服务。

最高人民检察院和省级人民检察院制定相关文件的，应当及时解读，在检答网数据库公布。

第二十条 检答网用户资料增加、删除、修改等信息维护工作，由检察技术信息部门和人事管理部门共同负责。

第二十一条 最高人民检察院检察技术信息研究中心是检答网运行维护管理工作的主管部门，负责以下具体工作：

（一）检答网软硬件基础建设和运行维护；

（二）检答网版本发布、升级；

（三）解答、处理检答网使用过程中的技术问题；

（四）对需求分析进行技术指导；

（五）制作数据备份；

（六）定期公布全国范围内咨询答疑的相关数据资料；

（七）其他技术保障工作。

第二十二条 最高人民检察院、省级人民检察院的其他内设机构，根据职能分工，配合做好检答网的建设、运营、维护等工作。

最高人民检察院关于充分发挥检察职能
作用助力打好污染防治攻坚战的通知

2018 年 7 月 22 日　高检发〔2018〕9 号

各省、自治区、直辖市人民检察院，解放军军事检察院，新疆生产建设兵团人民检察院：

2018 年 7 月 10 日，全国人民代表大会常务委员会通过了《关于全面加强生态环境保护依法推动打好污染防治攻坚战的决议》（以下简称《决议》）。为贯彻落实党中央决策部署和全国人大常委会《决议》要求，现就充分发挥检察职能作用，为依法打好污染防治攻坚战提供司法保障有关问题，通知如下：

一、以习近平生态文明思想为指引，切实增强保障打好污染防治攻坚战、促进生态文明建设的使命感和责任感

习近平生态文明思想聚焦人民群众感受最直接、要求最迫切的突出环境问题，深刻阐述了生态兴则文明兴、人与自然和谐共生、绿水青山就是金山银山、良好生态环境是最普惠的民生福祉、山水林田湖草是生命共同体、用最严格制度最严密法治保护生态环境、建设美丽中国全民行动、共谋全球生态文明建设等一系列新思想新理念新观点，对生态文明建设进行了顶层设计和全面部署，是我们保护生态环境、推动绿色发展、建设美丽中国的强大思想武器。检察机关作为国家法律监督机关，肩负着贯彻落实党中央关于生态文明建设的决策部署、贯彻落实全国人大常委会《决议》、确保生态环境法律统一正确实施的重要职责和使命。依法参与和保障打好污染防治攻坚战，推进生态文明建设，既是旗帜鲜明讲政治，以实际行动维护以习近平同志为核心的党中央权威的必然要求，也是积极主动顾大局，服务经济社会发展、保障和改善民生的必然要求。各级检察机关要切实增强政治责任感和历史使命感，以习近平生态文明思想为方向指引和根本遵循，充分发挥惩治、监督、保护、教育、预防等职能作用，确保保护生态环境"最严密的法治"依法有效运行，推动保护生态环境"最严格的制度"进一步完善，为坚决打好污染防治攻坚战提供有力司法保障。

二、切实履行刑事检察职能，从严惩处影响污染防治攻坚战实施、破坏生态环境刑事犯罪

《决议》要求，"依法严惩重罚生态环境违法犯罪行为"。各级检察机关要认真贯彻落实，始终坚持"严"字当头，加强审查逮捕、审查起诉工作，强化刑事诉讼法律监督，形成高压态势。要以"零容忍"态度坚决惩治非法排放、倾倒或者处置有毒有害污染物、非法排放超标污染物的犯罪，以及篡改伪造环境监测数据、干扰自动检测、破坏环境质量检测系统的犯罪，无证为他人处置危险废物、故意提供虚假环境影响评价意见等环境污染犯罪。要依法严厉惩处群众反映强烈、社会影响恶劣的严重破坏生态环境案事件背后的滥用职权、玩忽职守等职务犯罪。要深化破坏环境资源犯罪专项立案监督，督促行政执法机关及时移送涉嫌犯罪案件，监督侦查机关及时立案查处，切实防止和纠正有案不立、有罪不究、以罚代刑、降格处理等问题，真正让法律成为不可触碰的高压线。要加强生态环境案件刑事侦查活动监督，引导侦查取证，有效解决收集固定证据不及时、不合法，侦查质量不高等问题。要加强生态环境案件刑事审判监督，对于认定事实或者适用法律错误、严重违反法定诉讼程序可能影响公正裁判的，依法提出抗诉；对于量刑畸轻的，不仅个案依法抗诉，还要通过检察建议，要求审判机关注意防止此类问题，切实防止生态环境刑事案件量刑不当、罚不当罪。加强生态环境案件刑事执行监督，强化对刑罚执行、刑事强制措施执行的监督，保证刑罚的惩罚、教育和预防效果的落实。要贯彻宽严相济刑事司法政策，坚持惩办与宽大相结合，对于破坏生态环境资源犯罪危害后果严重、情节恶劣的，从严惩处；对于危害后果较轻、积极修复生态环境，确有悔罪表现的，或者初犯、偶犯，应当从宽处理。

三、充分发挥民事行政检察和公益诉讼检察职能作用，不断加大办理涉生态环境保护案件力度

《决议》要求："完善生态环境保护领域民事、行政公益诉讼制度。"检察公益诉讼制度是运用法治思维和法治方式解决环境污染问题的重要制度设计，也是推进国家治理体系和治理能力现代化的重要举措。各级检察机关要积极实践、探索，把完善检察公益诉讼制度作为新时代检察工作"转型升级"的强大驱动力，不辜负党中央的期望和重托。要坚持以人民为中心的发展思想，落实党中央、国务院打好污染防治攻坚战的各项部署，持续聚焦大气、水、土壤污染防治等领域的重点、难点问题，不断加大公益诉讼办案力度。要认真贯彻落实《决议》，结合本地实际，重点关注执法检查中发现的结构性污染问题突出、监督管理制度落实不到位、防治措施执行不够有力、执法监督和司法保障有待加强、法律责任不落实等主要问题；重点关注协同打赢蓝天保卫战、打好柴油货车污染治理、城市黑臭水体治理、渤海综合治理、长江保护修复、水源地保护、农业农村污染治理等七场标志性重大战役，加强与环境行政监管机关的协调配合，形成行政执法与检察监督保护生态环境的有效衔接。要加强对涉污染防治民事、行政诉讼的法律监督，既有效保障当事人的合法权益，维护司法公正，又依法支持人民法院的合法裁判，维护司法权威。

四、坚持严格依法办案，提升服务保障打好污染防治攻坚战、保护生态环境的质量和效果

《决议》要求："要严格执行生态环境保护法律制度，确保有权必有责、有责必担当、失责必追究。"各级检察机关要按照《最高人民检察院关于充分发挥检察职能为打好"三大攻坚战"提供司法保障的意见》要求，牢固树立案件质量是司法活动生命线的理念，坚持严格依法办案，严守罪刑法定、疑罪从无、证据裁判规则，加强证据审查把关，夯实案件质量基础。要准确把握罪与非罪标准，严把事实关、证据关和法律适用关。办理公益诉讼案件要充分调查收集证据材料，全面查清环境污染违法事实，准确把握行政机关的法定职责和违法履行职责情况，做到依法监督、准确监督、有效监督。要注意听取行业主管、监管部门意见，防止就案办案，机械司法。要探索生态修复法治方式，贯彻恢复性司法理念，建立生态环境刑事案件修复工作机制，教育引导犯罪行为人自愿履行生态修复义务，并根据被告人修复生态情况提出量刑处理意见，实现惩罚犯罪

与保护生态有机结合。要依法充分发挥公益诉讼诉前程序作用，对于涉及行政机关违法行使职权或者不履行职权的情形，可以通过约谈、走访、诉前圆桌会议、听证等形式，积极推动行政机关主动履职纠错，及时修复受损的生态环境。要建立健全风险评估预警处置机制，对重大敏感案件，做好风险评估和预警，研究制定处置预案；加强对所办案件的分析研判，研究提出指导性意见，通过沟通协调形成共识；运用好案例指导，注重总结、推广好经验好做法，指导司法实践，统一司法尺度和标准。

五、注重运用系统思维，形成打好污染防治攻坚战、保护生态环境的合力

《决议》要求："要在党的领导下，广泛动员各方力量，群策群力，群防群治，打一场污染防治攻坚的人民战争。"打好污染防治攻坚战，需要各相关部门守土有责、守土尽责、分工协作、共同发力。各级检察机关要践行双赢多赢共赢理念，加强与相关部门沟通协调，不断增强环境治理保护合力。要建立健全行政执法与刑事司法衔接平台，积极推进与相关行政机关建立、完善信息交流、案件通报、联席会议等机制，在线索发现、调查取证、专业鉴定、技术支持等方面加强协作，共同研究办案中的疑难复杂问题。要结合办案，深入剖析环保领域违法犯罪特点规律和深层次原因，以及环境治理中的问题隐患，查找制度缺陷和监管漏洞，综合运用专题报告、信息简报、综合通报等方式，及时向党委、政府和主管、监管部门提出风险预警及建议。要加强与人民法院的沟通协调，凝聚改革共识，通过办案实践推动检察公益诉讼制度进一步丰富和完善。积极与监察机关沟通协调，围绕检察监督职能和国家监察职能的衔接，建立职务犯罪案件工作衔接及线索"双向"移送工作机制。继续加强与环保协会等社会组织的沟通联系，在法律咨询、证据收集等方面提供专业支持和帮助，形成相关职能部门、社会公益组织、司法机关同心合力保护生态环境的格局。

六、加强组织领导，更好地保障打好污染防治攻坚战

栗战书委员长在《全国人民代表大会常务委员会执法检查组关于检查〈中华人民共和国大气污染防治法〉实施情况的报告》中指出，司法保障作用发挥不充分是法律实施中存在的一个主要问题。各级检察机关要坚持问题导向，加强组织领导，着力解决法律监督职能发挥不平衡、不全面、不充分等突出问题，更好地保障打好污染防治攻坚战。要进

一步增强"四个意识",切实落实领导责任,将参与和保障打好污染防治攻坚战作为当前和今后一个时期的重点任务,健全检察长负总责、分管副检察长具体抓的有效工作机制。各级检察院党组和检察委员会要对参与和保障打好污染防治攻坚战的具体措施、相关办案机制、法律政策把握等进行专门研究,制定切实可行的工作方案。检察长、副检

察长、检察委员会委员和业务部门负责人要带头办理环境污染重大复杂案件。各级检察机关要以"主动监督、智慧履责、铁面司法"为基本遵循,不断提升检察监督能力和水平,推动构建精准化打击、多元化监督、专业化办案、社会化治理、法治化服务相结合,刑事、民事、行政和公益诉讼检察协调发力的综合治理体系,坚决助力打赢污染防治攻坚战。

最高人民检察院关于印发《关于开展"保障千家万户舌尖上的安全"检察公益诉讼专项监督活动的实施方案》的通知

2018 年 7 月 31 日 高检发办字〔2018〕21 号

各省、自治区、直辖市人民检察院,解放军军事检察院,新疆生产建设兵团人民检察院:

为助推"健康中国"战略,回应人民群众对美好生活新需求,进一步推进和深化检察公益诉讼工作,经高检院党组同意,决定在全国检察机关开展"保障千家万户舌尖上的安全"检察公益诉讼专项

监督活动。现将《关于开展"保障千家万户舌尖上的安全"检察公益诉讼专项监督活动的实施方案》印发你们,请结合实际,认真组织实施。执行中的情况和问题,请及时报告最高人民检察院公益诉讼检察厅(筹)。

关于开展"保障千家万户舌尖上的安全"检察公益诉讼专项监督活动的实施方案

为深入贯彻党的十九大精神,落实"健康中国"战略,顺应人民群众对食品安全的新期待,积极回应社会关切,最高人民检察院决定在全国检察机关开展"保障千家万户舌尖上的安全"专项监督活动,特制定如下实施方案:

一、工作目标

坚持以人民为中心的发展思想,充分发挥检察机关公益诉讼职能,以农贸市场、超市销售的食用农产品、食品和网络餐饮以及水源地保护为监督重点,加大涉食用农产品、食品生产、销售公益诉讼案件办理力度,纠正行政机关违法行使职权和不作

为,打击侵害众多消费者合法权益违法行为,保障"千家万户舌尖上的安全",扩大检察机关维护公益工作影响力。

二、工作重点

各级检察机关要立足本地实际,结合以下食品安全工作重点开展监督工作:

(一)农贸市场、超市、学校周边等销售有毒有害或不符合食品安全标准的食用农产品、食品行为及监管部门是否依法履行监管职责问题

1. 蔬菜、水果、肉类等含有违禁农药,或者农药残留、兽药残留、重金属残留超标等;

2. 销售病死、毒死或者死因不明的禽、畜、兽、水产动物肉类及其制品，或者销售走私冻肉及其制品等；

3. 销售用非食品原料生产的食品或者添加食品添加剂以外的化学物质和其他可能危害人体健康物质的食品，或超范围、超限量使用食品添加剂的食品等；

4. 食用农产品批发市场开办者未在大型农贸市场建立农药残留快速检测室或配置快速检测仪器等；

5. 销售虚假标注无公害农产品、绿色食品、有机食品等标志农产品、食品等；

6. 假冒无公害食品、绿色食品、有机食品进行销售；

7. 市场监管部门对农贸市场、超市等销售的食用农产品、食品未按规定进行抽检等。

（二）网络餐饮生产经营者食品加工违法行为及监管部门是否依法履行职责问题

1. 入网餐饮服务提供者没有实体经营门店；

2. 入网餐饮服务提供者未依法取得食品经营许可证；

3. 入网餐饮服务提供者委托他人加工制作或超范围进行经营；

4. 网络餐饮服务第三方平台提供者或入网餐饮服务提供者提供不符合法律法规规章和食品安全标准规定的食品配送容器、餐具和包装材料；

5. 网络餐饮服务平台未核实入网餐饮服务提供者条件或者对入网餐饮服务提供者管理不到位；

6. 监管部门对入网餐饮服务提供者、网络餐饮服务平台是否依法进行监管等。

（三）违反饮用水水源保护区规定的违法行为及监管部门是否履行职责问题

1. 食品生产经营用水不符合国家规定的生活饮用水卫生标准；

2. 在饮用水水源保护区内设置排污口；

3. 在饮用水水源一级保护区内新建、改建、扩建与供水设施和保护水源无关的建设项目；

4. 在饮用水水源一级保护区内从事网箱养殖、旅游、游泳、垂钓或者其他可能污染饮用水水体的活动；

5. 在饮用水水源二级保护区内新建、改建、扩建排放污染物的建设项目；

6. 监管部门是否存在违法行使职权或不作为情形等。

三、时间安排

专项监督活动分三个阶段进行，具体安排如下：

（一）动员部署阶段（2018年8月至9月）

各级检察机关要成立专项监督活动领导小组，制定活动实施方案，针对工作重点梳理相关法律法规及公益诉讼中可能存在的主要问题，加强宣传力度，为专项监督活动的开展打下良好基础。各省级院在2018年8月20日前向高检院上报实施方案、专项监督活动领导小组负责人及成员名单、联络人姓名和联系方式。

（二）推进落实阶段（2018年9月至2019年7月）

推进落实专项监督活动，共分为线索摸排、诉前程序、提起诉讼等三个阶段，在不同的阶段各有侧重。

1. 线索摸排阶段。各级检察机关认真开展走访摸排工作，重点调查农贸市场、超市、网络餐饮生产经营者等食用农产品、食品安全情况，扩大案件线索发现渠道；充分利用"两法"衔接平台，及时了解农产品质量安全和食品安全领域行政执法信息，全面获取农业部门和市场监督管理部门执法信息，保持对新闻报道的敏感性，及时从中发现案件线索；同时加强与侦监、公诉、案管、控申等部门的联系，建立常态化公益诉讼线索移送机制，切实有效拓宽案源渠道。

2. 诉前程序阶段。各级检察机关要在充分调查清楚相关违法事实的基础上严格履行诉前程序。通过调取相关刑事案件和行政执法案件卷宗材料、食药监管部门的检验报告、质检部门的检测报告、食品安全标准、生产销售记录、专家或者行业协会对违反食品安全标准的意见等，审查食品生产经营者是否实施了违法行为的事实。对于涉及的行政机关违法行使职权或者不履行职权的情形，充分发挥诉前检察建议作用，通过诉前圆桌会议等形式，调动相关部门和组织共同参与，推动行政机关主动履职纠错。

3. 提起诉讼阶段。对侵害国家利益和社会公共利益的行为，在社会组织没有起诉或者行政机关没有依法履行职责，符合提起诉讼条件的情况下，坚决起诉一批有影响、有震动的侵害人民群众"舌尖上的安全"的公益诉讼案件。对危害后果涉及食品安全的刑事案件及时跟进，对符合提起刑事附带民事公益诉讼的案件，与刑事案件同步提起附带民事公益诉讼。

（三）总结推广阶段（2019年8月）

各级检察机关对本地区开展专项监督活动的情况进行认真总结,分析研究专项监督活动中存在的问题,通过活动的开展,推动完善涉食品安全领域检察公益诉讼制度机制。高检院对全国专项监督活动开展情况进行总结,评选优秀监督案件,对专项监督活动开展表现突出的单位和个人通报表彰。

四、工作要求

（一）高度重视,加强领导。各级检察机关要牢固树立服务大局意识,充分认识开展此次专项监督活动的重要性和必要性,将其作为今年的一项重点工作进行动员部署,切实加强组织领导。高检院成立以张雪樵副检察长为组长的专项监督活动领导小组,侦监、公诉、公益诉讼、新闻办等部门作为成员单位,在公益诉讼检察厅（筹）设立领导小组办公室;各级检察机关要以分管院领导为第一责任人,组成专项监督活动领导小组,有效推动专项监督活动开展。上级检察院要加强工作领导和业务指导,帮助下级院解决专项监督活动中的疑难问题。各省级检察院要切实负起指导、督促职责,统筹各方、扎实推进。各基层院要切实加大办案力度,做到"三类案件"全覆盖;空白院情况严重的地区,省级院领导要向高检院说明解释成因与对策。

（二）协作配合,形成合力。一要加强内部协调配合。上下一体、形成工作合力,促进专项监督活动稳步有序开展,确保工作取得实效。各级院要加强民行部门与审查逮捕、公诉、案件管理部门的联系,及时了解本院受理的公益诉讼相关领域审查逮捕、审查起诉刑事案件数据。对危害后果涉及食品

安全等领域的刑事案件中,符合公益诉讼案件立案条件的,应当及时立案审查。二要加强外部沟通合作。进一步加强与农业、食药监、质检、工商、消费者协会等沟通协作,完善信息交流、案件通报、联席会议等机制,积极争取共享相关控告举报材料等信息资源,拓宽发现线索渠道。加强与同级党委、人大的沟通,对监督遇有阻力的案件,要积极向上级机关和同级党委、人大、政法委报告,同时加强与相关行政机关的沟通交流,主动争取理解和支持,并通过有效的监督手段,促进问题解决。

（三）加强调研,明确重点。全面梳理农贸市场、超市、网络等销售食用农产品、食品中存在的问题,围绕社会各界高度关注、人民群众反映强烈的重点和热点问题深入调查,确定本地区专项监督活动的监督重点,及时制定和下发切实可行实施方案。同时要把专项监督活动与服务民生发展有机结合起来,真正贯彻以人民为中心的司法理念,确保专项监督活动取得实效。

（四）总结经验,加强宣传。各级检察机关要通过检察门户网站、检察工作内网、两微一端等,及时对专项监督活动开展情况、活动的阶段性成果、办理的典型案例等内容开展宣传活动,提高社会公众对公益诉讼的认知度,为专项监督活动开展创造良好的舆论环境。专项监督活动期间,各级检察机关定期向上级检察机关报告本地专项监督活动开展情况（包括办案数据、典型案例、主要做法、遇到的困难等）,专项监督活动中的经验做法、成功案例、重大活动动态及有关工作问题可随时逐级上报。专项监督活动结束后,各级检察机关要认真梳理总结本地区专项监督活动开展情况。

最高人民检察院关于印发 《检察荣誉章颁发办法》的通知

2018年8月29日　　高检发政字〔2018〕45号

各省、自治区、直辖市人民检察院,解放军军事检察院,新疆生产建设兵团人民检察院:

《检察荣誉章颁发办法》已经高检院党组研究

并报党中央批准,现印发你们,请认真贯彻执行。执行中遇到的问题,请及时报告高检院。

检察荣誉章颁发办法

第一条　为激励检察人员增强职业荣誉感自豪感，不忘初心，牢记使命，新时代新担当新作为，推动中国特色社会主义检察事业创新发展，最高人民检察院根据《检察官法》《国家功勋荣誉表彰条例》有关规定，决定设立检察荣誉章并制定本办法。

第二条　检察荣誉章，是以中华人民共和国最高人民检察院名义，向为人民检察事业作出贡献的检察人员颁发的荣誉性纪念章。

第三条　检察荣誉章由最高人民检察院统一规制、统一制作、统一编号，属于荣誉性纪念，重在精神鼓励，不享受有关待遇。

第四条　检察荣誉章一般授予各级人民检察院（含内设机构和直属事业单位）及派出机构，从事检察工作累计满30年的在职在编人员。

根据组织安排调离检察机关后又调回检察机关的人员，调离时间在五年以内，从事人民检察工作的时间可以连续计算；调离时间在五年以上，超过五年的部分相应扣除。

第五条　本办法施行后，符合从事检察工作累计满30年规定条件的退休检察人员可以补发。

第六条　检察荣誉章由证章、横章、绶带三部分构成。证章为金色光芒图纹围绕衬托检徽图案，直径40毫米，材质为铜镀金；横章为红底金字的条形章，标注"检察荣誉章"字样；绶带为红、蓝、白三色相间的可装卸式绶带；证章背面冠以"从检三十周年纪念"及编号。

颁发检察荣誉章的同时颁发证书。

第七条　检察荣誉章一般每年颁发一次。

第八条　颁发检察荣誉章按照单位申报、逐级审核、统一制作、分级颁发的程序进行。

（一）单位申报。根据最高人民检察院部署，各级人民检察院对本机关及所属单位符合颁发条件人员进行统计，并按要求向上一级人民检察院申报。

（二）逐级审核。各级人民检察院负责审查本机关及所属单位拟颁发人员名单，逐级审核把关后，由省级人民检察院汇总，报最高人民检察院审批。

（三）统一制作。根据最高人民检察院批准的颁发人员名单，统一定制检察荣誉章及证书。

（四）分级颁发。检察荣誉章及证书制作完成后，可由最高人民检察院直接颁发，地方各级人民检察院受最高人民检察院委托，也可代为向符合条件人员颁发。

第九条　颁发检察荣誉章一般应举行颁发仪式。仪式要庄重简朴，严禁铺张浪费。

第十条　检察荣誉章及其证书的制作费用列入最高人民检察院业务经费保障范围。

第十一条　颁发检察荣誉章时，对以下人员和情况应严格审核把关，维护荣誉激励的严肃性。

（一）年度考核为不称职等次的人员，自考核等次确定年度（含）到下一个被评定为称职及以上等次的年度（不含）期间，暂不颁发；

（二）在接受纪检监察部门立案调查以及在受党纪政纪处分期间，或者在刑事诉讼期间，暂不颁发；

（三）受到撤销党内职务、留党察看、开除党籍等党纪处分和记大过、降级、撤职等行政处分的人员，自处分执行结束后的下一个年度起，由所在人民检察院根据其错误性质及平时表现作出鉴定，经省级人民检察院审核，报最高人民检察院批准后方可颁发；

（四）受到开除公职、刑事处罚的，不予颁发。

第十二条　本办法由最高人民检察院负责解释。

第十三条　本办法自印发之日起施行。

最高人民检察院关于对检察建议
工作情况实行月通报制度的通知

2018 年 9 月 4 日　　高检发研字〔2018〕16 号

各省、自治区、直辖市人民检察院，新疆生产建设兵团人民检察院：

为贯彻落实大检察官研讨班精神，促进各地检察机关进一步加强和改进检察建议工作，提升检察建议的质量和实效，最高人民检察院决定从 2018 年 10 月起，对各省（区、市）和兵团检察机关开展检察建议工作情况按月进行通报。请各省级院高度重视此项工作，指派专人负责相关情况的搜集、分析，于每月 10 日前将上月检察建议相关数据和工作情况填入附件中的表格，连同月度分析报告报送最高人民检察院法律政策研究室，电子版发送至指定内网邮箱：mibei@gj.pro。联系人：米蓓，联系电话：(010)65209581。

特此通知。

附件：检察建议工作情况统计表

附件

_____人民检察院　年　　月检察建议工作情况统计表

月份	总数	类别										发送形式			制作部门							发送对象				回复情况		采纳情况	
		再审检察建议			纠正诉讼违法类	社会治安综合治理类		公益诉讼类		两法衔接类	督促行政机关履职类	书面送达	公开宣告	其他	侦监	公诉	未检	刑执	民行	控告申诉	其他	行政监管执法部门	公安司法机关	企事业单位	其他	回复数	回复率	采纳数	采纳率
		民事	行政	刑事		个案	类案	民事	行政																				

说明：1. 表格中督促行政机关履职类检察建议是指公益诉讼类之外督促行政机关依法履职的检察建议

2. 属于表格类别和制作部门中"其他"项的，请注明具体建议类型和具体部门

3. 表格中制作部门是根据目前业务部门设置确定的，待内设机构改革后，将下发新的表格

最高人民检察院关于停止执行《人民检察院民事诉讼监督规则（试行）》第三十二条的通知

2018 年 9 月 15 日　高检发研字〔2018〕18 号

各省、自治区、直辖市人民检察院，新疆生产建设兵团人民检察院，解放军军事检察院：

经研究，最高人民检察院决定停止执行《人民检察院民事诉讼监督规则（试行）》第三十二条，当事人针对人民法院作出的已经发生法律效力的一审民事判决、裁定提出的监督申请，无论是否提出过上诉，只要符合《中华人民共和国民事诉讼法》第二百零九条规定，均应依法受理。

最高人民检察院　共青团中央关于开展未成年人检察工作社会支持体系建设试点工作的通知

2018 年 9 月 26 日　高检会〔2018〕4 号

各省、自治区、直辖市和新疆生产建设兵团人民检察院、团委：

为深入贯彻党的十九大和十九届二中、三中全会精神，以习近平新时代中国特色社会主义思想为指导，根据《刑事诉讼法》《未成年人保护法》《预防未成年人犯罪法》等法律法规以及中央深化预防青少年违法犯罪工作意见、《中长期青年发展规划（2016—2025 年）》等政策文件，最高人民检察院、共青团中央就进一步深化合作、加强未成年人司法保护，共同签署了《关于构建未成年人检察工作社会支持体系合作框架协议》（以下简称《协议》）。为推动《协议》在各地有效落实，按照"试点引路、示范带动"的思路，现在全国范围内选择部分工作基础较好、有地域代表性的地市、县区，部署开展相关试点工作。具体事项通知如下。

一、试点目标

推动试点地区检察机关、共青团组织深化合作，围绕加强未成年人刑事、民事、行政合法权益司法保护，强化部门联动，争取政策保障，整合社会力量，探索建立未成年人检察工作社会支持体系的路径和机制，实现未成年人案件专业化办案与社会化保护配合衔接，形成在全国范围内可复制、可推广的经验模式。

二、试点内容

1. 强化联动机制。试点地区检察机关、共青团组织建立信息共享、干部交流、工作会商机制，共同研究解决青少年权益保护、犯罪预防领域的新情况新问题。加强未成年人案件办理中的联动，实现线索双向转移，做好个案介入、处置和监督。推动建立跨部门合作机制，加强未成年人司法各环节的衔接以及行政保护与司法保护的衔接。结合办案积极推动"青少年维权岗"创建、青少年零犯罪零受害社区（村）创建等工作。

2. 搭建承接平台。组建专门的未成年人司法社会服务机构，"一门受理"检察机关、共青团组织委派的工作及委托提供的相关社会服务。工作中可根据当地实际，依托 12355 青少年服务平台、青少年社会工作服务机构等已有团属机构，或成立

"未成年人司法社会服务中心"等专门机构,逐步实现实体化注册、专业化运作。

3. 规范工作流程。试点地区检察机关在办理未成年人案件过程中,通过委托或服务申请等方式向本地未成年人司法社会服务机构提出工作需求。未成年人司法社会服务机构接受委托或申请后,提供针对性的支持服务,或转介至有关职能部门、社工机构、社会组织实施,并负责做好跟踪督导、质量评估、总结归档等。

4. 实施服务项目。通过政府购买服务的方式,以项目化运作为载体,支持和引导本地未成年人司法社会服务机构等相关社会组织向涉罪未成年人、未成年被害人、民事行政案件未成年当事人以及其他司法案件中的困难未成年人,提供亲职教育、心理疏导、行为矫治、技能培训、困难救助等专业服务,并协助开展观护帮教、附条件不起诉监督考察、合适成年人参与刑事诉讼、社会调查、司法救助、社会救助、临时安置等工作。

5. 完善配套保障。试点地区检察机关、共青团组织在既有经费预算中统筹安排购买相关服务项目经费,同时积极争取财政专项资金、社会资金的支持。加强对司法类社会工作服务机构的业务指导,明确未成年人案件办理中的工作需求和服务标准。加大对未成年人司法社工的培养,建立和完善岗位设置、薪酬保障、考核评估等机制。

三、工作步骤

按照循序渐进、逐步推开的原则,全国层面拟开展三个轮次的未成年人检察工作社会支持体系建设试点工作,每轮试点为期一年。

1. 推荐申报。各省级检察院、团委负责试点申报工作,由省级团委组织推荐工作基础好、积极性高的地市或县区并指导当地认真填写试点工作申报书(附件1)。每轮试点中,每个省份推荐申报地区不超过2个。

2. 评审确认。最高人民检察院、共青团中央负责组织专家,对试点工作申报书的可行性、创新性、示范性进行评审论证,坚持优中选优、宁缺毋滥并兼顾地域代表性,首轮试点确定20个左右试点地区,后两轮视情逐步增加。

3. 组织实施。各试点地区围绕试点目标、任务,开展为期一年的试点工作。最高人民检察院、共青团中央给每个试点地区一定经费支持,并组织专家提供人员培训、业务督导等支持。省级检察院、团委给予政策配套和工作指导。

4. 评估验收。一年试点期满后,最高人民检察院、共青团中央组织专家,对试点地区的工作成效开展审核评估,并通报评估结果。对评估合格的,加大宣传推介;对评估不合格的,可视情纳入下一轮试点或取消试点资格。

四、工作要求

1. 高度重视,加强领导。开展未成年人检察工作社会支持体系建设试点工作是推动《协议》落实、推动完善未成年人司法保护工作的有力抓手。各省级检察院、团委以此为契机,加快研究部署,年底前出台省级合作框架协议,同时推动地市、区县层面加强协作。试点地区要及时向当地党委、政府作专题汇报,协调建立试点工作机制,争取将试点工作纳入政府工作规划。

2. 深化合作,争取支持。各级检察机关、共青团组织要立足各自优势,深化业务合作,加强资源整合,建立未成年人检察工作社会支持体系,促进司法专业办案与社会综合保护的良性互动。依托未成年人保护工作委员会、政法委预防青少年违法犯罪工作机构等青年工作协调机制,加强与法院、教育、公安、民政、司法行政等职能部门的沟通协作,争取工作配套和政策支持。

3. 大胆探索,力求突破。各地特别是试点地区要以改革创新精神推动试点工作,在现有法律和政策框架下,围绕未成年人司法社会服务机构实体化运作、社会力量参与未成年人司法保护工作的内容、流程和标准等问题,大胆探索和创新工作路径和方法,建立健全相关工作机制和制度,切实解决制约未成年人司法保护社会支持体系建设的难题。

4. 用好经验,示范带动。最高人民检察院、共青团中央将及时总结试点形成的成功经验,梳理出具有普遍性的工作模式和制度化成果,以编制工作资料、召开推进会等方式,指导各地学习借鉴。鼓励各地开展省级试点工作,为未成年人检察工作社会支持体系建设的全面推开提供实践样本,促进工作整体活跃。

请各地于2018年10月22日前,经省级检察院、团委审核盖章后,将第一轮试点工作申报书报送至团中央。第二、三轮试点隔年参照执行。

附件:1. 试点工作申报书(略)
　　　 2. 关于构建未成年人检察工作社会支持体系合作框架协议(略)

最高人民法院　最高人民检察院　公安部
印发《关于办理盗窃油气、破坏油气设备等
刑事案件适用法律若干问题的意见》的通知

2018 年 9 月 28 日　　法发〔2018〕18 号

各省、自治区、直辖市高级人民法院、人民检察院、公安厅（局），解放军军事法院、军事检察院、新疆维吾尔自治区高级人民法院生产建设兵团分院、新疆生产建设兵团人民检察院、公安局：

　　为依法惩治盗窃油气、破坏油气设备等犯罪，维护公共安全、能源安全和生态安全，最高人民法院、最高人民检察院、公安部制定了《关于办理盗窃油气、破坏油气设备等刑事案件适用法律若干问题的意见》。现印发给你们，请认真贯彻执行。执行中遇到的问题，请及时分别层报最高人民法院、最高人民检察院、公安部。

最高人民法院　最高人民检察院　公安部
关于办理盗窃油气、破坏油气设备等
刑事案件适用法律若干问题的意见

　　为依法惩治盗窃油气、破坏油气设备等犯罪，维护公共安全、能源安全和生态安全，根据《中华人民共和国刑法》《中华人民共和国刑事诉讼法》和《最高人民法院、最高人民检察院关于办理盗窃油气、破坏油气设备等刑事案件具体应用法律若干问题的解释》等法律、司法解释的规定，结合工作实际，制定本意见。

　　一、关于危害公共安全的认定

　　在实施盗窃油气等行为过程中，破坏正在使用的油气设备，具有下列情形之一的，应当认定为刑法第一百一十八条规定的"危害公共安全"：

　　（一）采用切割、打孔、撬砸、拆卸手段的，但是明显未危害公共安全的除外；

　　（二）采用开、关等手段，足以引发火灾、爆炸等危险的。

　　二、关于盗窃油气未遂的刑事责任

　　着手实施盗窃油气行为，由于意志以外的原因未得逞，具有下列情形之一的，以盗窃罪（未遂）追究刑事责任：

　　（一）以数额巨大的油气为盗窃目标的；

　　（二）已将油气装入包装物或者运输工具，达到"数额较大"标准三倍以上的；

　　（三）携带盗油卡子、手摇钻、电钻、电焊枪等切割、打孔、撬砸、拆卸工具的；

　　（四）其他情节严重的情形。

　　三、关于共犯的认定

　　在共同盗窃油气、破坏油气设备等犯罪中，实际控制、为主出资或者组织、策划、纠集、雇佣、指使他人参与犯罪的，应当依法认定为主犯；对于其他人员，在共同犯罪中起主要作用的，也应当依法认

定为主犯。

在输油输气管道投入使用前擅自安装阀门,在管道投入使用后将该阀门提供给他人盗窃油气的,以盗窃罪、破坏易燃易爆设备罪等有关犯罪的共同犯罪论处。

四、关于内外勾结盗窃油气行为的处理

行为人与油气企业人员勾结共同盗窃油气,没有利用油气企业人员职务便利,仅仅是利用其易于接近油气设备、熟悉环境等方便条件的,以盗窃罪的共同犯罪论处。

实施上述行为,同时构成破坏易燃易爆设备罪的,依照处罚较重的规定定罪处罚。

五、关于窝藏、转移、收购、加工、代为销售被盗油气行为的处理

明知是犯罪所得的油气而予以窝藏、转移、收购、加工、代为销售或者以其他方式掩饰、隐瞒,符合刑法第三百一十二条规定的,以掩饰、隐瞒犯罪所得罪追究刑事责任。

"明知"的认定,应当结合行为人的认知能力、所得报酬、运输工具、运输路线、收购价格、收购形式、加工方式、销售地点、仓储条件等因素综合考虑。

实施第一款规定的犯罪行为,事前通谋的,以盗窃罪、破坏易燃易爆设备罪等有关犯罪的共同犯罪论处。

六、关于直接经济损失的认定

《最高人民法院、最高人民检察院关于办理盗窃油气、破坏油气设备等刑事案件具体应用法律若干问题的解释》第二条第三项规定的"直接经济损失"包括因实施盗窃油气等行为直接造成的油气损失以及采取抢修堵漏等措施所产生的费用。

对于直接经济损失数额,综合油气企业提供的证据材料、犯罪嫌疑人、被告人及其辩护人所提辩解、辩护意见等认定;难以确定的,依据价格认证机构出具的报告,结合其他证据认定。

油气企业提供的证据材料,应当有工作人员签名和企业公章。

七、关于专门性问题的认定

对于油气的质量、标准等专门性问题,综合油气企业提供的证据材料、犯罪嫌疑人、被告人及其辩护人所提辩解、辩护意见等认定;难以确定的,依据司法鉴定机构出具的鉴定意见或者国务院公安部门指定的机构出具的报告,结合其他证据认定。

油气企业提供的证据材料,应当有工作人员签名和企业公章。

最高人民检察院关于学习贯彻修改后人民检察院组织法和刑事诉讼法的通知

2018 年 10 月 30 日 高检发研字〔2018〕23 号

各省、自治区、直辖市人民检察院,解放军军事检察院,新疆生产建设兵团人民检察院:

2018 年 10 月 26 日,第十三届全国人大常委会第六次会议审议通过了修改后的人民检察院组织法和刑事诉讼法。人民检察院组织法和刑事诉讼法是检察机关履行法律监督职能的基本法律依据,各级检察机关要高度重视,积极深入地组织开展学习,全面抓好贯彻落实。

一、充分认识两部法律修改的重大意义

人民检察院组织法是规定人民检察院的设置、组织和职责权限的基本法律,是我国司法制度的支柱性法律之一。1979 年人民检察院组织法对中国特色社会主义检察制度的构建具有里程碑的意义。但是,这部法律是改革开放初期制定的,随着我国经济社会发展,民主法治建设日臻完善,三大诉讼法等相关法律赋予检察机关一系列新的职能,尤其是随着全面依法治国的深化和国家监察体制改革、司法体制改革的推进,检察机关的机构设置、职权配置、检察权运行方式和保障机制等都发生了深刻变化,需要对组织法作出全面修订。修改后的人民检察院组织法，充分体现了以习近平同志为核心的党中央关于完善检察机关行使监督权的法律制度的要求，落实了宪法对检察机关的定位，对司法体制改革、检察改革的成果予以确认和巩固，回应了新时代人民群众对司法公正的期待，符合司法规律、体现时代精神，对规范人民检察院的设置和职权，完善检察院管理体制和检察权运行机制，保障人民检察院依法履行职责，建设公正高效权威的社会主义检察制度具有重要意义。

刑事诉讼法是规范刑事诉讼活动的基本法律，对于保证准确、及时地查明犯罪事实，惩罚犯罪分子，保障无罪的人不受刑事追究，具有决定性、基础性作用。检察机关在刑事诉讼中准确、有效、充分地发挥法律监督职能，也有赖于对刑事诉讼法的严格遵守和准确适用。1979 年刑事诉讼法曾在 1996 年和 2012 年做过两次大的修改。这次修改，主要是为了落实中央关于深化国家监察体制改革、强化反腐败追赃追逃、推进司法体制改革等方面作出的一系列重大决策部署，将可复制、可推广的经验做法及时固定为法律，在全国范围内施行。修改后的刑事诉讼法，充分体现了习近平新时代中国特色社会主义思想和党的十九大精神，坚持了中国特色社会主义法治理念，及时总结固定了试点改革经验，回应了司法实践中需要迫切解决的问题，对于进一步完善中国特色刑事诉讼制度具有重大意义。

二、准确把握两部法律修改的主要内容

（一）修订后《人民检察院组织法》的主要内容

1979 年人民检察院组织法共 3 章 28 条，修订后的人民检察院组织法共 6 章 53 条，不仅条文数量增加了近一倍，而且所有条文都有修改。修改的内容主要有以下几个方面：

一是明确了人民检察院的性质和任务。围绕坚持宪法定位，《人民检察院组织法》第二条规定："人民检察院是国家的法律监督机关。人民检察院通过行使检察权，追诉犯罪，维护国家安全和社会秩序，维护个人和组织的合法权益，维护国家利益、社会公共利益，保障法律正确实施，维护社会公平正义，维护国家法制统一、尊严、权威，保障中国特色社会主义建设的顺利进行。"

二是完善了人民检察院工作的基本原则和工作体制。在 1979 年《人民检察院组织法》规定的人民检察院依法独立行使检察权原则、适用法律一律平等原则的基础上，增加了人民检察院设置法定原则、司法公正原则、司法公开原则、司法责任制原则、接受人民群众监督原则等基本原则。坚持体现检察一体化原则，明确了最高人民检察院是最高检察机关，领导地方各级人民检察院的工作；上级人民检察院领导下级人民检察院的工作。明确了检察机关与权力机关的关系，最高人民检察院对全国人民代表大会及其常务委员会负责并报告工作，地方各级人民检察院对本级人民代表大会及其常务委员会负责并报告工作。

三是完善了人民检察院设置的有关规定。在严格按照宪法确立的人民检察院分为最高人民检察院、地方各级人民检察院、军事检察院等专门检察院的基础上，增加规定地方各级人民检察院分为省级人民检察院、设区的市级人民检察院、基层人民检察院。增加规定市级人民检察院可以设立派出人民检察院，取消了县级人民检察院可以设立派出院的规定。增加规定新疆生产建设兵团人民检察院的组织、任免等。

四是完善了人民检察院内设机构的设置。明确了人民检察院根据检察工作需要，设必要的业务机构；检察官员额较少的设区的市级人民检察院和基层人民检察院，可以设综合业务机构。增加规定人民检察院可以设必要的检察辅助机构和行政管理机构。增加规定人民检察院可以在监狱、看守所等场所设立检察室，行使派出它的人民检察院的部分职权，也可以对上述场所进行巡回检察。

五是完善了人民检察院职权的有关规定。明确了人民检察院行使下列职权：依照法律规定对有关刑事案件行使侦查权；对刑事案件进行审查，批准或者决定是否逮捕犯罪嫌疑人；对刑事案件进行审查，决定是否提起公诉，对决定提起公诉的案件支持公诉；依照法律规定提起公益诉讼；对诉讼活动实行法律监督；对判决、裁定等生效法律文书的执行工作实行法律监督；对监狱、看守所的执法活动实行法律监督；法律规定的其他职权。增加规定最高人民检察院对死刑复核活动的监督权、核准追诉权，以及发布司法解释、指导性案例的权力。

六是完善了人民检察院行使职权的措施和方式。明确人民检察院行使法律监督职权，可以进行调查核实，并依法提出抗诉、纠正意见、检察建议；

有关单位应当予以配合,并及时将采纳纠正意见、检察建议的情况书面回复人民检察院。增加规定检察长或者检察长委托的副检察长可以列席同级人民法院审判委员会会议。增加规定人民监督员对人民检察院的办案活动实行监督。

七是完善了人民检察院的办案组织。按照司法责任制的要求,完善独任检察官和检察官办案组运行机制,落实谁办案谁负责、谁决定谁负责。明确检察官在检察长领导下开展工作,重大办案事项由检察长决定;检察长可以将部分职权委托检察官行使,可以授权检察官签发法律文书。完善了检察委员会的职责、组成、提请程序、议事程序、决定的效力,检察长与检察委员会多数意见不一致的处理等规定。

八是明确了人民检察院的人员组成。规定人民检察院的检察人员由检察长、副检察长、检察委员会委员和检察员等人员组成。规定了担任检察官的条件,完善检察院领导人员的任职条件,明确检察长应当具有法学专业知识和法律职业经历;副检察长、检委会委员应当从检察官、法官或者其他具备检察官、法官条件的人中产生。规定检察官、检察辅助人员和司法行政人员实行分类管理,明确检察官实行员额制;对检察官的选任和遴选,检察官助理、书记员、司法警察的基本职责作出规定。

九是完善了人民检察院行使职权的保障。明确任何单位或者个人不得要求检察官从事超出法定职责范围的事务。对于领导干部干预司法活动、插手具体案件处理,或者人民检察院内部人员过问案件情况的,办案人员应当全面如实记录并报告;有违纪违法情形的,由有关机关根据情节轻重追究行为人的责任。对人民检察院实行培训制度、编制管理、经费保障、信息化建设等作出规定。

(二)《关于修改〈中华人民共和国刑事诉讼法〉的决定》的主要内容

本次刑事诉讼法修改,既不是全面大修,也不是个别条文的调整,而是根据国家监察体制改革、司法改革和司法实践发展的最新情况,增加完善新的诉讼制度。《关于修改〈中华人民共和国刑事诉讼法〉的决定》共 26 条,其中与检察机关密切相关的内容主要包括:

一是调整人民检察院侦查职权。保留了检察机关部分侦查权,即人民检察院在对诉讼活动实行法律监督中发现的司法工作人员利用职权实施的非法拘禁、刑讯逼供、非法搜查等侵犯公民权利、损害司法公正的犯罪,可以由人民检察院立案侦查。此外,还保留了检察机关的机动侦查权。

二是完善与监察制度衔接机制。检察机关对监察机关移送起诉的案件,依照刑事诉讼法和监察法的有关规定予以审查;认为需要补充核实的,应当退回监察机关补充调查;必要时可以自行补充侦查。对监察机关移送起诉的已采取留置措施的案件,检察机关应当先行拘留,留置措施自动解除。检察机关审查决定采取强制措施的期间不计入审查起诉期限。

三是建立刑事缺席审判制度。明确了缺席审判的适用条件,对于贪污贿赂犯罪案件,以及需要及时进行审判,经最高人民检察院核准的严重危害国家安全犯罪、恐怖活动犯罪案件,犯罪嫌疑人、被告人在境外的,可以适用缺席审判。规定了缺席审判的具体程序,包括审查起诉、提起公诉、送达传票、开庭审理等。充分保障被告人的诉讼权利,对委托辩护和提供法律援助作出规定,赋予被告人及其近亲属、辩护人上诉权,规定重新审理的情形等。

四是完善认罪认罚从宽制度,增加了速裁程序。在刑事诉讼法第一编第一章将认罪认罚从宽作为一项原则予以明确。在总结试点经验的基础上,有选择地吸收认罪认罚从宽试点工作办法,完善认罪认罚的程序性规定,包括侦查机关告知诉讼权利和法律规定、认罪认罚作为批准逮捕时社会危险性的考虑因素、审查起诉阶段检察机关听取意见、犯罪嫌疑人签署具结书、检察机关提出量刑建议和人民法院一般应当采纳量刑建议等。明确值班律师定位是为犯罪嫌疑人、被告人提供法律帮助。增加了速裁程序并规定了不能适用速裁程序的情形。

三、有针对性地抓好全面学习培训

各级检察机关要按照高检院的统一部署,采取有效措施,组织全体检察人员原原本本地学习研读修改后人民检察院组织法和刑事诉讼法,全面领会修改的指导思想、基本原则和主要内容,真正做到融会贯通、熟练运用。培训工作要注意统筹性、有序性、针对性和实效性,在全面扎实开展全员培训的基础上,各有关部门要紧密结合自身工作实际,深入开展分类培训,真正把学习过程变成统一思想认识、更新执法理念、增强能力素质、正确履行职责的过程。各级检察院领导、检委会委员要带头开展学习活动。要创新培训的方式方法，采取个人自学、集中培训、网络授课、专题讲座、研讨交流、岗位练兵、模拟实践、知识竞赛等多种形式，有计划、有步骤地推进修改后人民检察院组织法和刑事诉讼法的学习培训工作，既要防止学习培训走过场，又要防止低质量培训、重复培训，争取最佳的培训效果。要充分发挥"检答网"的检察业务咨询答疑、信息共享平台作用。各级检察机关对于修改后的两部法律实施中遇到的问题，要积极运用"检答网"进行咨询交流，最高人民检察院、省级人民检察院要组织专家组切实做好答疑、释法工作。

四、全面贯彻落实修改后的两部法律

修改后刑事诉讼法自发布之日起施行，人民检察院组织法将于明年1月1日起施行。高检院将积极与有关部门沟通协调，及时出台相关细则、司法解释和规范性文件。地方各级检察机关应当充分认识修改后人民检察院组织法和刑事诉讼法对推动检察工作的重要意义，把深入学习贯彻修改后人民检察院组织法和刑事诉讼法作为当前的重要工作，切实加强组织领导，全面部署，明确任务，落实责任，扎实做好各项准备工作。一是要以习近平新时代中国特色社会主义思想为指引，不断增强"四个自信"，深刻领会中国检察制度、诉讼制度的特色和内在逻辑，坚持巩固和发展中国特色社会主义检察制度、诉讼制度；二是要自觉更新和转变执法司法理念，树立双赢共赢多赢的监督新理念，与被监督者形成良性、积极的互动关系，共同维护社会公平正义和公共利益，为人民群众提供优质的法治产品、检察产品；三是要把法律赋予检察机关的神圣职责落实好，把落实好法律规定作为政治原则、宪法原则、法治原则，不能有任何含糊，不能有任何变通，不能打任何折扣；四是要结合新时代党和国家、人民群众对检察工作的新要求、新期待，以贯彻落实修改后人民检察院组织法和刑事诉讼法为契机，积极思考谋划各项检察工作，大力提升法律监督能力，推动检察工作取得新的全面发展。

目前，《人民检察院刑事诉讼规则（试行）》的修改工作已经启动，高检院的机构改革也正在推进。在刑诉规则出台和机构改革落地之前的这段时间里，各级检察机关要积极稳妥地推进相关改革，对于一些重要改革措施，要层报高检院备案；对于法律没有明确规定的改革措施，必须报高检院批准后施行。对于实施人民检察院组织法、刑事诉讼法的相关情况和遇到的困难、问题，要认真加以总结，及时层报高检院。

最高人民检察院关于印发《检察机关办理电信网络诈骗案件指引》的通知

2018年11月9日　高检发侦监字〔2018〕12号

各省、自治区、直辖市人民检察院，新疆生产建设兵团人民检察院：

《检察机关办理电信网络诈骗案件指引》已经

2018年8月24日最高人民检察院第十三届检察委员会第五次会议通过，现印发你们，供参考。

检察机关办理电信网络诈骗案件指引

目 次

电信网络诈骗犯罪，是指以非法占有为目的，利用电话、短信、互联网等电信网络技术手段，虚构事实，设置骗局，实施远程、非接触式诈骗，骗取公私财物的犯罪行为。根据《中华人民共和国刑法》第二百六十六条、《最高人民法院、最高人民检察院关于办理诈骗刑事案件具体应用法律若干问题的解释》（法释〔2011〕7号）（以下简称《解释》）、《最高人民法院、最高人民检察院、公安部关于办理电信网络诈骗等刑事案件适用法律若干问题的意见》（法发〔2016〕32号）（以下简称《意见》），办理电信网络诈骗案件除了要把握普通诈骗案件的基本要求外，还要特别注意以下问题：一是电信网络诈骗犯罪的界定；二是犯罪形态的审查；三是诈骗数额及发送信息、拨打电话次数的认定；四是共同犯罪及主从犯责任的认定；五是关联犯罪事前通谋的审查；六是电子数据的审查；七是境外证据的审查。

一、审查证据的基本要求

（一）审查逮捕

1. 有证据证明发生了电信网络诈骗犯罪事实

（1）证明电信网络诈骗案件发生

证据主要包括：报案登记、受案登记、受案笔录、立案决定书、破案经过、证人证言、被害人陈述、犯罪嫌疑人供述和辩解、被害人银行开户申请、开户明细单、银行转账凭证、银行账户交易记录、银行汇款单、网银转账记录、第三方支付结算交易记录、手机转账信息等证据。跨国电信网络诈骗还可能需要有国外有关部门出具的与案件有关的书面材料。

（2）证明电信网络诈骗行为的危害结果

①证明诈骗数额达到追诉标准的证据：证人证言、被害人陈述、犯罪嫌疑人供述和辩解、银行转账凭证、汇款凭证、转账信息、银行卡、银行账户交易记录、第三方支付结算交易记录以及其他与电信网络诈骗关联的账户交易记录、犯罪嫌疑人提成记录、诈骗账目记录等证据以及其它有关证据。

②证明发送信息条数、拨打电话次数以及页面浏览量达到追诉标准的证据：QQ、微信、skype等即时通讯工具聊天记录、CDR电话清单、短信记录、电话录音、电子邮件、远程勘验笔录、电子数据鉴定意见、网页浏览次数统计、网页浏览次数鉴定意见、改号软件、语音软件的登录情况及数据、拨打电话记录内部资料以及其他有关证据。

2. 有证据证明诈骗行为是犯罪嫌疑人实施的

（1）言词证据：证人证言、被害人陈述、犯罪嫌疑人供述和辩解等，注意审查犯罪嫌疑人供述的行为方式与被害人陈述的被骗方式、交付财物过程或者其他证据是否一致。对于团伙作案的，要重视对同案犯罪嫌疑人供述和辩解的审查，梳理各个同案犯罪嫌疑人的指证是否相互印证。

（2）有关资金链条的证据：银行转账凭证、交易流水、第三方支付交易记录以及其他关联账户交易记录、现场查扣的书证、与犯罪关联的银行卡及申请资料等，从中审查相关银行卡信息与被害人存款、转移赃款等账号有无关联，资金交付支配占有过程；犯罪嫌疑人的短信以及 QQ、微信、skype 等即时通讯工具聊天记录，审查与犯罪有关的信息，是否出现过与本案资金流转有关的银行卡账号、资金流水等信息。要注意审查被害人转账、汇款账号、资金流向等是否有相应证据印证赃款由犯罪嫌疑人取得。对诈骗集团租用或交叉使用账户的，要结合相关言词证据及书证、物证、勘验笔录等分析认定。

（3）有关信息链条的证据：侦查机关远程勘验笔录，远程提取证据笔录，CDR 电话清单、查获的手机 IMEI 串号、语音网关设备、路由设备、交换设备、手持终端等。要注意审查诈骗窝点物理 IP 地址是否与所使用电话 CDR 数据清单中记录的主叫 IP 地址或 IP 地址所使用的线路（包括此线路的账号、用户名称、对接服务器、语音网关、手持终端等设备的 IP 配置）一致，电话 CDR 数据清单中是否存在被害人的相关信息资料，改号电话显示号码、呼叫时间、电话、IP 地址是否与被害人陈述及其它在案证据印证。在电信网络诈骗窝点查获的手机 IMEI 串号以及其他电子作案工具，是否与被害人所接到的诈骗电话显示的信息来源一致。

（4）其他证据：跨境电信网络诈骗犯罪案件犯罪嫌疑人出入境记录、户籍证明材料、在境外使用的网络设备及虚拟网络身份的网络信息，证明犯罪嫌疑人出入境情况及身份情况。诈骗窝点的纸质和电子账目报表，审查时间、金额等细节是否与被害人陈述相互印证。犯罪过程中记载被害人身份、诈骗数额、时间等信息的流转单，审查相关信息是否与被害人陈述、银行转账记录等相互印证。犯罪嫌疑人之间的聊天记录、诈骗脚本、内部分工、培训资料、监控视频等证据，审查犯罪的具体手法、过程。购买作案工具和资源（手机卡、银行卡、POS机、服务器、木马病毒、改号软件、公民个人信息等）的资金流水、电子数据等证据。

3. 有证据证明犯罪嫌疑人具有诈骗的主观故意

（1）证明犯罪嫌疑人主观故意的证据：犯罪嫌疑人的供述和辩解、证人证言、同案犯指证；诈骗脚本、诈骗信息内容、工作日记、分工手册、犯罪嫌疑人的具体职责、地位、参与实施诈骗行为的时间等；赃款的账册、分赃的记录、诈骗账目记录、提成记录、工作环境、工作形式等；短信、QQ、微信、skype 等即时通讯工具聊天记录等，审查其中是否出现有关诈骗的内容以及诈骗专门用的黑话、暗语等。

（2）证明提供帮助者的主观故意的证据：提供帮助犯罪嫌疑人供述和辩解、电信网络诈骗犯罪嫌疑人的指证、证人证言；双方短信以及 QQ、微信、skype 等即时通讯工具聊天记录等信息材料；犯罪嫌疑人的履历、前科记录、行政处罚记录、双方资金往来的凭证、犯罪嫌疑人提供帮助、协助的收益数额、取款时的监控视频、收入记录、处罚判决情况等。

（二）审查起诉

除审查逮捕阶段证据审查基本要求之外，对电信网络诈骗案件的审查起诉工作还应坚持"犯罪事实清楚，证据确实、充分"的标准，保证定罪量刑的事实都有证据证明；据以定案的证据均经法定程序查证属实；综合全案证据，对所认定的事实均已排除合理怀疑。

1. 有确实充分的证据证明发生了电信网络诈骗犯罪事实

（1）证明电信网络诈骗事实发生。除审查逮捕要求的证据类型之外，跨国电信网络诈骗还需要有出入境记录、飞机铁路等交通工具出行记录，必要时需国外有关部门出具的与案件有关的书面证据材料，包括原件、翻译件、使领馆认证文件等。

（2）证明电信网络诈骗行为的危害结果

①证明诈骗数额达到追诉标准的证据：能查清诈骗事实的相关证人证言、被害人陈述、犯罪嫌疑人供述和辩解、银行账户交易明细、交易凭证、第三方支付结算交易记录以及其他与电信网络诈骗关联的账户交易记录、犯罪嫌疑人的诈骗账目记录以及其它有关证据。

需要特别注意"犯罪数额接近提档"的情形。当诈骗数额接近"数额巨大""数额特别巨大"的标准（一般掌握在80%以上，即达到2.4万元、40万元），根据《解释》和《意见》的规定，具有《意见》第二条第二款"酌情从重处罚"十种情形之一的，应当分别认定为刑法第二百六十六条规定的"其他严重情节""其他特别严重情节"，提高一档量刑。

②证明发送信息条数、拨打电话次数以及页面浏览量达到追诉标准的证据类型与审查逮捕的证据类型相同。

2. 有确实充分的证据证明诈骗行为是犯罪嫌疑人实施的

（1）有关资金链条的证据。重点审查被害人的银行交易记录和犯罪嫌疑人持有的银行卡及账号的交易记录,用于查明被害人遭受的财产损失及犯罪嫌疑人诈骗的犯罪数额;重点审查犯罪嫌疑人的短信,以及 QQ、微信、skype 等即时通讯工具聊天记录,用于查明是否出现涉案银行卡账号、资金流转等犯罪信息,赃款是否由犯罪嫌疑人取得。此外,对诈骗团伙或犯罪集团租用或交叉使用多层级账户洗钱的,要结合资金存取流转的书证、监控录像、辨认笔录、证人证言、被害人陈述、犯罪嫌疑人供述和辩解等证据分析认定。

(2)有关人员链条的证据。电信网络诈骗多为共同犯罪,在审查刑事责任年龄、刑事责任能力方面的证据基础上,应重点审查犯罪嫌疑人供述和辩解、手机通信记录等,通过自供和互证,以及与其他证据之间的相互印证,查明各自的分工和作用,以区分主、从犯。对于分工明确、有明显首要分子、较为固定的组织结构的三人以上固定的犯罪组织,应当认定为犯罪集团。

言词证据及有关信息链条的证据与审查逮捕的证据类型相同。

3. 有确实充分的证据证明犯罪嫌疑人具有诈骗的主观故意

证明犯罪嫌疑人及提供帮助者主观故意的证据类型同审查逮捕证据类型相同。需要注意的是,由于犯罪嫌疑人各自分工不同,其供述和辩解也呈现不同的证明力。一般而言,专门行骗人对于单起事实的细节记忆相对粗略,只能供述诈骗的手段和方式;专业取款人对于取款的具体细目记忆也粗略,只能供述大概经过和情况,重点审查犯罪手段的同类性、共同犯罪人之间的关系及各自分工和作用。

二、需要特别注意的问题

在电信网络诈骗案件审查逮捕、审查起诉中,要根据相关法律、司法解释等规定,结合在案证据,重点注意以下问题:

(一)电信网络诈骗犯罪的界定

1. 此罪彼罪

在一些案件中,尤其是利用网络钓鱼、木马链接实施犯罪的案件中,既存在虚构事实、隐瞒真相的诈骗行为,又可能存在秘密窃取的行为,关键要审查犯罪嫌疑人取得财物是否基于被害人对财物的主动处分意识。如果行为人通过秘密窃取的行为获取他人财物,则应认定构成盗窃罪;如果窃取或者骗取的是他人信用卡资料,并通过互联网、通

讯终端等使用的,根据《最高人民法院、最高人民检察院关于办理妨害信用卡管理刑事案件具体应用法律若干问题的解释》(法释〔2009〕19号),则可能构成信用卡诈骗罪;如果通过电信网络技术向不特定多数人发送诈骗信息后又转入接触式诈骗,或者为实现诈骗目的,线上线下并行同时进行接触式和非接触式诈骗,应当按照诈骗取财行为的本质定性,虽然使用电信网络技术但被害人基于接触被骗的,应当认定普通诈骗;如果出现电信网络诈骗和合同诈骗、保险诈骗等特殊诈骗罪名的竞合,应依据刑法有关规定定罪量刑。

2. 追诉标准低于普通诈骗犯罪且无地域差别

追诉标准直接决定了法律适用问题甚至罪与非罪的认定。《意见》规定,利用电信网络技术手段实施诈骗,诈骗公私财物价值三千元以上的,认定为刑法第二百六十六条规定的"数额较大"。而《解释》规定,诈骗公私财物价值三千至一万元以上的,认定为刑法第二百六十六条规定的"数额较大"。因此,电信网络诈骗的追诉标准要低于普通诈骗的追诉标准,且全国统一无地域差别,即犯罪数额达到三千元以上、三万元以上、五十万元以上的,应当分别认定为刑法第二百六十六条规定的"数额较大""数额巨大""数额特别巨大"。

(二)犯罪形态的审查

1. 可以查证诈骗数额的未遂

电信网络诈骗应以被害人失去对被骗钱款的实际控制为既遂认定标准。一般情形下,诈骗款项转出后即时到账构成既遂。但随着银行自助设备、第三方支付平台陆续推出"延时到账""撤销转账"等功能,被害人通过自助设备、第三方支付平台向犯罪嫌疑人指定账户转账,可在规定时间内撤销转账,资金并未实时转出。此种情形下被害人并未对被骗款项完全失去控制,而犯罪嫌疑人亦未取得实际控制,应当认定为未遂。

2. 无法查证诈骗数额的未遂

根据《意见》规定,对于诈骗数额难以查证的,犯罪嫌疑人发送诈骗信息五千条以上,或者拨打诈骗电话五百人次以上,或者在互联网上发布诈骗信息的页面浏览量累计五千次以上,可以认定为诈骗罪中"其他严重情节",以诈骗罪(未遂)定罪处罚。具有上述情形,数量达到相应标准十倍以上的,应当认定为刑法第二百六十六条规定的"其他特别严重情节",以诈骗罪(未遂)定罪处罚。

（三）诈骗数额及发送信息、拨打电话次数的认定

1. 诈骗数额的认定

（1）根据犯罪集团诈骗账目登记表、犯罪嫌疑人提成表等书证，结合证人证言、犯罪嫌疑人供述和辩解等言词证据，认定犯罪嫌疑人的诈骗数额。

（2）根据经查证属实的银行账户交易记录、第三方支付结算账户交易记录、通话记录、电子数据等证据，结合已收集的被害人陈述，认定被害人人数及诈骗资金数额。

（3）对于确因客观原因无法查实全部被害人，尽管有证据证明该账户系用于电信网络诈骗犯罪，且犯罪嫌疑人无法说明款项合法来源的，也不能简单将账户内的款项全部推定为"犯罪数额"。要根据在案其他证据，认定犯罪集团是否有其他收入来源，"违法所得"有无其他可能性。如果证据足以证实"违法所得"的排他性，则可以将"违法所得"均认定为犯罪数额。

（4）犯罪嫌疑人为实施犯罪购买作案工具、伪装道具、租用场地、交通工具甚至雇佣他人等诈骗成本不能从诈骗数额中扣除。对通过向被害人交付一定货币，进而骗取其信任并实施诈骗的，由于货币具有流通性和经济价值，该部分货币可以从诈骗数额中扣除。

2. 发送信息、拨打电话次数的认定

（1）拨打电话包括拨出诈骗电话和接听被害人回拨电话。反复拨打、接听同一电话号码，以及反复向同一被害人发送诈骗信息的，拨打、接听电话次数、发送信息条数累计计算。

（2）被害人是否接听、接收到诈骗电话、信息不影响次数、条数计算。

（3）通过语音包发送的诈骗录音或通过网络等工具辅助拨出的电话，应当认定为拨打电话。

（4）发送信息条数、拨打电话次数的证据难以收集的，可以根据经查证属实的日发送信息条数、日拨打人次数，结合犯罪嫌疑人实施犯罪的时间、犯罪嫌疑人的供述等相关证据予以认定。

（5）发送信息条数和拨打电话次数在法律及司法解释未明确的情况下不宜换算累加。

（四）共同犯罪及主从犯责任的认定

1. 对于三人以上为实施电信网络诈骗而组成的较为固定的犯罪组织，应当依法认定为犯罪集团。对于犯罪集团的首要分子，按照集团所犯全部犯罪处罚，并且对犯罪集团中组织、指挥、策划者和骨干分子依法从严惩处。

2. 对于其余主犯，按照其所参与或者组织、指挥的全部犯罪处罚。多人共同实施电信网络诈骗，犯罪嫌疑人、被告人应对其参与期间该诈骗团伙实施的全部诈骗行为承担责任。

3. 对于部分被招募发送信息、拨打电话的犯罪嫌疑人，应当对其参与期间整个诈骗团伙的诈骗行为承担刑事责任，但可以考虑参与时间较短、诈骗数额较低、发送信息、拨打电话较少，认定为从犯，从宽处理。

4. 对于专门取款人，由于其可在短时间内将被骗款项异地转移，对诈骗既遂起到了至关重要的作用，也大大增加了侦查和追赃难度，因此应按其在共同犯罪中的具体作用进行认定，不宜一律认定为从犯。

（五）关联犯罪事前通谋的审查

根据《意见》规定，明知是电信网络诈骗犯罪所得及其产生的收益，通过使用销售点终端机具（POS机）刷卡套现等非法途径，协助转换或者转移财物等五种方式转账、套现、取现的，需要与直接实施电信网络诈骗犯罪嫌疑人事前通谋的才以共同犯罪论处。因此，应当重点审查帮助转换或者转移财物行为人是否在诈骗犯罪既遂之前与实施诈骗犯罪嫌疑人共谋或者虽无共谋但明知他人实施犯罪而提供帮助。对于帮助者明知的内容和程度，并不要求其明知被帮助者实施诈骗行为的具体细节，其只要认识到对方实施诈骗犯罪行为即可。审查时，要根据犯罪嫌疑人的认知能力、既往经历、行为次数和手段、与他人关系、获利情况、是否曾因电信网络诈骗受过处罚以及是否故意规避调查等主客观因素分析认定。

（六）电子数据的审查

1. 电子数据真实性的审查

（1）是否移送原始存储介质；在原始存储介质无法封存、不便移动时，有无说明原因，并注明收集、提取过程及原始存储介质的存放地点或者电子数据的来源等情况。

（2）电子数据是否具有数字签名、数字证书等特殊标识。

（3）电子数据的收集、提取过程是否可以重现。

（4）电子数据如有增加、删除、修改等情形的，是否附有说明。

（5）电子数据的完整性是否可以保证。

2. 电子数据合法性的审查

（1）收集、提取电子数据是否由二名以上侦查

人员进行,取证方法是否符合相关技术标准。

（2）收集、提取电子数据,是否附有笔录、清单,并经侦查人员、电子数据持有人（提供人）、见证人签名或者盖章;没有持有人（提供人）签名或者盖章的,是否注明原因;对电子数据的类别、文件格式等是否注明清楚。

（3）是否依照有关规定由符合条件的人员担任见证人,是否对相关活动进行录像。

（4）电子数据检查是否将电子数据存储介质通过写保护设备接入到检查设备;有条件的,是否制作电子数据备份,并对备份进行检查;无法制作备份且无法使用写保护设备的,是否附有录像。

（5）通过技术侦查措施,利用远程计算机信息系统进行网络远程勘验收集到电子数据,作为证据使用的,是否随案移送批准采取技术侦查措施的法律文书和所收集的证据材料,是否对其来源等作出书面说明。

（6）对电子数据作出鉴定意见的鉴定机构是否具有司法鉴定资质。

3. 电子数据的采信

（1）经过公安机关补正或者作出合理解释可以采信的电子数据:未以封存状态移送的;笔录或者清单上没有侦查人员、电子数据持有人（提供人）、见证人签名或者盖章的;对电子数据的名称、类别、格式等注明不清的;有其他瑕疵的。

（2）不能采信的电子数据:电子数据系篡改、伪造或无法确定真伪的;电子数据有增加、删除、修改等情形,影响电子数据真实性的;其他无法保证电子数据真实性的情形。

（七）境外证据的审查

1. 证据来源合法性的审查

境外证据的来源包括:外交文件（国际条约、互助协议）;司法协助（刑事司法协助、平等互助原则）;警务合作（国际警务合作机制、国际刑警组织）。

由于上述来源方式均需要有法定的程序和条件,对境外证据的审查要注意:证据来源是否是通过上述途径收集,审查报批、审批手续是否完备,程序是否合法;证据材料移交过程是否合法,手续是否齐全,确保境外证据的来源合法性。

2. 证据转换的规范性审查

对于不符合我国证据种类和收集程序要求的境外证据,侦查机关要重新进行转换和固定,才能作为证据使用。注重审查:

（1）境外交接证据过程的连续性,是否有交接文书,交接文书是否包含接收证据。

（2）接收移交、开箱、登记时是否全程录像,确保交接过程的真实性,交接物品的完整性。

（3）境外证据按照我国证据收集程序重新进行固定的,依据相关规定进行,注意证据转换过程的连续性和真实性的审查。

（4）公安机关是否对境外证据来源、提取人、提取时间或者提供人、提供时间以及保管移交的过程等作出说明,有无对电子数据完整性等专门性问题的鉴定意见等。

（5）无法确认证据来源、证据真实性、收集程序违法无法补正等境外证据应予排除。

3. 其他来源的境外证据的审查

通过其他渠道收集的境外证据材料,作为证据使用的,应注重对其来源、提供人、提供时间以及提取人、提取时间进行审查。能够证明案件事实且符合刑事诉讼法规定的,可以作为证据使用。

三、社会危险性及羁押必要性审查

（一）审查逮捕

符合下列情形之一的,可以结合案件具体情况考虑认定犯罪嫌疑人具有社会危险性,有羁押必要:

1.《最高人民检察院、公安部关于逮捕社会危险性条件若干问题的规定（试行）》（高检会〔2015〕9号）规定的具有社会危险性情节。

2. 犯罪嫌疑人是诈骗团伙的首要分子或者主犯。对于首要分子,要重点审查其在电信网络诈骗集团中是否起到组织、策划、指挥作用。对于其他主犯,要重点审查其是否是犯意的发起者、犯罪的组织者、策划者、指挥者、主要责任者,是否参与了犯罪的全过程或关键环节以及在犯罪中所起的作用;诈骗团伙的具体管理者、组织者、招募者、电脑操盘人员、对诈骗成员进行培训的人员以及制作、提供诈骗方案、术语清单、语音包、信息的人员可以认定为主犯;取款组、供卡组、公民个人信息提供组等负责人,对维持诈骗团伙运转起着重要作用的,可以认定为主犯;对于其他实行犯是否属于主犯,主要通过其参加时段实施共同犯罪活动的程度、具体罪行的大小、对造成危害后果的作用等来认定。

3. 有证据证明犯罪嫌疑人实施诈骗行为,犯罪嫌疑人拒不供认或者作虚假供述的。

4. 有证据显示犯罪嫌疑人参与诈骗且既遂数额巨大、被害人众多,诈骗数额等需进一步核实的。

5. 有证据证明犯罪嫌疑人参与诈骗的时间长,应当明知诈骗团伙其他同案犯犯罪事实的,但犯罪嫌疑人拒绝指证或虚假指证的。

6. 其他具有社会危险性或羁押必要的情形。

在犯罪嫌疑人罪行较轻的前提下，根据犯罪嫌疑人在犯罪团伙中的地位、作用、参与时间、工作内容、认罪态度、悔罪表现等情节，结合案件整体情况，依据主客观相一致原则综合判断犯罪嫌疑人的社会危险性或者羁押必要性。在犯罪嫌疑人真诚认罪悔罪，如实供述且供述稳定的情况下，有下列情形的可以考虑社会危险性较小：

1. 预备犯、中止犯。

2. 直接参与诈骗的数额未达巨大，有自首、立功表现的。

3. 直接参与诈骗的数额未达巨大，参与时间短的发送信息、拨打电话人员。

4. 涉案数额未达巨大，受雇负责饮食、住宿等辅助工作人员。

5. 直接参与诈骗的数额未达巨大，积极退赃的从犯。

6. 被胁迫参加电信网络诈骗团伙，没有造成严重影响和后果的。

7. 其他社会危险性较小的情形。

需要注意的是，对犯罪嫌疑人社会危险性的把握，要根据案件社会影响、造成危害后果、打击力度的需要等多方面综合判断和考虑。

（二）审查起诉

在审查起诉阶段，要结合侦查阶段取得的事实证据，进一步引导侦查机关加大捕后侦查力度，及时审查新证据。在羁押期限届满前对全案进行综合审查，对于未达到逮捕证明标准的，撤销原逮捕决定。

经羁押必要性审查，发现犯罪嫌疑人具有下列情形之一的，应当向办案机关提出释放或者变更强制措施的建议：

1. 案件证据发生重大变化，没有证据证明有犯罪事实或者犯罪行为系犯罪嫌疑人、被告人所为的。

2. 案件事实或者情节发生变化，犯罪嫌疑人、被告人可能被判处拘役、管制、独立适用附加刑、免予刑事处罚或者判决无罪的。

3. 继续羁押犯罪嫌疑人、被告人，羁押期限将超过依法可能判处的刑期的。

4. 案件事实基本查清，证据已经收集固定，符合取保候审或者监视居住条件的。

经羁押必要性审查，发现犯罪嫌疑人、被告人具有下列情形之一，且具有悔罪表现，不予羁押不致发生社会危险性的，可以向办案机关提出释放或者变更强制措施的建议：

1. 预备犯或者中止犯；共同犯罪中的从犯或者胁从犯。

2. 主观恶性较小的初犯。

3. 系未成年人或者年满七十五周岁的人。

4. 与被害方依法自愿达成和解协议，且已经履行或者提供担保的。

5. 患有严重疾病、生活不能自理的。

6. 系怀孕或者正在哺乳自己婴儿的妇女。

7. 系生活不能自理的人的唯一扶养人。

8. 可能被判处一年以下有期徒刑或者宣告缓刑的。

9. 其他不需要继续羁押犯罪嫌疑人、被告人的情形。

最高人民检察院关于印发《检察机关办理侵犯公民个人信息案件指引》的通知

2018 年 11 月 9 日　高检发侦监字〔2018〕13 号

各省、自治区、直辖市人民检察院，新疆生产建设兵团人民检察院：

《检察机关办理侵犯公民个人信息案件指引》

已经 2018 年 8 月 24 日最高人民检察院第十三届检察委员会第五次会议通过，现印发你们，供参考。

检察机关办理侵犯公民个人信息案件指引

目　次

根据《中华人民共和国刑法》第二百五十三条之一的规定，侵犯公民个人信息罪是指违反国家有关规定，向他人出售、提供公民个人信息，或者通过窃取等方法非法获取公民个人信息，情节严重的行为。结合《最高人民法院、最高人民检察院关于办理侵犯公民个人信息刑事案件适用法律若干问题的解释》（法释〔2017〕10号）（以下简称《解释》），办理侵犯公民个人信息案件，应当特别注意以下问题：一是对"公民个人信息"的审查认定；二是对"违反国家有关规定"的审查认定；三是对"非法获取"的审查认定；四是对"情节严重"和"情节特别严重"的审查认定；五是对关联犯罪的审查认定。

一、审查证据的基本要求

（一）审查逮捕

1. 有证据证明发生了侵犯公民个人信息犯罪事实

（1）证明侵犯公民个人信息案件发生

主要证据包括：报案登记、受案登记、立案决定书、破案经过、证人证言、被害人陈述、犯罪嫌疑人供述和辩解以及证人、被害人提供的短信、微信或QQ截图等电子数据。

（2）证明被侵犯对象系公民个人信息

主要证据包括：扣押物品清单、勘验检查笔录、电子数据、司法鉴定意见及公民信息查询结果说明、被害人陈述、被害人提供的原始信息资料和对比资料等。

2. 有证据证明侵犯公民个人信息行为是犯罪嫌疑人实施的

（1）证明违反国家有关规定的证据：犯罪嫌疑人关于所从事的职业的供述、其所在公司的工商注册资料、公司出具的犯罪嫌疑人职责范围说明、劳动合同、保密协议及公司领导、同事关于犯罪嫌疑人职责范围的证言等。

（2）证明出售、提供行为的证据：远程勘验笔录及QQ、微信等即时通讯工具聊天记录、论坛、贴吧、电子邮件、手机短信记录等电子数据，证明犯罪嫌疑人通过上述途径向他人出售、提供、交换公民个人信息的情况。公民个人信息贩卖者、提供者、担保交易人及购买者、收受者的证言或供述，相关银行账户明细、第三方支付平台账户明细，证明出售公民个人信息违法所得情况。此外，如果犯罪嫌疑人系通过信息网络发布方式提供公民个人信息，证明该行为的证据还包括远程勘验笔录、扣押笔录、扣押物品清单、对手机、电脑存储介质、云盘、FTP等的司法鉴定意见等。

（3）证明犯罪嫌疑人或公民个人信息购买者、收受者控制涉案信息的证据：搜查笔录、扣押笔录、扣押物品清单，对手机、电脑存储介质等的司法鉴定意见等，证实储存有公民个人信息的电脑、手机、U盘或者移动硬盘、云盘、FTP等介质与犯罪嫌疑人或公民个人信息购买者、收受者的关系。犯罪嫌疑人供述、辨认笔录及证人证言等，证实犯罪嫌疑人或公民个人信息购买者、收受者所有或实际控制、使用涉案存储介质。

（4）证明涉案公民个人信息真实性的证据：被害人陈述、被害人提供的原始信息资料、公安机关或相关单位出具的涉案公民个人信息与权威数据库内信息同一性的比对说明。针对批量的涉案公民个人信息的真实性问题,根据《解释》精神,可以根据查获的数量直接认定,但有证据证明信息不真实或重复的除外。

(5)证明违反国家规定,通过窃取、购买、收受、交换等方式非法获取公民个人信息的证据:主要证据与上述以出售、提供方式侵犯公民个人信息行为的证据基本相同。针对窃取的方式如通过技术手段非法获取公民个人信息的行为,需证明犯罪嫌疑人实施上述行为,除被害人陈述、犯罪嫌疑人供述和辩解外,还包括侦查机关从被害公司数据库中发现入侵电脑 IP 地址情况、从犯罪嫌疑人电脑中提取的侵入被害公司数据的痕迹等现场勘验检查笔录,以及涉案程序(木马)的司法鉴定意见等。

3. 有证据证明犯罪嫌疑人具有侵犯公民个人信息的主观故意

(1)证明犯罪嫌疑人明知没有获取、提供公民个人信息的法律依据或资格,主要证据包括:犯罪嫌疑人的身份证明、犯罪嫌疑人关于所从事职业的供述、其所在公司的工商资料和营业范围、公司关于犯罪嫌疑人的职责范围说明、公司主要负责人的证人证言等。

(2)证明犯罪嫌疑人积极实施窃取、出售、提供、购买、交换、收受公民个人信息的行为,主要证据除了证人证言、犯罪嫌疑人供述和辩解外,还包括远程勘验笔录、手机短信记录、即时通讯工具聊天记录、电子数据司法鉴定意见、银行账户明细、第三方支付平台账户明细等。

4. 有证据证明"情节严重"或"情节特别严重"

(1)公民个人信息购买者或收受者的证言或供述。

(2)公民个人信息购买、收受公司工作人员利用公民个人信息进行电话或短信推销、商务调查等经营性活动后出具的证言或供述。

(3)公民个人信息购买者或者收受者利用所获信息从事违法犯罪活动后出具的证言或供述。

(4)远程勘验笔录、电子数据司法鉴定意见书、最高人民检察院或公安部指定的机构对电子数据涉及的专门性问题出具的报告、公民个人信息资料等。证明犯罪嫌疑人通过即时通讯工具、电子邮箱、论坛、贴吧、手机等向他人出售、提供、购买、交换、收受公民个人信息的情况。

(5)银行账户明细、第三方支付平台账户明细。

(6)死亡证明、伤情鉴定意见、医院诊断记录、经济损失鉴定意见、相关案件起诉书、判决书等。

(二)审查起诉

除审查逮捕阶段证据审查基本要求之外,对侵犯公民个人信息案件的审查起诉工作还应坚持"犯罪事实清楚,证据确实、充分"的标准,保证定罪量刑的事实都有证据证明;据以定案的证据均经法定程序查证属实;综合全案证据,对所认定的事实已排除合理怀疑。

1. 有确实充分的证据证明发生了侵犯公民个人信息犯罪事实。该证据与审查逮捕的证据类型相同。

2. 有确实充分的证据证明侵犯公民个人信息行为是犯罪嫌疑人实施的

(1)对于证明犯罪行为是犯罪嫌疑人实施的证据审查,需要结合《解释》精神,准确把握对"违反国家有关规定""出售、提供行为""窃取或以其他方法"的认定。

(2)对证明违反国家有关规定的证据审查,需要明确国家有关规定的具体内容,违反法律、行政法规、部门规章有关公民个人信息保护规定的,应当认定为刑法第二百五十三条之一规定的"违反国家有关规定"。

(3)对证明出售、提供行为的证据审查,应当明确"出售、提供"包括在履职或提供服务的过程中将合法持有的公民个人信息出售或者提供给他人的行为:向特定人提供、通过信息网络或者其他途径发布公民个人信息、未经被收集者同意,将合法收集的公民个人信息(经过处理无法识别特定个人且不能复原的除外)向他人提供的,均属于刑法第二百五十三条之一规定的"提供公民个人信息"。应当全面审查犯罪嫌疑人所出售提供公民个人信息的来源、途经与去向,对相关供述、物证、书证、证人证言、被害人陈述、电子数据等证据种类进行综合审查,针对使用信息网络进行犯罪活动的,需要结合专业知识,根据证明该行为的远程勘验笔录、扣押笔录、扣押物品清单、电子存储介质、网络存储介质等的司法鉴定意见进行审查。

(4)对证明通过窃取或以其他非法方法获取公民个人信息等方式非法获取公民个人信息的证据审查,应当明确"以其他方法获取公民个人信息"包括购买、收受、交换等方式获取公民个人信息,或者在履行职责、提供服务过程中收集公民个人信息的行为。

针对窃取行为,如通过信息网络窃取公民个人信息,则应当结合犯罪嫌疑人供述、证人证言、被害人陈述,着重审查证明犯罪嫌疑人侵入信息网络、数据库时的 IP 地址、MAC 地址、侵入工具、侵入痕迹等内容的现场勘验检查笔录以及涉案程序(木马)的司法鉴定意见等。

针对购买、收受、交换行为,应当全面审查购买、收受、交换公民个人信息的来源、途经、去向,结合犯罪嫌疑人供述和辩解、辨认笔录、证人证言等证据,对搜查笔录、扣押笔录、扣押物品清单、涉案电子存储介质等司法鉴定意见进行审查,明确上述证据同犯罪嫌疑人或公民个人信息购买、收受、交换者之间的关系。

针对履行职责、提供服务过程中收集公民个人信息的行为,应当审查证明犯罪嫌疑人所从事职业及其所负职责的证据,结合法律、行政法规、部门规章等国家有关公民个人信息保护的规定,明确犯罪嫌疑人的行为属于违反国家有关规定,以其他方法非法获取公民个人信息的行为。

(5)对证明涉案公民个人信息真实性证据的审查,应当着重审查被害人陈述、被害人提供的原始信息资料、公安机关或其他相关单位出具的涉案公民个人信息与权威数据库内信息同一性的对比说明。对批量的涉案公民个人信息的真实性问题,根据《解释》精神,可以根据查获的数量直接认定,但有证据证明信息不真实或重复的除外。

3. 有确实充分的证据证明犯罪嫌疑人具有侵犯公民个人信息的主观故意

(1)对证明犯罪嫌疑人主观故意的证据审查,应当综合审查犯罪嫌疑人的身份证明、犯罪嫌疑人关于所从事职业的供述,其所在公司的工商资料和营业范围、公司关于犯罪嫌疑人的职责范围说明、公司主要负责人的证人证言等,结合国家公民个人信息保护的相关规定,夯实犯罪嫌疑人在实施犯罪时的主观明知。

(2)对证明犯罪嫌疑人积极实施窃取或者以其他方法非法获取公民个人信息行为的证据审查,应当结合犯罪嫌疑人供述、证人证言,着重审查远程勘验笔录、手机短信记录、即时通讯工具聊天记录、电子数据司法鉴定意见、银行账户明细、第三方支付平台账户明细等,明确犯罪嫌疑人在实施犯罪时的积极作为。

4. 有确实充分的证据证明"情节严重"或"情节特别严重"。该证据与审查逮捕的证据类型相同。

二、需要特别注意的问题

在侵犯公民个人信息案件审查逮捕、审查起诉中,要根据相关法律、司法解释等规定,结合在案证据,重点注意以下问题:

(一)对"公民个人信息"的审查认定

根据《解释》的规定,公民个人信息是指以电子或者其他方式记录的能够单独或者与其他信息结合识别特定自然人身份或者反映特定自然人活动情况的各种信息,包括姓名、身份证件号码、通信通讯联系方式、住址、账号密码、财产状况、行踪轨迹等。经过处理无法识别特定自然人且不能复原的信息,虽然也可能反映自然人活动情况,但与特定自然人无直接关联,不属于公民个人信息的范畴。

对于企业工商登记等信息中所包含的手机、电话号码等信息,应当明确该号码的用途。对由公司购买、使用的手机、电话号码等信息,不属于个人信息的范畴,从而严格区分"手机、电话号码等由公司购买,归公司使用"与"公司经办人在工商登记等活动中登记个人电话、手机号码"两种不同情形。

(二)对"违反国家有关规定"的审查认定

《中华人民共和国刑法修正案(九)》将原第二百五十三条之一的"违反国家规定"修改为"违反国家有关规定",后者的范围明显更广。根据刑法第九十六条的规定,"国家规定"仅限于全国人大及其常委会制定的法律和决定,国务院制定的行政法规、规定的行政措施、发布的决定和命令。而"国家有关规定"还包括部门规章,这些规定散见于金融、电信、交通、教育、医疗、统计、邮政等领域的法律、行政法规或部门规章中。

(三)对"非法获取"的审查认定

在窃取或者以其他方法非法获取公民个人信息的行为中,需要着重把握"其他方法"的范围问题。"其他方法",是指"窃取"以外、与窃取行为具有同等危害性的方法,其中,购买是最常见的非法获取手段。侵犯公民个人信息犯罪作为电信网络诈骗的上游犯罪,诈骗分子往往先通过网络向他人购买公民个人信息,然后自己直接用于诈骗或转发给其他同伙用于诈骗,诈骗分子购买公民个人信息的行为属于非法获取行为,其同伙接收公民个人信息的行为明显也属于非法获取行为。同时,一些房产中介、物业管理公司、保险公司、担保公司的业务员往往与同行通过 QQ、微信群互相交换各自掌握的客户信息，这种交换行为也属于非法获取行为。此外，行为人在履行职责、提供服务过程中，违反国家有关规定，未经他人同意收集公民个人信息，或者收集与提供的服务无关的公民个人信息的，也属于非法获取公民个人信息的行为。

（四）对"情节严重"和"情节特别严重"的审查认定

1. 关于"情节严重"的具体认定标准，根据《解释》第五条第一款的规定，主要涉及五个方面：

（1）信息类型和数量。①行踪轨迹信息、通信内容、征信信息、财产信息，此类信息与公民人身、财产安全直接相关，数量标准为五十条以上，且仅限于上述四类信息，不允许扩大范围。对于财产信息，既包括银行、第三方支付平台、证券期货等金融服务账户的身份认证信息（一组确认用户操作权限的数据，包括账号、口令、密码、数字证书等），也包括存款、房产、车辆等财产状况信息。②住宿信息、通信记录、健康生理信息、交易信息等可能影响公民人身、财产安全的信息，数量标准为五百条以上，此类信息也与人身、财产安全直接相关，但重要程度要弱于行踪轨迹信息、通信内容、征信信息、财产信息。对"其他可能影响人身、财产安全的公民个人信息"的把握，应当确保所适用的公民个人信息涉及人身、财产安全，且与"住宿信息、通信记录、健康生理信息、交易信息"在重要程度上具有相当性。③除上述两类信息以外的其他公民个人信息，数量标准为五千条以上。

（2）违法所得数额。对于违法所得，可直接以犯罪嫌疑人出售公民个人信息的收入予以认定，不必扣减其购买信息的犯罪成本。同时，在审查认定违法所得数额过程中，应当以查获的银行交易记录、第三方支付平台交易记录、聊天记录、犯罪嫌疑人供述、证人证言综合予以认定，对于犯罪嫌疑人无法说明合法来源的用于专门实施侵犯公民个人信息犯罪的银行账户或第三方支付平台账户内资金收入，可综合全案证据认定为违法所得。

（3）信息用途。公民个人信息被他人用于违法犯罪活动的，不要求他人的行为必须构成犯罪，只要行为人明知他人非法获取公民个人信息用于违法犯罪活动即可。

（4）主体身份。如果行为人将在履行职责或者提供服务过程中获得的公民个人信息出售或者提供给他人的，涉案信息数量、违法所得数额只要

达到一般主体的一半，即可认为"情节严重"。

（5）主观恶性。曾因侵犯公民个人信息受过刑事处罚或者二年内受过行政处罚，又非法获取、出售或者提供公民个人信息的，即可认为"情节严重"。

2. 关于"情节特别严重"的认定标准，根据《解释》，主要分为两类：一是信息数量、违法所得数额标准。二是信息用途引发的严重后果，其中造成人身伤亡、经济损失、恶劣社会影响等后果，需要审查认定侵犯公民个人信息的行为与严重后果间存在因果关系。

对于涉案公民个人信息数量的认定，根据《解释》第十一条，非法获取公民个人信息后又出售或者提供的，公民个人信息的条数不重复计算；向不同单位或者个人分别出售、提供同一公民个人信息的，公民个人信息的条数累计计算；对批量出售、提供公民个人信息的条数，根据查获的数量直接认定，但是有证据证明信息不真实或者重复的除外。在实践中，如犯罪嫌疑人多次获取同一条公民个人信息，一般认定为一条，不重复累计；但获取的该公民个人信息内容发生了变化的除外。

对于涉案公民个人信息的数量、社会危害性等因素的审查，应当结合刑法第二百五十三条和《解释》的规定进行综合审查。涉案公民个人信息数量极少，但造成被害人死亡等严重后果的，应审查犯罪嫌疑人行为与该后果之间的因果关系，符合条件的，可以认定为实施《解释》第五条第一款第十项"其他情节严重的情形"的行为，造成被害人死亡等严重后果，从而认定为"情节特别严重"。如涉案公民个人信息数量较多，但犯罪嫌疑人仅仅获取而未向他人出售或提供，则可以在认定相关犯罪事实的基础上，审查该行为是否符合《解释》第五条第一款第三、四、五、六、九项及第二款第三项的情形，符合条件的，可以分别认定为"情节严重""情节特别严重"。

此外，针对为合法经营活动而购买、收受公民个人信息的行为，在适用《解释》第六条的定罪量刑标准时须满足三个条件：一是为了合法经营活动，对此可以综合全案证据认定，但主要应当由犯罪嫌疑人一方提供相关证据；二是限于普通公民个人信息，即不包括可能影响人身、财产安全的敏感信息；三是信息没有再流出扩散，即行为方式限于购买、收受。如果将购买、收受的公民个人信息非法出售或者提供的，定罪量刑标准应当适用《解释》第五条的规定。

（五）对关联犯罪的审查认定

对于侵犯公民个人信息犯罪与电信网络诈骗犯罪相交织的案件，应严格按照《最高人民法院、最高人民检察院、公安部关于办理电信网络诈骗等刑事案件适用法律若干问题的意见》（法发〔2016〕32号）的规定进行审查认定，即通过认真审查非法获取、出售、提供公民个人信息的犯罪嫌疑人对电信网络诈骗犯罪的参与程度，结合能够证实其认知能力的学历文化、聊天记录、通话频率、获取固定报酬还是参与电信网络诈骗犯罪分成等证据，分析判断其是否属于诈骗共同犯罪、是否应该数罪并罚。

根据《解释》第八条的规定，设立用于实施出售、提供或者非法获取公民个人信息违法犯罪活动的网站、通讯群组，情节严重的，应当依照刑法第二百八十七条之一的规定，以非法利用信息网络罪定罪；同时构成侵犯公民个人信息罪的，应当认定为侵犯公民个人信息罪。

对于违反国家有关规定，采用技术手段非法侵入合法存储公民个人信息的单位数据库窃取公民个人信息的行为，也符合刑法第二百八十五条第二款非法获取计算机信息系统数据罪的客观特征，同时触犯侵犯公民个人信息罪和非法获取计算机信息系统数据罪的，应择一重罪论处。

此外，针对公安民警在履行职责过程中，违反国家有关规定，查询、提供公民个人信息的情形，应当认定为"违反国家有关规定，将在履行职责或者提供服务过程中以其他方法非法获取或提供公民个人信息"。但同时，应当审查犯罪嫌疑人除该行为之外有无其他行为侵害其他法益，从而对可能存在的其他犯罪予以准确认定。

三、社会危险性及羁押必要性审查

（一）审查逮捕

1. 犯罪动机：一是出售牟利；二是用于经营活动；三是用于违法犯罪活动。犯罪动机表明犯罪嫌疑人主观恶性，也能证明犯罪嫌疑人是否可能实施新的犯罪。

2. 犯罪情节。犯罪嫌疑人的行为直接反映其人身危险性。具有下列情节的侵犯公民个人信息犯罪，能够证实犯罪嫌疑人主观恶性和人身危险性较大，实施新的犯罪的可能性也较大，可以认为具有较大的社会危险性：一是犯罪持续时间较长、多次实施侵犯公民个人信息犯罪的；二是被侵犯的公民个人信息数量或违法所得巨大的；三是利用公民

个人信息进行违法犯罪活动的；四是犯罪手段行为本身具有违法性或者破坏性，即犯罪手段恶劣的，如骗取、窃取公民个人信息，采取胁迫、植入木马程序侵入他人计算机系统等方式非法获取信息。

犯罪嫌疑人实施侵犯公民个人信息犯罪，不属于"情节特别严重"，系初犯，全部退赃，并确有悔罪表现的，可以认定社会危险性较小，没有逮捕必要。

（二）审查起诉

在审查起诉阶段，要结合侦查阶段取得的事实证据，进一步引导侦查机关加大捕后侦查力度，及时审查新证据。在羁押期限届满前对全案进行综合审查，对于未达到逮捕证明标准的，撤销原逮捕决定。

经羁押必要性审查，发现犯罪嫌疑人具有下列情形之一的，应当向办案机关提出释放或者变更强制措施的建议：

1. 案件证据发生重大变化，没有证据证明有犯罪事实或者犯罪行为系犯罪嫌疑人、被告人所为的。

2. 案件事实或者情节发生变化，犯罪嫌疑人、被告人可能被判处拘役、管制、独立适用附加刑、免予刑事处罚或者判决无罪的。

3. 继续羁押犯罪嫌疑人、被告人，羁押期限将超过依法可能判处的刑期的。

4. 案件事实基本查清，证据已经收集固定，符合取保候审或者监视居住条件的。

经羁押必要性审查，发现犯罪嫌疑人、被告人具有下列情形之一，且具有悔罪表现，不予羁押不致发生社会危险性的，可以向办案机关提出释放或者变更强制措施的建议：

1. 预备犯或者中止犯；共同犯罪中的从犯或者胁从犯。

2. 主观恶性较小的初犯。

3. 系未成年人或者年满七十五周岁的人。

4. 与被害方依法自愿达成和解协议，且已经履行或者提供担保的。

5. 患有严重疾病、生活不能自理的。

6. 系怀孕或者正在哺乳自己婴儿的妇女。

7. 系生活不能自理的人的唯一扶养人。

8. 可能被判处一年以下有期徒刑或者宣告缓刑的。

9. 其他不需要继续羁押犯罪嫌疑人、被告人的情形。

最高人民检察院关于检察机关贯彻落实科技创新、健康中国和产权保护"三个意见"情况的通报

2018 年 11 月 23 日　高检发研字〔2018〕29 号

各省、自治区、直辖市人民检察院，解放军军事检察院，新疆生产建设兵团人民检察院：

2016 年以来，为贯彻落实党中央有关工作部署和习近平总书记重要讲话精神，最高人民检察院先后制发《关于充分发挥检察职能依法保障和促进科技创新的意见》（高检发〔2016〕9 号，以下简称《科技创新意见》）、《关于全面履行检察职能为推进健康中国建设提供有力司法保障的意见》（高检发〔2016〕12 号，以下简称《健康中国意见》）和《关于充分履行检察职能加强产权司法保护的意见》（高检发〔2017〕1 号，以下简称《产权保护意见》）。2018 年 6 月，高检院法律政策研究室组织召开座谈会，听取北京、吉林、上海、浙江、福建、山东、湖北等七个省级人民检察院贯彻执行"三个意见"的情况，就相关典型案例、办案数据和工作情况对部分地区作了重点调研。现将有关情况通报如下。

一、基本情况

"三个意见"印发以来，各地贯彻落实新发展理念，以法律监督工作的高质量保障经济发展的高质量，在保障和促进科技创新、推进健康中国建设和加强产权司法保护方面取得了积极成效。

（一）提高认识，主动作为，将贯彻执行"三个意见"融入经济社会发展大局

"三个意见"下发后，各地迅速传达学习，将执行"三个意见"融入本地经济社会发展大局。北京市院召开党组会及时学习《产权保护意见》，按照北京市委常委、政法委书记张延昆同志在《关于组织研究开展完善产权保护制度有关情况的报告》上批示"此工作对北京科技中心建设意义重大"的要求，着重强调全市各级检察机关要站在服务首都经济社会发展大局的高度，贯彻落实中央、北京

市委、高检院的决策部署和北京市委政法委的要求。吉林省院落实《健康中国意见》相关要求，会同省政府及省直 10 个部门、6 个市州政府开展长白山生态保护检察监督专项行动，积极推动长白山修复工程。吉林省委书记巴音朝鲁同志评价这项工作意义重大，体现了省检察院高度的政治自觉和责任担当。

（二）改进办案方式方法，细化"三个意见"具体要求

各地严格按照"三个意见"，因地制宜提出具体办案要求和措施。湖北省院制发《关于充分发挥检察职能依法服务和保障创新驱动发展的实施意见》，提出对各类市场主体依法平等保护，不分国有民营、规模大小、本地外地，做到用"一把尺子来量"。福建省检察机关建立涉企案件社会影响评估机制，对涉及规模大、就业人口多的非公有制企业，全面评估办案可能对企业经营活动产生的影响，做到"三个考虑到"，慎重把握办案节奏和办案时机。浙江省检察机关贯彻宽严相济刑事政策，严格把握采取人身、财产强制性措施的司法适用标准，最大化、最优化依法保障和服务科技创新单位和人员。

（三）延伸监督触角，努力提高法律服务的能力和水平

各地立足法律监督职能，拓展法律服务渠道。吉林省检察机关开展"双千服务活动"，全省三级院检察长与 1050 户重点民营企业、1058 个重大项目加强服务保障联系，为企业和项目解决科技创新、产权保护各类问题 1450 余个。山东省检察机关设立检察宣告制度，听取各方诉求和意见，现场宣布检察决定，并公开阐明事实和理由。在实现案结事了的同时，落实"谁执法谁普法"，加强法治宣传教育。浙江省检察机关探索"最多跑一次工作机制"，

为当事人寻求法律咨询、权利救济提供更加便捷高效的服务。

(四)加强组织领导和协作配合,形成保障整体合力

各地按照"三个意见"提出的具体要求,切实加强组织领导,强化协调配合。湖北省院明确要求将"保护生态环境、促进绿色发展"专项法律监督工作作为各级院"一把手工程",各级院检察长作为第一责任人。上海普陀区院与区工商联、区法院、区人社局联合签署《关于建立保障非公有制经济发展"民商事协调"协作机制的实施意见》,建立健全联席会议、协同研究、专家共享等工作机制。

二、存在的主要问题

从调研和座谈情况看,各地在贯彻落实"三个意见"过程中还存在一些问题和薄弱环节。

(一)落实意见与司法办案不能有效衔接

"三个意见"下发后,有的地方政治站位不高,对"三个意见"学习研究不够,没有就贯彻落实作出专门部署;有的地方办案意识不强,以文件落实文件,没有提出具体办案举措;有的地方指导督促不实,司法"神经末梢"不敏感,个别一线办案检察官办案时仍旧"以不变应万变",出现就事论事、就案办案的情况。

(二)法律政策界限把握不够精准

部分地方反映,具体办案中贯彻执行"三个意见",涉及新型犯罪和前沿性问题仍较难把握。例如,随着网络信息技术快速发展,利用互联网实施侵犯知识产权犯罪等新情况新问题不断出现,实践中办理侵犯知识产权犯罪案件存在查处难、取证难、认定难等问题。办理破坏环境资源保护和危害食品药品安全犯罪案件,有的鉴定机构缺乏鉴定资质,鉴定程序不规范,直接影响案件证据效力。个别地方不重视改进办案方式方法,重打击轻保护的办案惯性仍旧存在。例如,《科技创新意见》明确提出,"对于重点科研单位、重大科研项目关键岗位的涉案科研人员,尽量不使用拘留、逮捕等强制措施"。一些地方办理科研项目负责人涉嫌贪污、挪用公款犯罪案件,仍对犯罪嫌疑人一律采取逮捕强制措施。

(三)法律服务的能力和水平有待进一步提升

各地普遍反映,目前检察机关掌握科技创新、产权保护、食品药品和环境保护等方面知识的专业

人才缺乏,检察官素质与办案要求还有一定差距。还有的地方反映,检察机关内设机构的"分段设置"不利于专业化人才的培养。例如,有的地方法院设立了专业化机构——知识产权庭,但检察院产权保护案件和其他案件一样在侦监、公诉、民行等部门办理,缺少专业化的办案部门和统一的协调组织机构。

(四)协作配合工作机制还需进一步加强

有的地方反映,在执行"三个意见"过程中,存在检察机关一头热现象,许多部门消极应付甚至不配合检察机关的情况时有发生。有的地方反映,检察机关监督方法和手段单一,部分民事案件办理效果不佳。例如,产权保护民事案件往往案情复杂、案外因素多、当事人对抗情绪激烈,检察机关仅能作出支持监督或者不支持监督的决定,但后续社会问题不能解决,难以做到定分止争。也有地方反映,部门利益、地方保护主义仍在一定程度上干扰执法和司法活动,影响"三个意见"执行效果。

三、下一步工作意见

(一)以办案为中心,增强落实"三个意见"的实效

"三个意见"作为司法政策性文件,主要规定原则和导向,贯彻执行要落实到具体办案。一是要立足办案,将"三个意见"提出的政策把握和办案要求落实到开展的检察专项活动或者重点工作中。例如,高检院开展的"两个专项立案监督活动"对各地贯彻执行《健康中国意见》提供了很好的切入点和落脚点,集中力量办理一批有影响的涉产权刑事申诉、国家赔偿和赔偿监督案件,全力推进公益诉讼等重点工作,是贯彻执行《产权保护意见》的重要抓手。二是要重视发挥案例的指导作用,适时下发相关指导性案例或者典型案例,进一步细化"三个意见"的相关要求,为基层执法司法办案提供参照和指导。三是要强化办案指引,梳理和总结办案经验,对一些新型犯罪和专业性较强的案件,如知识产权犯罪、网络犯罪等案件,明确证据收集、固定、审查运用的标准等具体办案要求。

(二)聚焦法律监督主业,不断创新办案方式方法

"三个意见"提出全面履行检察职能,加大对相关领域犯罪打击力度,并就改进办案方式方法提出了明确要求。一是要加强批捕、起诉工作。

对于严重侵犯科技创新、产权保护,破坏环境资源和危害食品药品安全的犯罪案件实行挂牌督办和重大敏感案件快速反应机制,及时介入侦查引导取证,强化侦、捕、诉衔接,依法从严从快批捕、起诉。二是要强化刑事诉讼监督。各地可以结合地区具体情况,细化相关犯罪案件的审查逮捕质量标准,建立审查逮捕质量分析评查制度,促进解决适用强制措施、查封扣押冻结款物不当等问题。三是要做实民事行政检察、做强公益诉讼检察工作。例如,贯彻《健康中国意见》,办理环境污染民事行政诉讼监督案件,要正确行使调查核实权,依法提出抗诉或者检察建议;办理生态环境和资源保护、食品药品安全等领域的民事、行政公益诉讼案件,要实现行政公益诉讼与民事公益诉讼的有效衔接,充分运用检察建议、支持起诉、公益诉讼等监督方式方法。

(三)以追求极致的专业精神,进一步提高法律服务的能力和水平

贯彻执行"三个意见",必须具备专业精神和专业能力,提高检察队伍的能力素质是基础和保证。一是上级人民检察院特别是省级人民检察院要切实担负起贯彻执行"三个意见"的对下业务指导和工作督促职责。通过检查督导、派员指导、调研座谈、现场推进会等多种形式,明实情出实招,帮助下级院解决困难和问题。二是要加强相关案件司法办案能力建设。加大教育培训力度,坚持缺什么补什么,针对科技创新、知识产权、食品药品和环境保护等领域的专业知识缺乏、鉴定困难等问题,开展案例研讨、证据审查练兵、办案技能演练交流等形式多样的培训,让检察官教检察官,提升办案实战能力。三是要学会借助"外脑"。按照最高人民检察院《关于指派、聘请有专门知识的人参与办案若

干问题的规定(试行)》,充分调动科技创新、产权保护、食品药品和环境保护等特定领域具有专业技术性知识和经验的专家资源,为办案工作提供有力的智力支持。四是要科学设置办案机构,助力提升办案专业化和精细化水平。整合相关办案力量,推行专门的办案机构或者办案小组,试行知识产权等案件集中管辖。实行"捕诉合一"办案模式,保障办案质量和效率。

(四)在办案中沟通,在协作中监督,努力形成双赢多赢共赢格局

贯彻执行"三个意见",要正确认识检察机关履行法律监督职责的价值和功能,建立监督与被监督的良性关系,实现双赢、多赢、共赢,形成合力。一是要加强与执法司法部门的协作配合。注重与公安、法院密切沟通,针对相关案件定性、追诉标准、鉴定标准等容易发生争议的问题,通过参考指导性案例、定期召开典型案件评审会等形式统一类案执法司法标准。二是要加强与政府有关部门的工作沟通。深入分析和把握影响科技创新、健康中国、产权保护的深层次问题,对于体制机制及政策制定、执行中的问题,及时向主管部门通报,积极提出消除隐患、强化管理的检察建议,采取问询、走访、不定期会商、召开联席会议等方式跟踪督促,协助被建议单位整改落实。三是要加强与社会各界的联系。主动加强与非公有制经济人士、科技、教育和卫生界人士的密切联系,加强与主流媒体、重点商业媒体和自媒体的联系协作,通过多种途径宣传检察机关贯彻执行"三个意见"的工作成效、经验做法和典型案例,及时回应社会关切,凝聚社会共识,努力推动贯彻落实"三个意见"实现政治效果、社会效果和法律效果的有机统一。

最高人民检察院关于印发《关于人民检察院立案侦查司法工作人员相关职务犯罪案件若干问题的规定》的通知

2018 年 11 月 24 日 高检发研字〔2018〕28 号

各省、自治区、直辖市人民检察院,解放军军事检察院,新疆生产建设兵团人民检察院:

《关于人民检察院立案侦查司法工作人员相关职务犯罪案件若干问题的规定》已经 2018 年 11 月 1 日最高人民检察院第十三届检察委员会第八次会议通过，现印发给你们，请遵照执行。执行中遇到的问题，及时向最高人民检察院报告。

关于人民检察院立案侦查司法工作人员相关职务犯罪案件若干问题的规定

2018 年 10 月 26 日，第十三届全国人民代表大会常务委员会第六次会议审议通过了《关于修改〈中华人民共和国刑事诉讼法〉的决定》。修改后的《刑事诉讼法》第十九条第二款规定："人民检察院在对诉讼活动实行法律监督中发现的司法工作人员利用职权实施的非法拘禁、刑讯逼供、非法搜查等侵犯公民权利、损害司法公正的犯罪，可以由人民检察院立案侦查。"为做好人民检察院与监察委员会案件管辖范围的衔接，对在诉讼监督中发现的司法工作人员利用职权实施的侵犯公民权利、损害司法公正的犯罪依法履行侦查职责，作出如下规定：

一、案件管辖范围

人民检察院在对诉讼活动实行法律监督中，发现司法工作人员涉嫌利用职权实施的下列侵犯公民权利、损害司法公正的犯罪案件，可以立案侦查：

1. 非法拘禁罪（刑法第二百三十八条）（非司法工作人员除外）；

2. 非法搜查罪（刑法第二百四十五条）（非司法工作人员除外）；

3. 刑讯逼供罪（刑法第二百四十七条）；

4. 暴力取证罪（刑法第二百四十七条）；

5. 虐待被监管人罪（刑法第二百四十八条）；

6. 滥用职权罪（刑法第三百九十七条）（非司法工作人员滥用职权侵犯公民权利、损害司法公正的情形除外）；

7. 玩忽职守罪（刑法第三百九十七条）（非司法工作人员玩忽职守侵犯公民权利、损害司法公正的情形除外）；

8. 徇私枉法罪（刑法第三百九十九条第一款）；

9. 民事、行政枉法裁判罪（刑法第三百九十九条第二款）；

10. 执行判决、裁定失职罪（刑法第三百九十九条第三款）；

11. 执行判决、裁定滥用职权罪（刑法第三百九十九条第三款）；

12. 私放在押人员罪（刑法第四百条第一款）；

13. 失职致使在押人员脱逃罪（刑法第四百条第二款）；

14. 徇私舞弊减刑、假释、暂予监外执行罪（刑法第四百零一条）。

二、级别管辖和侦查部门

本规定所列犯罪案件，由设区的市级人民检察院立案侦查。基层人民检察院发现犯罪线索的，应当报设区的市级人民检察院决定立案侦查。设区的市级人民检察院也可以将案件交由基层人民检察院立案侦查，或者由基层人民检察院协助侦查。最高人民检察院、省级人民检察院发现犯罪线索的，可以自行决定立案侦查，也可以将案件线索交由指定的省级人民检察院、设区的市级人民检察院立案侦查。

本规定所列犯罪案件，由人民检察院负责刑事检察工作的专门部门负责侦查。

设区的市级以上人民检察院侦查终结的案件，可以交有管辖权的基层人民法院相对应的基层人民检察院提起公诉；需要指定其他基层人民检察院提起公诉的，应当与同级人民法院协商指定管辖；依法应当由中级人民法院管辖的案件，应当由设区的市级人民检察院提起公诉。

三、案件线索的移送和互涉案件的处理

人民检察院立案侦查本规定所列犯罪时，发现犯罪嫌疑人同时涉嫌监察委员会管辖的职务犯罪线索的，应当及时与同级监察委员会沟通，一般应当由监察委员会为主调查，人民检察院予以协助。经沟通，认为全案由监察委员会管辖更为适宜的，人民检察院应当撤销案件，将案件和相应职务犯罪线索一并移送监察委员会；认为由监察委员会和人民检察院分别管辖更为适宜的，人民检察院应当将监察委员会管辖的相应职务犯罪线索移送监察委员会，对依法由人民检察院管辖的犯罪案件继续侦查。人民检察院应当及时将沟通情况报告上一级人民检察院。沟通期间，人民检察院不得停止对案件的侦查。监察委员会和人民检察院分别管辖的案件，调查（侦查）终结前，人民检察院应当就移送审查起诉有关事宜与监察委员会加强沟通，协调一致，由人民检察院依法对全案审查起诉。

人民检察院立案侦查本规定所列犯罪时，发现犯罪嫌疑人同时涉嫌公安机关管辖的犯罪线索的，依照现行有关法律和司法解释的规定办理。

四、办案程序

（一）人民检察院办理本规定所列犯罪案件，不再适用对直接受理立案侦查案件决定立案报上一级人民检察院备案，逮捕犯罪嫌疑人报上一级人民检察院审查决定的规定。

（二）对本规定所列犯罪案件，人民检察院拟作撤销案件、不起诉决定的，应当报上一级人民检察院审查批准。

（三）人民检察院负责刑事检察工作的专门部门办理本规定所列犯罪案件，认为需要逮捕犯罪嫌疑人的，应当由相应的刑事检察部门审查，报检察长或者检察委员会决定。

（四）人民检察院办理本规定所列犯罪案件，应当依法接受人民监督员的监督。

最高人民检察院此前印发的规范性文件与本规定不一致的，以本规定为准。

最高人民检察院关于印发《2018—2022年检察改革工作规划》的通知

2018年12月27日　高检发〔2018〕14号

各省、自治区、直辖市人民检察院，解放军军事检察院，新疆生产建设兵团人民检察院：

《2018—2022年检察改革工作规划》已报经中央政法委员会批准，现印发给你们，请结合实际认真贯彻落实。各地在实施过程中遇到的重要情况和问题，请及时报告。

2018—2022年检察改革工作规划

党的十八大以来，在以习近平同志为核心的党中央领导下，检察机关以落实司法责任制为核心，扎实推进司法体制改革，取得重要进展。改革主体框架基本确立，符合司法规律的体制机制逐步形成，司法质量效率和司法公信力持续提升。

中国特色社会主义进入新时代，人民检察事业也进入新的历史时期，检察改革面临新的形势和新的任务。我国社会主要矛盾发生历史性变化，人民群众对民主、法治、公平、正义、安全、环境等方面的需求更高。特别是随着国家监察体制改革的实施，检察机关完成了空前而又深刻的职能、机构调整和人员转隶,如何把"转隶"变为"转机",实现新时代检察工作创新发展,把检察机关法律监督工作做实做好做强,实现法律监督工作的"双赢""多赢""共赢",成为检察改革必须解决的重大课题。与新形势新任务新要求相比,检察工作、检察队伍仍然存在不少亟需解决的问题和亟需补强的短板,法律监督工作的不平衡、不协调、不充分与人民日益增长的美好生活需要不相适应,迫切需要通过改革,推动检察职能得到全面、充分履行,为人民群众提供更丰富、更优质的法治产品、检察产品。

党的十九大提出深化司法体制综合配套改革、全面落实司法责任制,并对今后一个时期的司法改革工作做了总体部署。落实好这一部署,我们必须解放思想、更新理念,自觉适应新时代新要求,按照讲政治、顾大局、谋发展、重自强的总体要求,紧贴检察工作创新发展全局,在更高起点上谋划和推进改革,使检察改革真正成为新时代检察工作创新发展的强大动力,使依法独立公正行使检察权的中国特色社会主义检察制度更加健全完善,为实现"两个一百年"奋斗目标和中华民族伟大复兴中国梦提供坚强有力的司法保障。

一、总体要求

(一)指导思想

以习近平新时代中国特色社会主义思想和党的十九大精神为统领,紧紧围绕统筹推进"五位一体"总体布局和协调推进"四个全面"战略布局,按照党中央确定的全面深化改革和全面依法治国的总目标,全面落实十八大、十九大部署的司法体制改革任务,深化综合配套改革举措,保持改革工作的连续性和力度的持续性,在巩固中深化,在深化中巩固;增强改革措施的系统性、整体性、协同性;聚焦法律监督主业,提升检察公信力,推动新时代检察制度在继承中发展,在发展中创新,在改革中完善;提高检察机关维护国家政治安全能力、服务大局能力和法律监督能力,努力让人民群众在每一个司法案件中感受到公平正义。

(二)总体目标

坚持党对检察工作的领导,全面、充分履行宪法和法律赋予检察机关的法律监督职责,构建以刑事检察、民事检察、行政检察、公益诉讼检察为主要内容的检察机关法律监督职能体系,提升司法办案专业化、组织体系科学化、检察队伍职业化水平,构建与国家治理体系和治理能力现代化要求相符合、与建设中国特色社会主义法治国家相适应的新时代检察体制和工作机制。

——坚持党对检察改革的绝对领导,完善检察机关坚持党的政治领导、思想领导和组织领导的工作制度,健全检察机关坚持党的领导制度体系。

——完善检察机关法律监督职能,健全符合宪法法律定位、符合深化依法治国实践要求、符合人民美好生活需要,各项法律监督职权全面、协调、充分发挥作用的检察机关法律监督体系。

——深化司法体制综合配套改革,全面落实司法责任制,健全与司法责任制相适应的检察权运行监督制约机制,突出检察官在司法办案中的主体地位,形成与"谁办案谁负责、谁决定谁负责"要求适应的检察权运行体系。

——加强检察官队伍正规化专业化职业化建设,健全检察人员分类管理制度规范,形成检察官、检察辅助人员、司法行政人员各归其位、各司其职、各行其道的检察人员分类管理体系。

——推动检察机关内设机构改革,健全和规范检察机关组织机构,落实省以下地方检察机关人财物统一管理改革要求,构建科学高效的检察组织体系。

——加强法律监督能力建设,培育双赢多赢共赢监督理念,全面提高检察队伍政治素质、业务素质、职业道德素质,推进检察工作与科技信息技术深度融合,完善检察人员专业能力专业素养提升体系。

(三)基本原则

坚持正确政治方向。坚持以习近平新时代中国特色社会主义思想为指导,坚决维护习近平总书记在党中央和全党的核心地位,坚决维护党中央权威和集中统一领导,坚持党对检察工作和检察改革的绝对领导,确保党的方针政策在检察工作和检察改革中得到不折不扣的执行。坚持发展和完善中国特色社会主义检察制度。坚定不移走中国特色社会主义法治道路。

坚持司法为民。坚持以人民为中心的改革价值取向,始终站在人民的立场把握和处理检察改革的重大问题,广泛听取人民群众意见,自觉接受人民群众监督,积极回应人民群众在民主、法治、公平、正义、安全、环境等方面的新期待新需求,把人民群众的满意度作为评判改革成效的标准。通过检察改革,为人民群众提供更丰富、更优质的法治产品、检察产品。

坚持检察机关宪法定位。全面、协调、平衡发展检察机关各项法律监督职能,提升办案质量和效率,提升专业素养和专业精神,提升法律监督能力和水平,把传统业务做优,把新增职能做好,把短板工作补强。牢固树立双赢多赢共赢的监督理念,实现法律监督政治效果、社会效果和法律效果的有机统一。

坚持遵循司法规律。既遵循司法活动一般规律,又尊重检察工作自身规律,全面把握不同层级检察机关职权运行、队伍管理和机构设置等方面的特点,从检察权不同于其他国家权力的特点和实际出发积极探索实践,推动检察制度创新。

坚持问题导向。结合当前检察工作和检察改革实际,进一步抓住司法责任制尚未全面落实、综合配套措施不到位、部分检察人员专业能力不足等影响改革效果、影响司法公信力、制约检察工作质量效率的瓶颈问题和关键环节,加强顶层设计、完善制度机制、强化规范统一,增强改革的针对性和实效性。

二、主要任务

(一)完善检察机关坚持党的领导制度体系

1. 完善检察机关坚持党的领导工作制度。健全在检察工作中发挥党组领导核心作用、党组成员依照工作程序参与重要业务和重要决策等制度。严格执行检察机关党组向党委请示报告重大事项的规定,健全检察机关重大事项和办案工作党内请示报告制度,实现党对检察工作的领导具体化、程序化、制度化。完善直辖市检察院党组对分院党组的领导体制和机制。完善系统内政治巡视、巡察制度。建立检察机关政治督察制度。加强检察机关基层党组织建设,以提升组织力为重点,突出政治建设功能,优化组织设置,创新活动方式,充分发挥基层党组织战斗堡垒作用和党员先锋模范作用。坚持在重大案件办案一线设立临时党组织。

2. 完善检察机关服务党和国家大局工作机制。坚持把检察工作主动融入到国家重大战略实施中,根据党和国家重大工作部署,突出工作重点,完善工作措施。完善和细化检察机关维护国家安全、服务保障打好"三大攻坚战"和推动长江经济带发展重点工作、保障"一带一路"建设等工作机制。

(二)健全完善检察机关法律监督体系

3. 完善刑事立案和侦查活动法律监督机制。健全立案监督和侦查监督工作机制,完善对扣押、冻结等侦查措施的监督机制。建立重大案件侦查终结前对讯问合法性进行核查制度。

4. 完善审查逮捕工作机制。全面科学把握逮捕条件,完善逮捕必要性审查机制,依法保障犯罪嫌疑人合法权益。建立有重大影响案件审查逮捕听证制度,健全讯问犯罪嫌疑人、听取辩护人意见工作机制。完善羁押必要性审查制度,减少不必要的羁押。

5. 健全发挥检察机关审前程序作用工作机制。推动建立公安机关办理重大、复杂、疑难案件听取检察机关意见和建议制度。明确退回补充侦查的条件,建立人民检察院退回补充侦查引导和说理机制,明确补充侦查方向标准和要求;加强自行补充侦查工作,完善自行补充侦查工作机制;建立补充侦查反馈机制,对自行补充侦查的案件,及时向侦查机关反馈侦查工作中存在的问题,强化对侦查机关的引导和监督作用。

6. 健全完善以证据为核心的刑事犯罪指控体系。构建诉讼以审判为中心、审判以庭审为中心、庭审以证据为中心的刑事诉讼新格局,完善证据收集、审查、判断工作机制,建立健全符合庭审和证据裁判要求、适应各类案件特点的证据收集、审查指引,深化书面审查与调查复核相结合的亲历性办案模式,确保审查起诉的案件事实证据经得起法律检验。建立健全技术性证据专门审查制度,完善对鉴定意见、电子数据、视听资料等技术性证据审查机制,发挥技术性证据审查对办案的支持作用。完善举证、质证和公诉意见当庭发表机制,提高揭示犯罪本质、运用证据证明犯罪的能力,充分运用刑事司法政策,引导法庭增强对指控犯罪的本质、危害性及证据证明意义的认同,更好发挥指控、证明犯罪的主动性和有效性。

7. 健全与多层次诉讼体系相适应的公诉模式。完善速裁程序、简易程序和普通程序相互衔接的多层次诉讼体系,在确保司法公正的前提下做到"简案快办""繁案精办",形成简易案件更加注重效率、疑难案件更加注重精准、敏感案件更加注重效果的公诉模式。推动完善庭前会议制度。健全认罪认罚案件办理机制,完善认罪认罚案件量刑建议标准,完善认罪认罚自愿性保障和合法性审查机制。严格起诉条件,依法适用不起诉,预防和杜绝"带病起诉"。完善不起诉公开审查机制。规范撤回起诉工作,对于符合撤回起诉条件的案件,依照规定撤回起诉,并作出不起诉决定。

8. 完善刑事执行检察工作机制。建立对监狱、看守所的巡回检察制度,把巡回检察与派驻检察结合起来,强化刑事执行检察力度和效果,保障被羁押人、服刑人员合法权益,维护监管秩序,促进监管场所把罪犯改造成为守法公民。完善刑事执行检察与审查逮捕、审查起诉等工作的衔接机制,驻所检察人员在履职过程中发现有刑讯逼供等情形的,及时反馈负责审查逮捕、审查起诉的办案人员。健全财产刑执行检察工作机制,推动建立与人民法院财产刑执行案件信息、执行信息共享机制。探索完善社区矫正检察机制。

9. 建立执法活动中非正常死亡在检察机关主持下鉴定的工作机制。对于公民在传唤、拘传、羁押、监所服刑、强制隔离戒毒、强制医疗期间死亡的,除法律另有规定外,应当在检察机关主持下,委托具有法医病理司法鉴定资格的鉴定机构和鉴定人进行死亡原因鉴定。

10. 健全刑事申诉案件受理、移送、复查机制。完善不服检察院处理决定刑事申诉案件复查工作机制,完善不服法院生效裁判刑事申诉案件复查工作机制,规范刑事再审案件出庭工作。健全纠防冤错案件工作机制。完善刑事申诉公开审查机制。深化重大刑事冤错案件异地审查工作机制。完善刑事申诉案件分析报告制度。完善申诉事项回复、督办机制,实现每一个申诉事项都有回复。完善国家赔偿监督机制和司法救助工作机制。

11. 健全控告检察工作机制。坚持"受理、办理"相分离的原则,完善群众控告、申诉、举报的审查分流、受理、办理机制,推进涉法涉诉信访法治化建设。完善检调对接、律师参与化解和代理涉法涉诉信访案件等多元化解矛盾纠纷机制,形成化解矛盾纠纷合力。建立巡回接访、带案下访工作机制,推动依法及时就地解决群众诉求。

12. 建立完善对司法人员利用职权实施犯罪的侦查机制。对诉讼活动监督中发现的司法工作人员利用职权实施的非法拘禁、刑讯逼供、非法搜查等侵犯公民权利、损害司法公正的犯罪,由市地级人民检察院立案侦查。市地级人民检察院也可以将案件交由基层人民检察院立案侦查,或者由基层人民检察院协助侦查。省级以上人民检察院发现犯罪线索的,可以自行决定立案侦查,也可以将案件线索交由指定的省、市地级人民检察院立案侦查。

13. 健全以"精准化"为导向的民事、行政诉讼监督机制。完善抗诉、再审检察建议、纠正意见、检察建议等多元化监督格局和四级院分工负责、各有侧重的工作格局,努力实现裁判结果监督、审判人员违法行为监督和执行监督全面均衡发展。完善民事、行政诉讼监督案件发现和审查机制,规范办案流程。建立繁简分流的办案机制,提高办案效率。探索民事、行政诉讼类案监督工作机制。明确民事、行政诉讼监督标准,突出办理具有社会意义、有指导价值的典型案件,增强监督的精准性和监督效果。

14. 完善公益诉讼工作机制。全面贯彻民事诉讼法、行政诉讼法关于公益诉讼的规定,完善检察机关提起公益诉讼工作机制。充分发挥诉前程序作用,建立健全诉前沟通机制,收到案件线索后,根据线索的来源、涉及问题的性质等因素,及时与政府部门进行沟通,需要进入诉前程序的,依法发出检察建议并努力协调促进落实。在办理公益诉讼案件过程中,需要对专门性问题进行鉴定的,可以委托具备资质的机构进行鉴定,配合有关部门探索制定环境损害司法鉴定收费"后付费"制度。健全人民检察院与人民法院、行使行政执法权的机关工作协调机制,建立行政执法与公益诉讼衔接平台,进一步规范公益诉讼办案流程和标准,构建配置科学、运行高效的公益诉讼检察机构职能体系。完善检察机关支持起诉、督促起诉机制。

15. 完善未成年人检察工作机制。以全面综合司法保护为导向,规范"捕、诉、监、防"一体化办案工作机制,探索未成年人检察特殊业务案件化办理。深化涉罪未成年人的教育感化挽救工作,探索建立罪错未成年人临界预防、家庭教育、分级处遇和保护处分制度,推行未成年被害人"一站式"询问、救助机制,建立健全性侵害未成年人违法犯罪信息库和入职查询制度。促进"法治进校园"活动制度化,进一步推进检察官担任法治副校长、未成年人法治教育基地建设等工作。开展未成年人检察社会支持体系建设试点工作，推动专业化和社会化的有效衔接。

16. 建立专家委员会制度。对于检察机关办理的案件，必要时可以邀请法学专家、专家型法官、律师以及有法律背景的人大代表、政协委员参加评议、咨询和研判，促进提升检察官司法办案能力和水平，强化办案质量和效果。

17. 与有关行政机关、金融管理部门等开展干部交流，辅助检察官办理案件。对于涉及金融、经济、环保、食药等专业性较强领域的案件，探索引入相关行业具备专业知识的人员辅助检察人员办案，提供相关领域专业知识咨询。

18. 完善检察建议制度。完善检察建议的制作、审核、送达、反馈及质量、效果评估机制，增强检察建议的刚性、精准性和可操作性。建立检察建议跟踪制度，及时掌握每一个检察建议的采纳、落实情况以及未被采纳的原因，定期对检察建议总结分析，提高检察建议质量和效果。探索建立检察建议限期回复制度，试行检察建议公告、宣告制度。探索向党委、人大报告检察建议落实情况制度。建立向被建议机关的上级机关或主管部门抄送检察建议副本制度，增强检察建议的效果。

19. 创新检察案例指导制度。紧紧围绕检察环节审查运用证据、收集完善证据、非法证据排除、指控犯罪等重点环节，反映检察机关工作特点，凸显检察机关办案特色，创新典型案例选编和发布方式，强化典型案例指导意义。

20. 完善各级人民检察院检察长列席人民法院审判委员会会议制度。进一步规范和落实各级人民检察院检察长列席同级人民法院审判委员会会议工作，强化列席审判委员会的质量和效果。建立检察长列席审判委员会定期通报制度。

21. 拓展检察机关参与社会治理工作途径。建立在检察工作中推广、运用、实践"枫桥经验"工作机制。落实"谁执法谁普法"责任制，全面实施检察官以案释法及法律文书说理制度，深入开展送法进机关、进乡村、进社区、进学校、进企业、进单位等活动，促进提升全民法治素养。结合办案建立类案分析机制，加强检察环节预防和化解社会矛盾机制建设，促进共治共享、平安和谐。

22. 健全与监察委员会工作衔接机制。完善检察机关对监察委员会移送案件的留置与强制措施转换、退回补充调查、自行补充侦查等工作机制。

建立退回补充调查的沟通协调机制。健全案件线索移送与处置机制，对在履行职责中发现的公职人员违纪违法线索及时移送，形成监督合力。

（三）完善检察权运行体系

23. 科学设置办案组织和办案团队。加强以办案组织检察官为核心的办案团队建设，科学界定办案团队中检察官、检察辅助人员的职责，形成分工负责、运行有序的司法办案工作机制，突出检察官在司法办案中的主体地位。

24. 完善担任领导职务检察官办案制度。明确检察长、副检察长等担任领导职务检察官办理案件的内涵和要求。担任领导职务检察官每年应当办理一定数量的案件，提倡办理重大、疑难、复杂、敏感、新类型案件和在证据运用、法律适用方面具有普遍指导意义的案件。完善担任领导职务检察官办案数量的统计标准，建立担任领导职务检察官办案情况定期通报制度。

25. 规范检察官办案权限。总结制定各级检察院检察官司法办案权力清单经验，修改完善刑事诉讼规则、民事诉讼监督规则和行政诉讼监督规则，制定检察机关公益诉讼办案规则，明确检察委员会、检察长、检察官在司法办案中负责和决定的事项，规范检察辅助人员职责权限。

26. 完善检察官承办案件确定机制。检察官承办案件，根据"随机分案为主、指定分案为辅"的原则确定。除规定情形不宜纳入随机分案的以外，应当依托统一业务应用系统，自动随机确定承办案件的独任检察官或者检察官办案组，需要指定分案的，由检察长决定。

27. 完善检察官业绩评价机制。建立以办案数量、质量、效率和效果为基本内容的业绩评价标准体系和考评机制，并将业绩评价结果计入司法业绩档案，作为检察官绩效奖金分配、评先评优、等级晋升、交流任职、惩戒和退出员额的重要依据。业绩评价应坚持实事求是原则，科学合理设置考评指标体系，发挥检察官在检察辅助人员业绩考核评价中的作用。

28. 完善案件管理和监督机制。健全对司法办案活动的统一集中管理，强化流程监控等监督机制。完善案件质量评查机制，充分发挥案件质量评查结果的作用。建立健全横向纵向相结合、系统内外相结合的业务数据分析研判会商机制。

29. 完善司法责任认定和追究机制。落实《关于完善人民检察院司法责任制的若干意见》有关规定,构建科学合理的司法责任认定和追究制度,研究出台错案责任追究办法。建立健全检察官惩戒制度,明确惩戒的条件和程序。

30. 深化检务公开,接受社会监督。完善法律文书和案件信息公开范围,发布典型案例,公开检察建议。深化人民监督员制度改革,探索拓宽人民监督员监督范围,完善人民监督员对检察机关办案活动的外部监督机制,拓宽人民群众有序参与和监督检察工作的渠道。

(四)完善检察人员分类管理体系

31. 完善检察官入额遴选和公开选拔检察官制度。细化和统一检察官遴选条件、标准和程序,明确禁止入额情形,在坚持政治标准的基础上,突出对办案能力、司法业绩、职业操守的考察,确保入额检察官的专业能力水平。完善从律师、法学专家中公开选拔检察官制度,优化检察官队伍结构。探索区域内检察官跨院遴选制度。

32. 推动完善检察官遴选委员会制度。进一步明确检察官遴选委员会的法律地位和工作职能、工作规则和程序,优化组织结构,建立委员专家库,适当增加基层资深检察官比例,推行入额人选社会公示制度,切实发挥遴选委员会专业把关作用。

33. 健全和完善检察官逐级遴选制度。推进检察官逐级遴选制度化、常态化,市地级以上检察院检察官一般从下一级检察院遴选产生,市地级检察院检察官助理初任检察官应当到基层检察院任职,省级以上检察院检察官助理初任检察官一般到基层检察院任职。完善检察官逐级遴选程序,优化遴选方式,确保遴选检察官的政治素质、专业素质和职业道德素质。

34. 建立检察官员额动态管理和退出机制。以省(自治区、直辖市)为单位,在中央规定的范围内,严格控制检察官员额比例。综合考虑办案数量与区域经济社会发展、人口数量等因素,遵循以案定额和依职能定额相结合的原则,建立员额统筹管理、动态调整机制,在省域总额范围内明确辖区各检察院员额控制的具体比例,确保员额向人均办案量大且案多人少矛盾突出的地区、单位倾斜,向基层一线倾斜。建立健全员额检察官退出机制,明确退出的条件和程序。

35. 全面实施检察官单独职务序列管理。制定实施检察官等级晋升办法,建立统一的按期晋升和择优选升相结合的检察官等级晋升制度。完善特别选升的范围、限额、条件和程序,特别优秀或者工作特殊需要的一线办案岗位检察官,经省级人民检察院报经省级党委组织部审批同意后进行特别选升。

36. 完善编制内检察辅助人员、司法行政人员管理制度。建立健全检察官助理职务序列,按规定组织检察官助理职务晋升。探索实行检察辅助人员集中管理、统一调度使用和所在部门管理、动态管理相结合的管理使用模式。按照公务员管理有关规定,建立健全检察技术人员和司法警察管理、使用和交流制度。完善司法行政人员管理制度,落实职务与职级并行制度,拓宽司法行政人员职业发展通道。根据工作需要,各类检察人员按规定进行交流转任。

37. 完善落实检察人员职业保障。进一步健全符合司法人员职业特点的工资收入保障体系,落实国家关于检察官工资制度的规定。细化落实与检察官单独职务序列等级相应的生活待遇。研究探索检察官退休制度,明确退休的条件、程序与待遇标准。完善检察辅助人员职业保障政策。完善落实检察人员履行法定职责保护机制,非因法定事由、并经法定程序,不得将检察官调离、免职、辞退或者作出降级、撤职等处分。完善检察人员申诉控告制度,健全检察人员合法权益因履行职务受到侵害的保障救济机制和不实举报澄清机制。

38. 推行符合检察人员职业特点的司法人才储备、招录和法科学生实习制度。探索实行符合司法人员职业特点的招录制度。完善检察官到政法院校、科研机构兼职担任教授,法学专家到检察院挂职担任检察官制度。探索建立引进法律专业人才到检察机关工作的"绿色通道"。探索检察机关与党政部门、其他执法司法机关、重点企业互派干部任职、挂职交流制度。建立法律、法学专业学生到检察院实习助理的常态化制度。

(五)完善检察机关组织管理体系

39. 深化内设机构改革。坚持优化协同高效,全面优化检察职能配置,全面落实法律监督,整合司法资源,构建符合司法规律、系统完备、科学规范、运行高效的检察机关内设机构体系。最高人民检察院按照案件类型组建专业化刑事办案机构,实行捕诉一体办案机制;适应经济社会发展和人民群众司法需求,分设民事、行政、公益诉讼检察机构;

检察业务机构内设立检察官办案组。地方检察机关参照落实，业务机构名称统一称为"部"。基层人民检察院内设机构数量按照中央有关规定执行。

40. 健全法律监督机构。深化与行政区划适当分离的司法管辖制度改革。健全对最高人民法院巡回法庭、知识产权法院、互联网法院、金融法院等的法律监督机制。

41. 有序推进省级以下地方检察院人财物统一管理改革。完善省级以下地方检察院检察官统一由省级检察院提名、管理并按法定程序任免的机制，完善省级以下地方检察院政法专项编制统一管理制度。完善市地级、基层检察院检察长由省级党委（党委组织部）管理，其他领导人员可委托当地市地级党委管理制度。因地制宜推进建立省级以下地方检察院财物统一管理机制。

42. 完善和规范派出、派驻机构管理。严格规范派出检察院、派驻检察室的职能定位、职责权限和设置标准。明确派出主体，完善审批程序和管理制度。

（六）完善法律监督专业能力专业素养提升体系

43. 健全加强思想政治与职业道德建设机制。在干部选拔任用、检察官遴选、等级晋升工作中加强政治把关，完善政审工作机制。建立健全检察官入职晋级宣誓制度。弘扬新时代检察职业精神，大力培育践行"忠诚、为民、担当、公正、廉洁"的检察职业道德，完善检察职业道德考核评价机制，把职业道德素质作为检察人员招录、任免的重要标准。建立检察纪念章制度、检察职业荣誉制度。

44. 健全检察人员职业培训制度。建立取得法律职业资格人员新入职培训制度。坚持和完善检察人员任职培训制度，初任检察官、晋升检察官等级应当参加培训。完善专业培训机制，分层分类开展技能培训、岗位练兵和业务竞赛，着力培育各项专业能力，加强对办理互联网、金融、知识产权等新领域、新类型案件的培训。健全检察业务专家制度，深化各类检察人才库建设，完善检察官教检察官制度。优化"检答网"建设管理与应用，不断加强政治性极强的检察业务交流和工作指导。

45. 健全加强纪律作风建设机制。统筹深化司法体制改革与加强党风廉政建设，建立健全与检察权运行新机制相适应的廉政风险防控体系。健全规范检务督察制度，整合监督力量，形成巡视巡察和检务督察联动的监督网络。完善岗位职权利益

回避制度，规范检察官与当事人、律师、特殊关系人、中介组织的接触、交往行为。完善纪律规矩经常性教育机制，引导检察官养成纪律自觉。

46. 健全运用科技手段提升司法办案、检察管理与服务能力机制。深化检察改革与现代科技的结合，推进智慧检务工程，全面构建应用层、支撑层、数据层有机结合的新时代智慧检察生态。完善运用统一业务应用系统、检察办公系统、队伍管理系统、检务保障系统等检察信息化成果。依托人工智能、大数据等技术，统筹研发运用智能辅助办案和管理系统，完善类案分析、结果比对、办案瑕疵提示、超期预警等功能，促进法律统一适用。推广语音识别、文本信息智能提取、智能辅助阅卷等技术，健全电子卷宗随案同步生成技术保障和运行管理机制，提高语音同步转录、文书自动生成、智能纠错能力，减少人力投入。推广远程视频提讯和数字化出庭等应用，提高办案效能。推进跨部门大数据办案平台建设，促进与其他政法机关案件信息网上流转和业务协同办理。整合检察互联网平台，构建融检察服务、检务公开、检察宣传、监督评议于一体的12309检察服务公共平台，为人民群众提供更加便捷的"一站式"服务。

三、组织实施

加强组织领导。检察机关主要负责同志是落实改革任务的第一责任人，要亲力亲为、以上率下抓落实。分管负责同志与职能部门要勇于担当，把改革具体任务抓紧抓实抓好，合力推动改革落地见效。省级检察院要健全司法体制改革领导小组及其工作机构，发挥好统筹协调、组织实施、督察指导作用。及时向党委和政法委请示报告，加强与相关部门的沟通协调，积极争取各方面支持，解决工作衔接和改革推进中的问题。

深化调查研究。大兴调查研究之风，把调查研究贯穿于检察改革的各个环节，敏锐发现问题，捕捉基层首创意识和成功经验。改进调查研究方式，坚持问题导向，深入研究检察改革推进和落实中的难点和短板，增强调研的针对性。要加强检察基础理论研究和检察改革实证研究，深化对中国特色社会主义检察制度内涵、本质、功能和特征的认识。

狠抓督察落实。将落实作为抓改革的重中之重，推动每一项改革任务取得实效。完善改革评估机制和督察工作机制，加大改革督察力度，推动督

察工作拓点扩面,落实督察常态化机制,提高改进问题、解决问题的力度和效率。对改革中不作为的,要抓住典型进行严肃问责。

严肃改革纪律。要不折不扣地按照中央改革部署和高检院统一安排推进改革。中央和高检院有明确要求的,要严格遵照执行;中央和高检院明令禁止的,不得擅自突破或者固执己见。经授权试点的,要在授权的范围内进行。对涉及基本职能配置、机构改革、人事管理等改革过程中的重要、敏感问题,要及时向上级检察机关直至高检院请示报告。

强化思想工作。坚持思想工作与检察改革同步推进、同步落实,及时回应和解答干警在改革中遇到的思想困惑。要区分不同情况开展思想工作,需要进行改革政策解读的,要准确解读改革政策,防止误读走偏,造成不良影响;需要进行思想疏导的,要及时发现、抓早抓小,通过点对面、点对点等不同方式进行疏导,防止扩散扩大。要把思想工作与改革宣传结合起来,通过总结宣传改革经验和成效,引导全体检察人员理解改革、支持改革、推动改革。

第 二 部 分

最高人民检察院司法解释选载

最高人民法院 最高人民检察院
关于检察公益诉讼案件适用法律若干问题的解释

(2018 年 2 月 23 日最高人民法院审判委员会第 1734 次会议、2018 年 2 月 11 日
最高人民检察院第十二届检察委员会第七十三次会议通过 2018 年 3 月 1 日
最高人民法院、最高人民检察院公告公布 自 2018 年 3 月 2 日起施行)

法释〔2018〕6 号

一、一般规定

第一条 为正确适用《中华人民共和国民事诉讼法》《中华人民共和国行政诉讼法》关于人民检察院提起公益诉讼制度的规定,结合审判、检察工作实际,制定本解释。

第二条 人民法院、人民检察院办理公益诉讼案件主要任务是充分发挥司法审判、法律监督职能作用,维护宪法法律权威,

维护社会公平正义,维护国家利益和社会公共利益,督促适格主体依法行使公益诉权,促进依法行政、严格执法。

第三条 人民法院、人民检察院办理公益诉讼案件,应当遵守宪法法律规定,遵循诉讼制度的原则,遵循审判权、检察权运行规律。

第四条 人民检察院以公益诉讼起诉人身份提起公益诉讼,依照民事诉讼法、行政诉讼法享有相应的诉讼权利,履行相应的诉讼义务,但法律、司法解释另有规定的除外。

第五条 市(分、州)人民检察院提起的第一审民事公益诉讼案件,由侵权行为地或者被告住所地中级人民法院管辖。

基层人民检察院提起的第一审行政公益诉讼案件,由被诉行政机关所在地基层人民法院管辖。

第六条 人民检察院办理公益诉讼案件,可以向有关行政机关以及其他组织、公民调查收集证据材料;有关行政机关以及其他组织、公民应当配合;需要采取证据保全措施的,依照民事诉讼法、行政

诉讼法相关规定办理。

第七条 人民法院审理人民检察院提起的第一审公益诉讼案件,可以适用人民陪审制。

第八条 人民法院开庭审理人民检察院提起的公益诉讼案件,应当在开庭三日前向人民检察院送达出庭通知书。

人民检察院应当派员出庭,并应当自收到人民法院出庭通知书之日起三日内向人民法院提交派员出庭通知书。派员出庭通知书应当写明出庭人员的姓名、法律职务以及出庭履行的具体职责。

第九条 出庭检察人员履行以下职责:

(一)宣读公益诉讼起诉书;

(二)对人民检察院调查收集的证据予以出示和说明,对相关证据进行质证;

(三)参加法庭调查,进行辩论并发表意见;

(四)依法从事其他诉讼活动。

第十条 人民检察院不服人民法院第一审判决、裁定的,可以向上一级人民法院提起上诉。

第十一条 人民法院审理第二审案件,由提起公益诉讼的人民检察院派员出庭,上一级人民检察院也可以派员参加。

第十二条 人民检察院提起公益诉讼案件判决、裁定发生法律效力,被告不履行的,人民法院应当移送执行。

二、民事公益诉讼

第十三条 人民检察院在履行职责中发现破坏生态环境和资源保护、食品药品安全领域侵害众多

消费者合法权益等损害社会公共利益的行为,拟提起公益诉讼的,应当依法公告,公告期间为三十日。

公告期满,法律规定的机关和有关组织不提起诉讼的,人民检察院可以向人民法院提起诉讼。

第十四条　人民检察院提起民事公益诉讼应当提交下列材料:

(一)民事公益诉讼起诉书,并按照被告人数提出副本;

(二)被告的行为已经损害社会公共利益的初步证明材料;

(三)检察机关已经履行公告程序的证明材料。

第十五条　人民检察院依据民事诉讼法第五十五条第二款的规定提起民事公益诉讼,符合民事诉讼法第一百一十九条第二项、第三项、第四项及本解释规定的起诉条件的,人民法院应当登记立案。

第十六条　人民检察院提起的民事公益诉讼案件中,被告以反诉方式提出诉讼请求的,人民法院不予受理。

第十七条　人民法院受理人民检察院提起的民事公益诉讼案件后,应当在立案之日起五日内将起诉书副本送达被告。

人民检察院已履行诉前公告程序的,人民法院立案后不再进行公告。

第十八条　人民法院认为人民检察院提出的诉讼请求不足以保护社会公共利益的,可以向其释明变更或者增加停止侵害、恢复原状等诉讼请求。

第十九条　民事公益诉讼案件审理过程中,人民检察院诉讼请求全部实现而撤回起诉的,人民法院应予准许。

第二十条　人民检察院对破坏生态环境和资源保护、食品药品安全领域侵害众多消费者合法权益等损害社会公共利益的犯罪行为提起刑事公诉时,可以向人民法院一并提起附带民事公益诉讼,由人民法院同一审判组织审理。

人民检察院提起的刑事附带民事公益诉讼案件由审理刑事案件的人民法院管辖。

三、行政公益诉讼

第二十一条　人民检察院在履行职责中发现生态环境和资源保护、食品药品安全、国有财产保护、国有土地使用权出让等领域负有监督管理职责的行政机关违法行使职权或者不作为,致使国家利益或者社会公共利益受到侵害的,应当向行政机关提出检察建议,督促其依法履行职责。

行政机关应当在收到检察建议书之日起两个月内依法履行职责,并书面回复人民检察院。出现国家利益或者社会公共利益损害继续扩大等紧急情形的,行政机关应当在十五日内书面回复。

行政机关不依法履行职责的,人民检察院依法向人民法院提起诉讼。

第二十二条　人民检察院提起行政公益诉讼应当提交下列材料:

(一)行政公益诉讼起诉书,并按照被告人数提出副本;

(二)被告违法行使职权或者不作为,致使国家利益或者社会公共利益受到侵害的证明材料;

(三)检察机关已经履行诉前程序,行政机关仍不依法履行职责或者纠正违法行为的证明材料。

第二十三条　人民检察院依据行政诉讼法第二十五条第四款的规定提起行政公益诉讼,符合行政诉讼法第四十九条第二项、第三项、第四项及本解释规定的起诉条件的,人民法院应当登记立案。

第二十四条　在行政公益诉讼案件审理过程中,被告纠正违法行为或者依法履行职责而使人民检察院的诉讼请求全部实现,人民检察院撤回起诉的,人民法院应当裁定准许;人民检察院变更诉讼请求,请求确认原行政行为违法的,人民法院应当判决确认违法。

第二十五条　人民法院区分下列情形作出行政公益诉讼判决:

(一)被诉行政行为具有行政诉讼法第七十四条、第七十五条规定情形之一的,判决确认违法或者确认无效,并可以同时判决责令行政机关采取补救措施;

(二)被诉行政行为具有行政诉讼法第七十条规定情形之一的,判决撤销或者部分撤销,并可以判决被诉行政机关重新作出行政行为;

(三)被诉行政机关不履行法定职责的,判决在一定期限内履行;

(四)被诉行政机关作出的行政处罚明显不当,或者其他行政行为涉及对款额的确定、认定确有错误的,判决予以变更;

(五)被诉行政行为证据确凿,适用法律、法规正确,符合法定程序,未超越职权,未滥用职权,无明显不当,或者人民检察院诉请被诉行政机关履行法定职责理由不成立的,判决驳回诉讼请求。

人民法院可以将判决结果告知被诉行政机关所属的人民政府或者其他相关的职能部门。

四、附　则

第二十六条　本解释未规定的其他事项,适用民事诉讼法、行政诉讼法以及相关司法解释的规定。

第二十七条　本解释自 2018 年 3 月 2 日起施行。

最高人民法院、最高人民检察院之前发布的司法解释和规范性文件与本解释不一致的,以本解释为准。

最高人民法院　最高人民检察院
关于涉以压缩气体为动力的枪支、气枪铅弹
刑事案件定罪量刑问题的批复

(2018 年 1 月 25 日最高人民法院审判委员会第 1732 次会议、
2018 年 3 月 2 日最高人民检察院第十二届检察委员会第七十四次会议通过
2018 年 3 月 8 日最高人民法院、最高人民检察院公告公布　自 2018 年 3 月 30 日起施行)

法释〔2018〕8 号

各省、自治区、直辖市高级人民法院、人民检察院,解放军军事法院、军事检察院,新疆维吾尔自治区高级人民法院生产建设兵团分院、新疆生产建设兵团人民检察院:

近来,部分高级人民法院、省级人民检察院就如何对非法制造、买卖、运输、邮寄、储存、持有、私藏、走私以压缩气体为动力的枪支、气枪铅弹(用铅、铅合金或者其他金属加工的气枪弹)行为定罪量刑的问题提出请示。经研究,批复如下:

一、对于非法制造、买卖、运输、邮寄、储存、持有、私藏、走私以压缩气体为动力且枪口比动能较低的枪支的行为,在决定是否追究刑事责任以及如何裁量刑罚时,不仅应当考虑涉案枪支的数量,而且应当充分考虑涉案枪支的外观、材质、发射物、购买场所和渠道、价格、用途、致伤力大小、是否易于通过改制提升致伤力,以及行为人的主观认知、动机目的、一贯表现、违法所得、是否规避调查等情节,综合评估社会危害性,坚持主客观相统一,确保罪责刑相适应。

二、对于非法制造、买卖、运输、邮寄、储存、持有、私藏、走私气枪铅弹的行为,在决定是否追究刑事责任以及如何裁量刑罚时,应当综合考虑气枪铅弹的数量、用途以及行为人的动机目的、一贯表现、违法所得、是否规避调查等情节,综合评估社会危害性,确保罪责刑相适应。

最高人民检察院关于指派、聘请
有专门知识的人参与办案若干问题的规定(试行)

(2018 年 2 月 11 日最高人民检察院第十二届检察委员会第七十三次会议通过
2018 年 3 月 21 日最高人民检察院公告公布并试行)

高检发释字〔2018〕1 号

第一条 为了规范和促进人民检察院指派、聘请有专门知识的人参与办案,根据《中华人民共和国刑事诉讼法》《中华人民共和国民事诉讼法》《中华人民共和国行政诉讼法》等法律规定,结合检察工作实际,制定本规定。

第二条 本规定所称"有专门知识的人",是指运用专门知识参与人民检察院的办案活动,协助解决专门性问题或者提出意见的人,但不包括以鉴定人身份参与办案的人。

本规定所称"专门知识",是指特定领域内的人员理解和掌握的、具有专业技术性的认识和经验等。

第三条 人民检察院可以指派、聘请有鉴定资格的人员,或者经本院审查具备专业能力的其他人员,作为有专门知识的人参与办案。

有下列情形之一的人员,不得作为有专门知识的人参与办案:

(一)因违反职业道德,被主管部门注销鉴定资格、撤销鉴定人登记,或者吊销其他执业资格、近三年以内被处以停止执业处罚的;

(二)无民事行为能力或者限制民事行为能力的;

(三)近三年以内违反本规定第十八条至第二十一条规定的;

(四)以办案人员等身份参与过本案办理工作的;

(五)不宜作为有专门知识的人参与办案的其他情形。

第四条 人民检察院聘请检察机关以外的人员作为有专门知识的人参与办案,应当核实其有效身份证件和能够证明符合本规定第三条第一款要求的材料。

第五条 具备条件的人民检察院可以明确专门部门,负责建立有专门知识的人推荐名单库。

第六条 有专门知识的人的回避,适用《中华人民共和国刑事诉讼法》《中华人民共和国民事诉讼法》《中华人民共和国行政诉讼法》等法律规定中有关鉴定人回避的规定。

第七条 人民检察院办理刑事案件需要收集证据的,可以指派、聘请有专门知识的人开展下列工作:

(一)在检察官的主持下进行勘验或者检查;

(二)就需要鉴定、但没有法定鉴定机构的专门性问题进行检验;

(三)其他必要的工作。

第八条 人民检察院在审查起诉时,发现涉及专门性问题的证据材料有下列情形之一的,可以指派、聘请有专门知识的人进行审查,出具审查意见:

(一)对定罪量刑有重大影响的;

(二)与其他证据之间存在无法排除的矛盾的;

(三)就同一专门性问题有两份或者两份以上的鉴定意见,且结论不一致的;

(四)当事人、辩护人、诉讼代理人有异议的;

(五)其他必要的情形。

第九条 人民检察院在人民法院决定开庭后,可以指派、聘请有专门知识的人,协助公诉人做好下列准备工作:

(一)掌握涉及专门性问题证据材料的情况;

（二）补充审判中可能涉及的专门知识；

（三）拟定讯问被告人和询问证人、鉴定人、其他有专门知识的人的计划；

（四）拟定出示、播放、演示涉及专门性问题证据材料的计划；

（五）制定质证方案；

（六）其他必要的工作。

第十条 刑事案件法庭审理中，人民检察院可以申请人民法院通知有专门知识的人出庭，就鉴定人作出的鉴定意见提出意见。

第十一条 刑事案件法庭审理中，公诉人出示、播放、演示涉及专门性问题的证据材料需要协助的，人民检察院可以指派、聘请有专门知识的人进行操作。

第十二条 人民检察院在对公益诉讼案件决定立案和调查收集证据时，就涉及专门性问题的证据材料或者专业问题，可以指派、聘请有专门知识的人协助开展下列工作：

（一）对专业问题进行回答、解释、说明；

（二）对涉案专门性问题进行评估、审计；

（三）对涉及复杂、疑难、特殊技术问题的鉴定事项提出意见；

（四）在检察官的主持下勘验物证或者现场；

（五）对行政执法卷宗材料中涉及专门性问题的证据材料进行审查；

（六）其他必要的工作。

第十三条 公益诉讼案件法庭审理中，人民检察院可以申请人民法院通知有专门知识的人出庭，就鉴定人作出的鉴定意见或者专业问题提出意见。

第十四条 人民检察院在下列办案活动中，需要指派、聘请有专门知识的人的，可以适用本规定：

（一）办理控告、申诉、国家赔偿或者国家司法救助案件；

（二）办理监管场所发生的被监管人重伤、死亡案件；

（三）办理民事、行政诉讼监督案件；

（四）检察委员会审议决定重大案件和其他重大问题；

（五）需要指派、聘请有专门知识的人的其他办案活动。

第十五条 人民检察院应当为有专门知识的人参与办案提供下列必要条件：

（一）介绍与涉案专门性问题有关的情况；

（二）提供涉及专门性问题的证据等案卷材料；

（三）明确要求协助或者提出意见的问题；

（四）有专门知识的人参与办案所必需的其他条件。

第十六条 人民检察院依法保障接受指派、聘请参与办案的有专门知识的人及其近亲属的安全。

对有专门知识的人及其近亲属进行威胁、侮辱、殴打、打击报复等，构成违法犯罪的，人民检察院应当移送公安机关处理；情节轻微的，予以批评教育、训诫。

第十七条 有专门知识的人因参与办案而支出的交通、住宿、就餐等费用，由人民检察院承担。对于聘请的有专门知识的人，应当给予适当报酬。

上述费用从人民检察院办案业务经费中列支。

第十八条 有专门知识的人参与办案，应当遵守法律规定，遵循技术标准和规范，恪守职业道德，坚持客观公正原则。

第十九条 有专门知识的人应当保守参与办案中所知悉的国家秘密、商业秘密、个人隐私以及其他不宜公开的内容。

第二十条 有专门知识的人应当妥善保管、使用并及时退还参与办案中所接触的证据等案卷材料。

第二十一条 有专门知识的人不得在同一案件中同时接受刑事诉讼当事人、辩护人、诉讼代理人，民事、行政诉讼对方当事人、诉讼代理人，或者人民法院的委托。

第二十二条 有专门知识的人违反本规定第十八条至第二十一条的规定，出现重大过错，影响正常办案的，人民检察院应当停止其作为有专门知识的人参与办案，并从推荐名单库中除名。必要时，可以建议其所在单位或者有关部门给予行政处分或者其他处分。构成违法犯罪的，依法追究行政责任或者刑事责任。

第二十三条 各省、自治区、直辖市人民检察院可以依照本规定，结合本地实际，制定具体实施办法，并报最高人民检察院备案。

第二十四条 本规定由最高人民检察院负责解释。

第二十五条 本规定自公布之日起试行。

最高人民法院　最高人民检察院
关于办理虚假诉讼刑事案件适用法律若干问题的解释

（2018年1月25日最高人民法院审判委员会第1732次会议、
2018年6月13日最高人民检察院第十三届检察委员会第二次会议通过
2018年9月26日最高人民法院、最高人民检察院公告公布　自2018年10月1日起施行）

法释〔2018〕17号

为依法惩治虚假诉讼犯罪活动，维护司法秩序，保护公民、法人和其他组织合法权益，根据《中华人民共和国刑法》《中华人民共和国刑事诉讼法》《中华人民共和国民事诉讼法》等法律规定，现就办理此类刑事案件适用法律的若干问题解释如下：

第一条　采取伪造证据、虚假陈述等手段，实施下列行为之一，捏造民事法律关系，虚构民事纠纷，向人民法院提起民事诉讼的，应当认定为刑法第三百零七条之一第一款规定的"以捏造的事实提起民事诉讼"：

（一）与夫妻一方恶意串通，捏造夫妻共同债务的；

（二）与他人恶意串通，捏造债权债务关系和以物抵债协议的；

（三）与公司、企业的法定代表人、董事、监事、经理或者其他管理人员恶意串通，捏造公司、企业债务或者担保义务的；

（四）捏造知识产权侵权关系或者不正当竞争关系的；

（五）在破产案件审理过程中申报捏造的债权的；

（六）与被执行人恶意串通，捏造债权或者对查封、扣押、冻结财产的优先权、担保物权的；

（七）单方或者与他人恶意串通，捏造身份、合同、侵权、继承等民事法律关系的其他行为。

隐瞒债务已经全部清偿的事实，向人民法院提起民事诉讼，要求他人履行债务的，以"以捏造的事实提起民事诉讼"论。

向人民法院申请执行基于捏造的事实作出的仲裁裁决、公证债权文书，或者在民事执行过程中以捏造的事实对执行标的提出异议、申请参与执行财产分配的，属于刑法第三百零七条之一第一款规定的"以捏造的事实提起民事诉讼"。

第二条　以捏造的事实提起民事诉讼，有下列情形之一的，应当认定为刑法第三百零七条之一第一款规定的"妨害司法秩序或者严重侵害他人合法权益"：

（一）致使人民法院基于捏造的事实采取财产保全或者行为保全措施的；

（二）致使人民法院开庭审理，干扰正常司法活动的；

（三）致使人民法院基于捏造的事实作出裁判文书、制作财产分配方案，或者立案执行基于捏造的事实作出的仲裁裁决、公证债权文书的；

（四）多次以捏造的事实提起民事诉讼的；

（五）曾因以捏造的事实提起民事诉讼被采取民事诉讼强制措施或者受过刑事追究的；

（六）其他妨害司法秩序或者严重侵害他人合法权益的情形。

第三条　以捏造的事实提起民事诉讼，有下列情形之一的，应当认定为刑法第三百零七条之一第一款规定的"情节严重"：

（一）有本解释第二条第一项情形，造成他人经济损失一百万元以上的；

（二）有本解释第二条第二项至第四项情形之一，严重干扰正常司法活动或者严重损害司法公信力的；

（三）致使义务人自动履行生效裁判文书确定的财产给付义务或者人民法院强制执行财产权益，

数额达到一百万元以上的;

(四)致使他人债权无法实现,数额达到一百万元以上的;

(五)非法占有他人财产,数额达到十万元以上的;

(六)致使他人因为不执行人民法院基于捏造的事实作出的判决、裁定,被采取刑事拘留、逮捕措施或者受到刑事追究的;

(七)其他情节严重的情形。

第四条 实施刑法第三百零七条之一第一款行为,非法占有他人财产或者逃避合法债务,又构成诈骗罪,职务侵占罪,拒不执行判决、裁定罪,贪污罪等犯罪的,依照处罚较重的规定定罪从重处罚。

第五条 司法工作人员利用职权,与他人共同实施刑法第三百零七条之一前三款行为的,从重处罚;同时构成滥用职权罪,民事枉法裁判罪,执行判决、裁定滥用职权罪等犯罪的,依照处罚较重的规定定罪从重处罚。

第六条 诉讼代理人、证人、鉴定人等诉讼参与人与他人通谋,代理提起虚假民事诉讼、故意作虚假证言或者出具虚假鉴定意见,共同实施刑法第三百零七条之一前三款行为的,依照共同犯罪的规定定罪处罚;同时构成妨害作证罪,帮助毁灭、伪造证据罪等犯罪的,依照处罚较重的规定定罪从重处罚。

第七条 采取伪造证据等手段篡改案件事实,骗取人民法院裁判文书,构成犯罪的,依照刑法第二百八十条、第三百零七条等规定追究刑事责任。

第八条 单位实施刑法第三百零七条之一第一款行为的,依照本解释规定的定罪量刑标准,对其直接负责的主管人员和其他直接责任人员定罪处罚,并对单位判处罚金。

第九条 实施刑法第三百零七条之一第一款行为,未达到情节严重的标准,行为人系初犯,在民事诉讼过程中自愿具结悔过,接受人民法院处理决定,积极退赃、退赔的,可以认定为犯罪情节轻微,不起诉或者免予刑事处罚;确有必要判处刑罚的,可以从宽处罚。

司法工作人员利用职权,与他人共同实施刑法第三百零七条之一第一款行为的,对司法工作人员不适用本条第一款规定。

第十条 虚假诉讼刑事案件由虚假民事诉讼案件的受理法院所在地或者执行法院所在地人民法院管辖。有刑法第三百零七条之一第四款情形的,上级人民法院可以指定下级人民法院将案件移送其他人民法院审判。

第十一条 本解释所称裁判文书,是指人民法院依照民事诉讼法、企业破产法等民事法律作出的判决、裁定、调解书、支付令等文书。

第十二条 本解释自 2018 年 10 月 1 日起施行。

最高人民法院　最高人民检察院
关于修改《关于办理妨害信用卡管理刑事案件具体应用法律若干问题的解释》的决定

(2018 年 7 月 30 日最高人民法院审判委员会第 1745 次会议、
2018 年 10 月 19 日最高人民检察院第十三届检察委员会第七次会议通过
2018 年 11 月 28 日最高人民法院、最高人民检察院公告公布　自 2018 年 12 月 1 日起施行)

法释〔2018〕19 号

根据司法实践情况,现决定对《最高人民法院、最高人民检察院关于办理妨害信用卡管理刑事案件具体应用法律若干问题的解释》(法释〔2009〕19号,以下简称《解释》)作如下修改:

一、将《解释》原第六条修改为："持卡人以非法占有为目的，超过规定限额或者规定期限透支，经发卡银行两次有效催收后超过三个月仍不归还的，应当认定为刑法第一百九十六条规定的'恶意透支'。

"对于是否以非法占有为目的，应当综合持卡人信用记录、还款能力和意愿、申领和透支信用卡的状况、透支资金的用途、透支后的表现、未按规定还款的原因等情节作出判断。不得单纯依据持卡人未按规定还款的事实认定非法占有目的。

"具有以下情形之一的，应当认定为刑法第一百九十六条第二款规定的'以非法占有为目的'，但有证据证明持卡人确实不具有非法占有目的的除外：

"（一）明知没有还款能力而大量透支，无法归还的；

"（二）使用虚假资信证明申领信用卡后透支，无法归还的；

"（三）透支后通过逃匿、改变联系方式等手段，逃避银行催收的；

"（四）抽逃、转移资金，隐匿财产，逃避还款的；

"（五）使用透支的资金进行犯罪活动的；

"（六）其他非法占有资金，拒不归还的情形。"

二、增加一条，作为《解释》第七条："催收同时符合下列条件的，应当认定为本解释第六条规定的'有效催收'：

"（一）在透支超过规定限额或者规定期限后进行；

"（二）催收应当采用能够确认持卡人收悉的方式，但持卡人故意逃避催收的除外；

"（三）两次催收至少间隔三十日；

"（四）符合催收的有关规定或者约定。

"对于是否属于有效催收，应当根据发卡银行提供的电话录音、信息送达记录、信函送达回执、电子邮件送达记录、持卡人或者其家属签字以及其他催收原始证据材料作出判断。

"发卡银行提供的相关证据材料，应当有银行工作人员签名和银行公章。"

三、增加一条，作为《解释》第八条："恶意透支，数额在五万元以上不满五十万元的，应当认定为刑法第一百九十六条规定的'数额较大'；数额在五十万元以上不满五百万元的，应当认定为刑法第一百九十六条规定的'数额巨大'；数额在五百万元以上的，应当认定为刑法第一百九十六条规定的'数额特别巨大'。"

四、增加一条，作为《解释》第九条："恶意透支的数额，是指公安机关刑事立案时尚未归还的实际透支的本金数额，不包括利息、复利、滞纳金、手续费等发卡银行收取的费用。归还或者支付的数额，应当认定为归还实际透支的本金。

"检察机关在审查起诉、提起公诉时，应当根据发卡银行提供的交易明细、分类账单（透支账单、还款账单）等证据材料，结合犯罪嫌疑人、被告人及其辩护人所提辩解、辩护意见及相关证据材料，审查认定恶意透支的数额；恶意透支的数额难以确定的，应当依据司法会计、审计报告，结合其他证据材料审查认定。人民法院在审判过程中，应当在对上述证据材料查证属实的基础上，对恶意透支的数额作出认定。

"发卡银行提供的相关证据材料，应当有银行工作人员签名和银行公章。"

五、增加一条，作为《解释》第十条："恶意透支数额较大，在提起公诉前全部归还或者具有其他情节轻微情形的，可以不起诉；在一审判决前全部归还或者具有其他情节轻微情形的，可以免予刑事处罚。但是，曾因信用卡诈骗受过两次以上处罚的除外。"

六、增加一条，作为《解释》第十一条："发卡银行违规以信用卡透支形式变相发放贷款，持卡人未按规定归还的，不适用刑法第一百九十六条'恶意透支'的规定。构成其他犯罪的，以其他犯罪论处。"

七、将《解释》原第七条改为修改后《解释》第十二条。

八、将《解释》原第八条改为修改后《解释》第十三条，修改为："单位实施本解释规定的行为，适用本解释规定的相应自然人犯罪的定罪量刑标准。"

根据本决定，对《解释》作相应修改并调整条文顺序后，重新公布。

最高人民法院　最高人民检察院关于办理妨害信用卡管理刑事案件具体应用法律若干问题的解释

（2009 年 10 月 12 日最高人民法院审判委员会第 1475 次会议、2009 年 11 月 12 日
最高人民检察院第十一届检察委员会第二十二次会议通过　根据 2018 年 7 月 30 日
最高人民法院审判委员会第 1745 次会议、2018 年 10 月 19 日最高人民检察院
第十三届检察委员会第七次会议通过的《最高人民法院、最高人民检察院关于修改
〈关于办理妨害信用卡管理刑事案件具体应用法律若干问题的解释〉的决定》修正）

为依法惩治妨害信用卡管理犯罪活动，维护信用卡管理秩序和持卡人合法权益，根据《中华人民共和国刑法》规定，现就办理这类刑事案件具体应用法律的若干问题解释如下：

第一条　复制他人信用卡、将他人信用卡信息资料写入磁条介质、芯片或者以其他方法伪造信用卡一张以上的，应当认定为刑法第一百七十七条第一款第四项规定的"伪造信用卡"，以伪造金融票证罪定罪处罚。

伪造空白信用卡十张以上的，应当认定为刑法第一百七十七条第一款第四项规定的"伪造信用卡"，以伪造金融票证罪定罪处罚。

伪造信用卡，有下列情形之一的，应当认定为刑法第一百七十七条规定的"情节严重"：

（一）伪造信用卡五张以上不满二十五张的；

（二）伪造的信用卡内存款余额、透支额度单独或者合计数额在二十万元以上不满一百万元的；

（三）伪造空白信用卡五十张以上不满二百五十张的；

（四）其他情节严重的情形。

伪造信用卡，有下列情形之一的，应当认定为刑法第一百七十七条规定的"情节特别严重"：

（一）伪造信用卡二十五张以上的；

（二）伪造的信用卡内存款余额、透支额度单独或者合计数额在一百万元以上的；

（三）伪造空白信用卡二百五十张以上的；

（四）其他情节特别严重的情形。

本条所称"信用卡内存款余额、透支额度"，以信用卡被伪造后发卡行记录的最高存款余额、可透支额度计算。

第二条　明知是伪造的空白信用卡而持有、运输十张以上不满一百张的，应当认定为刑法第一百七十七条之一第一款第一项规定的"数量较大"；非法持有他人信用卡五张以上不满五十张的，应当认定为刑法第一百七十七条之一第一款第二项规定的"数量较大"。

有下列情形之一的，应当认定为刑法第一百七十七条之一第一款规定的"数量巨大"：

（一）明知是伪造的信用卡而持有、运输十张以上的；

（二）明知是伪造的空白信用卡而持有、运输一百张以上的；

（三）非法持有他人信用卡五十张以上的；

（四）使用虚假的身份证明骗领信用卡十张以上的；

（五）出售、购买、为他人提供伪造的信用卡或者以虚假的身份证明骗领的信用卡十张以上的。

违背他人意愿，使用其居民身份证、军官证、士兵证、港澳居民往来内地通行证、台湾居民来往大陆通行证、护照等身份证明申领信用卡的，或者使用伪造、变造的身份证明申领信用卡的，应当认定为刑法第一百七十七条之一第一款第三项规定的"使用虚假的身份证明骗领信用卡"。

第三条　窃取、收买、非法提供他人信用卡信息资料，足以伪造可进行交易的信用卡，或者足以使他人以信用卡持卡人名义进行交易，涉及信用卡一张以上不满五张的，依照刑法第一百七十七条之一第二款的规定，以窃取、收买、非法提供信用卡信息罪定罪处罚；涉及信用卡五张以上的，应当认定为刑法第一百七十七条之一第一款规定的"数量巨大"。

第四条 为信用卡申请人制作、提供虚假的财产状况、收入、职务等资信证明材料，涉及伪造、变造、买卖国家机关公文、证件、印章，或者涉及伪造公司、企业、事业单位、人民团体印章，应当追究刑事责任的，依照刑法第二百八十条的规定，分别以伪造、变造、买卖国家机关公文、证件、印章罪和伪造公司、企业、事业单位、人民团体印章罪定罪处罚。

承担资产评估、验资、验证、会计、审计、法律服务等职责的中介组织或其人员，为信用卡申请人提供虚假的财产状况、收入、职务等资信证明材料，应当追究刑事责任的，依照刑法第二百二十九条的规定，分别以提供虚假证明文件罪和出具证明文件重大失实罪定罪处罚。

第五条 使用伪造的信用卡、以虚假的身份证明骗领的信用卡、作废的信用卡或者冒用他人信用卡，进行信用卡诈骗活动，数额在五千元以上不满五万元的，应当认定为刑法第一百九十六条规定的"数额较大"；数额在五万元以上不满五十万元的，应当认定为刑法第一百九十六条规定的"数额巨大"；数额在五十万元以上的，应当认定为刑法第一百九十六条规定的"数额特别巨大"。

刑法第一百九十六条第一款第三项所称"冒用他人信用卡"，包括以下情形：

（一）拾得他人信用卡并使用的；

（二）骗取他人信用卡并使用的；

（三）窃取、收买、骗取或者以其他非法方式获取他人信用卡信息资料，并通过互联网、通讯终端等使用的；

（四）其他冒用他人信用卡的情形。

第六条 持卡人以非法占有为目的，超过规定限额或者规定期限透支，经发卡银行两次有效催收后超过三个月仍不归还的，应当认定为刑法第一百九十六条规定的"恶意透支"。

对于是否以非法占有为目的，应当综合持卡人信用记录、还款能力和意愿、申领和透支信用卡的状况、透支资金的用途、透支后的表现、未按规定还款的原因等情节作出判断。不得单纯依据持卡人未按规定还款的事实认定非法占有目的。

具有以下情形之一的，应当认定为刑法第一百九十六条第二款规定的"以非法占有为目的"，但有证据证明持卡人确实不具有非法占有目的的除外：

（一）明知没有还款能力而大量透支，无法归还的；

（二）使用虚假资信证明申领信用卡后透支，无

法归还的；

（三）透支后通过逃匿、改变联系方式等手段，逃避银行催收的；

（四）抽逃、转移资金，隐匿财产，逃避还款的；

（五）使用透支的资金进行犯罪活动的；

（六）其他非法占有资金，拒不归还的情形。

第七条 催收同时符合下列条件的，应当认定为本解释第六条规定的"有效催收"：

（一）在透支超过规定限额或者规定期限后进行；

（二）催收应当采用能够确认持卡人收悉的方式，但持卡人故意逃避催收的除外；

（三）两次催收至少间隔三十日；

（四）符合催收的有关规定或者约定。

对于是否属于有效催收，应当根据发卡银行提供的电话录音、信息送达记录、信函送达回执、电子邮件送达记录、持卡人或者其家属签字以及其他催收原始证据材料作出判断。

发卡银行提供的相关证据材料，应当有银行工作人员签名和银行公章。

第八条 恶意透支，数额在五万元以上不满五十万元的，应当认定为刑法第一百九十六条规定的"数额较大"；数额在五十万元以上不满五百万元的，应当认定为刑法第一百九十六条规定的"数额巨大"；数额在五百万元以上的，应当认定为刑法第一百九十六条规定的"数额特别巨大"。

第九条 恶意透支的数额，是指公安机关刑事立案时尚未归还的实际透支的本金数额，不包括利息、复利、滞纳金、手续费等发卡银行收取的费用。归还或者支付的数额，应当认定为归还实际透支的本金。

检察机关在审查起诉、提起公诉时，应当根据发卡银行提供的交易明细、分类账单（透支账单、还款账单）等证据材料，结合犯罪嫌疑人、被告人及其辩护人所提辩解、辩护意见及相关证据材料，审查认定恶意透支的数额；恶意透支的数额难以确定的，应当依据司法会计、审计报告，结合其他证据材料审查认定。人民法院在审判过程中，应当在对上述证据材料查证属实的基础上，对恶意透支的数额作出认定。

发卡银行提供的相关证据材料，应当有银行工作人员签名和银行公章。

第十条 恶意透支数额较大，在提起公诉前全部归还或者具有其他情节轻微情形的，可以不起诉；在一审判决前全部归还或者具有其他情节轻微

情形的,可以免予刑事处罚。但是,曾因信用卡诈骗受过两次以上处罚的除外。

第十一条　发卡银行违规以信用卡透支形式变相发放贷款,持卡人未按规定归还的,不适用刑法第一百九十六条"恶意透支"的规定。构成其他犯罪的,以其他犯罪论处。

第十二条　违反国家规定,使用销售点终端机具(POS 机)等方法,以虚构交易、虚开价格、现金退货等方式向信用卡持卡人直接支付现金,情节严重的,应当依据刑法第二百二十五条的规定,以非法经营罪定罪处罚。

实施前款行为,数额在一百万元以上的,或者造成金融机构资金二十万元以上逾期未还的,或者造成金融机构经济损失十万元以上的,应当认定为刑法第二百二十五条规定的"情节严重";数额在五百万元以上的,或者造成金融机构资金一百万元以上逾期未还的,或者造成金融机构经济损失五十万元以上的,应当认定为刑法第二百二十五条规定的"情节特别严重"。

持卡人以非法占有为目的,采用上述方式恶意透支,应当追究刑事责任的,依照刑法第一百九十六条的规定,以信用卡诈骗罪定罪处罚。

第十三条　单位实施本解释规定的行为,适用本解释规定的相应自然人犯罪的定罪量刑标准。

最高人民检察院关于认定累犯如何确定刑罚执行完毕以后"五年以内"起始日期的批复

(2018 年 12 月 25 日最高人民检察院第十三届检察委员会第十二次会议通过
2018 年 12 月 28 日最高人民检察院公告公布　自 2018 年 12 月 30 日起施行)

高检发释字〔2018〕2 号

北京市人民检察院:

你院《关于认定累犯如何确定刑罚执行完毕以后五年以内起始日期的请示》收悉。经研究,批复如下:

刑法第六十五条第一款规定的"刑罚执行完毕",是指刑罚执行到期应予释放之日。认定累犯,确定刑罚执行完毕以后"五年以内"的起始日期,应当从刑满释放之日起计算。

第 三 部 分

案 例 选 载

最高人民检察院关于印发
最高人民检察院第十批指导性案例的通知

2018 年 7 月 3 日 高检发研字〔2018〕10 号

各省、自治区、直辖市人民检察院,解放军军事检察院,新疆生产建设兵团人民检察院:

经 2018 年 6 月 13 日最高人民检察院第十三届检察委员会第二次会议决定,现将朱炜明操纵证券市场案等三件指导性案例(检例第 39—41 号)作为第十批指导性案例发布,供参照适用。

朱炜明操纵证券市场案

(检例第 39 号)

【关键词】

操纵证券市场 "抢帽子"交易 公开荐股

【基本案情】

被告人朱炜明,男,1982 年 7 月出生,原系国开证券有限责任公司上海龙华西路证券营业部(以下简称国开证券营业部)证券经纪人,上海电视台第一财经频道《谈股论金》节目(以下简称《谈股论金》节目)特邀嘉宾。

2013 年 2 月 1 日至 2014 年 8 月 26 日,被告人朱炜明在任国开证券营业部证券经纪人期间,先后多次在其担任特邀嘉宾的《谈股论金》电视节目播出前,使用实际控制的三个证券账户买入多支股票,于当日或次日在《谈股论金》节目播出中,以特邀嘉宾身份对其先期买入的股票进行公开评价、预测及推介,并于节目首播后一至二个交易日内抛售相关股票,人为地影响前述股票的交易量和交易价格,获取利益。经查,其买入股票交易金额共计人民币 2094.22 万余元,卖出股票交易金额共计人民币 2169.70 万余元,非法获利 75.48 万余元。

【要旨】

证券公司、证券咨询机构、专业中介机构及其工作人员违背从业禁止规定,买卖或者持有证券,并在对相关证券作出公开评价、预测或者投资建议后,通过预期的市场波动反向操作,谋取利益,情节严重的,以操纵证券市场罪追究其刑事责任。

【指控与证明犯罪】

2016 年 11 月 29 日,上海市公安局以朱炜明涉嫌操纵证券市场罪移送上海市人民检察院第一分院审查起诉。

审查起诉阶段,朱炜明辩称:1. 涉案账户系其父亲朱某实际控制,其本人并未建议和参与相关涉案股票的买卖;2. 节目播出时,已隐去股票名称和代码,仅展示 K 线图、描述股票特征及信息,不属于公开评价、预测、推介个股;3. 涉案账户资金系家庭共同财产,其本人并未从中受益。

检察机关审查认为,现有证据足以认定犯罪嫌疑人在媒体上公开进行了股票推介行为,并且涉案账户在公开推介前后进行了涉案股票反向操作。但是,犯罪嫌疑人与涉案账户的实际控制关系,公开推介是否构成"抢帽子"交易操纵中的"公开荐股"以及行为能否认定为"操纵证券市场"等问题，有待进一步查证。针对需要进一步查证的问题，上海市人民检察院第一分院分别于2017年1月13日、3月24日二次将案件退回上海市公安局补充侦查，要求公安机关补充查证犯罪嫌疑人的淘宝、网银等IP地址、MAC地址（硬件设备地址，用来定义网络设备的位置），与涉案账户证券交易IP地址做筛选比对；将涉案账户资金出入与犯罪嫌疑人个人账户资金往来做关联比对；进一步对其父朱某在关键细节上做针对性询问，以核实朱炜明的辩解；由证券监管部门对本案犯罪嫌疑人的行为是否构成"公开荐股""操纵证券市场"提出认定意见。

经补充侦查，上海市公安局进一步收集了朱炜明父亲朱某等证人证言、中国证监会对朱炜明操纵证券市场行为性质的认定函、司法会计鉴定意见书等证据。中国证监会出具的认定函认定：2013年2月1日至2014年8月26日，朱炜明在《谈股论金》节目中通过明示股票名称或描述股票特征的方法，对15支股票进行公开评价和预测。朱炜明通过其控制的三个证券账户在节目播出前一至二个交易日或当天买入推荐的股票，交易金额2094.22万余元，并于节目播出后一至二个交易日内卖出上述股票，交易金额2169.70万余元，获利75.48万余元。朱炜明所荐股票次日交易价量明显上涨，偏离行业板块和大盘走势。其行为构成操纵证券市场，扰乱了证券市场秩序，并造成了严重社会影响。

结合补充收集的证据，上海市人民检察院第一分院办案人员再次提讯朱炜明，并听取其辩护律师意见。朱炜明在展示的证据面前，承认其在节目中公开荐股，称其明知所推荐股票价格在节目播出后会有所上升，故在公开荐股前建议其父朱某买入涉案15支股票，并在节目播出后随即卖出，以谋取利益。但对于指控其实际控制涉案账户买卖股票的事实予以否认。

针对其辩解，办案人员将相关证据向朱炜明及其辩护人出示，并一一阐明证据与朱炜明行为之间的证明关系。1.账户登录、交易IP地址大量位于朱炜明所在的办公地点，与朱炜明出行等电脑数据轨迹一致。例如，2014年7月17日、18日，涉案的朱某证券账户登录、交易IP地址在重庆，与朱炜明的出行记录一致。2.涉案三个账户之间与朱炜明个人账户资金往来频繁，初始资金有部分来自朱炜明账户，转出资金中有部分转入朱炜明银行账户后

由其消费，证明涉案账户资金由朱炜明控制。经过上述证据展示，朱炜明对自己实施"抢帽子"交易操纵他人证券账户买卖股票牟利的事实供认不讳。

2017年5月18日，上海市人民检察院第一分院以被告人朱炜明犯操纵证券市场罪向上海市第一中级人民法院提起公诉。7月20日，上海市第一中级人民法院公开开庭审理了本案。

法庭调查阶段，公诉人宣读起诉书指控被告人朱炜明违反从业禁止规定，以"抢帽子"交易的手段操纵证券市场谋取利益，其行为构成操纵证券市场罪。对以上指控的犯罪事实，公诉人出示了四组证据予以证明：

一是关于被告人朱炜明主体身份情况的证据。包括：1.国开证券公司与朱炜明签订的劳动合同、委托代理合同等工作关系书证；2.《谈股论金》节目编辑陈某等证人证言；3.户籍资料、从业资格证书等书证；4.被告人朱炜明的供述。证明：朱炜明于2013年2月至2014年8月担任国开证券营业部证券经纪人期间，先后多次受邀担任《谈股论金》节目特邀嘉宾。

二是关于涉案账户登录异常的证据。包括：1.证人朱某等证人的证言；2.朱炜明出入境及国内出行记录等书证；3.司法会计鉴定意见书、搜查笔录等；4.被告人朱炜明的供述。证明：2013年2月至2014年8月，"朱某""孙某""张某"三个涉案证券账户的实际控制人为朱炜明。

三是关于涉案账户交易异常的证据。包括：1.证人陈某等证人的证言；2.证监会行政处罚决定书及相关认定意见、调查报告等书证；3.司法会计鉴定意见书；4.节目视频拷贝光盘、QQ群聊天记录等视听资料、电子数据；5.被告人朱炜明的供述。证明：朱炜明在节目中推荐的15支股票，均被其在节目播出前一至二个交易日或播出当天买入，并于节目播出后一至二个交易日内卖出。

四是关于涉案证券账户资金来源及获利的证据。包括：1.证人朱某的证言；2.证监会查询通知书等书证；3.司法会计鉴定意见书等；4.被告人朱炜明的供述。证明：朱炜明在公开推荐股票后，股票交易量、交易价格涨幅明显。"朱某""孙某""张某"三个证券账户交易初始资金大部分来自朱炜明，且与朱炜明个人账户资金往来频繁。上述账户在涉案期间累计交易金额人民币4263.92万余元，获利人民币75.48万余元。

法庭辩论阶段,公诉人发表公诉意见:

第一,关于本案定性。证券公司、证券咨询机构、专业中介机构及其工作人员,买卖或者持有相关证券,并对该证券或其发行人、上市公司公开作出评价、预测或者投资建议,以便通过期待的市场波动取得经济利益的行为是"抢帽子"交易操纵行为。根据刑法第一百八十二条第一款第(四)项的规定,属于"以其他方法操纵"证券市场,情节严重的,构成操纵证券市场罪。

第二,关于控制他人账户的认定。综合本案证据,可以认定朱炜明通过实际控制的"朱某""孙某""张某"三个证券账户在公开荐股前买入涉案15支股票,荐股后随即卖出谋取利益,涉案股票价量均因荐股有实际影响,朱炜明实际获利75万余元。

第三,关于公开荐股的认定。结合证据,朱炜明在电视节目中,或明示股票名称,或介绍股票标识性信息、展示K线图等,投资者可以依据上述信息确定涉案股票名称,系在电视节目中对涉案股票公开作出评价、预测、推介,可以认定构成公开荐股。

第四,关于本案量刑建议。根据刑法第一百八十二条的规定,被告人朱炜明的行为构成操纵证券市场罪,依法应在五年以下有期徒刑至拘役之间量刑,并处违法所得一倍以上五倍以下罚金。建议对被告人朱炜明酌情判处三年以下有期徒刑,并处违法所得一倍以上的罚金。

被告人朱炜明及其辩护人对公诉意见没有异议,被告人当庭表示愿意退缴违法所得。辩护人提出,考虑被告人认罪态度好,建议从轻处罚。

法庭经审理,认定公诉人提交的证据能够相互印证,予以确认。综合考虑全案犯罪事实、情节,对朱炜明处以相应刑罚。2017年7月28日,上海市第一中级人民法院作出一审判决,以操纵证券市场罪判处被告人朱炜明有期徒刑十一个月,并处罚金人民币76万元,其违法所得予以没收。一审宣判后,被告人未上诉,判决已生效。

【指导意义】

证券公司、证券咨询机构、专业中介机构及其工作人员,违反规定买卖或者持有相关证券后,对该证券或者其发行人、上市公司作出公开评价、预测或者提出投资建议,通过期待的市场波动谋取利

益的,构成"抢帽子"交易操纵行为。发布投资咨询意见的机构或者证券从业人员往往具有一定的社会知名度,他们借助影响力较大的传播平台发布诱导性信息,容易对普通投资者交易决策产生影响。其在发布信息后,又利用证券价格波动实施与投资者反向交易的行为获利,破坏了证券市场管理秩序,违反了证券市场公开、公平、公正原则,具有较大的社会危害性,情节严重的,构成操纵证券市场罪。

证券犯罪具有专业性、隐蔽性、间接性等特征,检察机关办理该类案件时,应当根据证券犯罪案件特点,引导公安机关从证券交易记录、资金流向等问题切入,全面收集涉及犯罪的书证、电子数据、证人证言等证据,并结合案件特点开展证据审查。对书证,要重点审查涉及证券交易记录的凭证,有关交易数量、交易额、成交价格、资金走向等证据。对电子数据,要重点审查收集程序是否合法,是否采取必要的保全措施,是否经过篡改,是否感染病毒等。对证人证言,要重点审查证人与犯罪嫌疑人的关系,证言能否与客观证据相印证等。

办案中,犯罪嫌疑人或被告人及其辩护人经常会提出涉案账户实际控制人及操作人非其本人的辩解。对此,检察机关可以通过行为人资金往来记录、MAC地址(硬件设备地址)、IP地址与互联网访问轨迹的重合度与连贯性、身份关系和资金关系的紧密度、涉案股票买卖与公开荐股在时间及资金比例上的高度关联性、相关证人证言在细节上是否吻合等入手,构建严密证据体系,确定被告人与涉案账户的实际控制关系。

非法证券活动涉嫌犯罪的案件,来源往往是证券监管部门向公安机关移送。审查案件过程中,人民检察院可以与证券监管部门加强联系和沟通。证券监管部门在行政执法和查办案件中收集的物证、书证、视听资料、电子数据等证据材料,在刑事诉讼中可以作为证据使用。检察机关通过办理证券犯罪案件,可以建议证券监管部门针对案件反映出的问题,加强资本市场监管和相关制度建设。

【相关规定】

《中华人民共和国刑法》第一百八十二条

《最高人民检察院、公安部关于公安机关管辖的刑事案件立案追诉标准的规定(二)》第三十九条

周辉集资诈骗案

（检例第 40 号）

【关键词】

集资诈骗非法占有目的　网络借贷信息中介机构

【基本案情】

被告人周辉，男，1982 年 2 月出生，原系浙江省衢州市中宝投资有限公司（以下简称中宝投资公司）法定代表人。

2011 年 2 月，被告人周辉注册成立中宝投资公司，担任法定代表人。公司上线运营"中宝投资"网络平台，借款人（发标人）在网络平台注册、缴纳会费后，可发布各种招标信息，吸引投资人投资。投资人在网络平台注册成为会员后可参与投标，通过银行汇款、支付宝、财付通等方式将投资款汇至周辉公布在网站上的 8 个其个人账户或第三方支付平台账户。借款人可直接从周辉处取得所融资金。项目完成后，借款人返还资金，周辉将收益给予投标人。

运行前期，周辉通过网络平台为 13 个借款人提供总金额约 170 万余元的融资服务，因部分借款人未能还清借款造成公司亏损。此后，周辉除用本人真实身份信息在公司网络平台注册 2 个会员外，自 2011 年 5 月至 2013 年 12 月陆续虚构 34 个借款人，并利用上述虚假身份自行发布大量虚假抵押标、宝石标等，以支付投资人约 20% 的年化收益率及额外奖励等为诱饵，向社会不特定公众募集资金。所募资金未进入公司账户，全部由周辉个人掌控和支配。除部分用于归还投资人到期的本金及收益外，其余主要用于购买房产、高档车辆、首饰等。这些资产绝大部分登记在周辉名下或供周辉个人使用。2011 年 5 月至案发，周辉通过中宝投资网络平台累计向全国 1586 名不特定对象非法集资共计 10.3 亿余元，除支付本金及收益回报 6.91 亿余元外，尚有 3.56 亿余元无法归还。案发后，公安机关从周辉控制的银行账户内扣押现金 1.80 亿余元。

【要旨】

网络借贷信息中介机构或其控制人，利用网络借贷平台发布虚假信息，非法建立资金池募集资金，所得资金大部分未用于生产经营活动，主要用于借新还旧和个人挥霍，无法归还所募资金数额巨大，应认定为具有非法占有目的，以集资诈骗罪追究刑事责任。

【指控与证明犯罪】

2014 年 7 月 15 日，浙江省衢州市公安局以周辉涉嫌集资诈骗罪移送衢州市人民检察院审查起诉。

审查起诉阶段，衢州市人民检察院审查了全案卷宗，讯问了犯罪嫌疑人。针对该案犯罪行为涉及面广，众多集资参与人财产遭受损失的情况，检察机关充分听取了辩护人和部分集资参与人意见，进一步核实了非法集资金额，对扣押的房产等作出司法鉴定或价格评估。针对辩护人提出的非法证据排除申请，检察机关审查后发现，涉案证据存在以下瑕疵：公安机关向部分证人取证时存在取证地点不符合刑事诉讼法规定以及个别辨认笔录缺乏见证人等情况。为此，检察机关要求公安机关予以补正或作出合理解释。公安机关作出情况说明：证人从外地赶来，经证人本人同意，取证在宾馆进行。关于此项情况说明，检察机关审查后予以采信。对于缺乏见证人的个别辨认笔录，检察机关审查后予以排除。

2015 年 1 月 19 日，浙江省衢州市人民检察院以周辉犯集资诈骗罪向浙江省衢州市中级人民法院提起公诉。6 月 25 日，衢州市中级人民法院公开开庭审理本案。

法庭调查阶段，公诉人宣读起诉书指控被告人周辉以高息为诱饵，虚构借款人和借款用途，利用网络 P2P 形式，面向社会公众吸收资金，主要用于个人肆意挥霍，其行为构成集资诈骗罪。对于指控的犯罪事实，公诉人出示了四组证据予以证明：一是被告人周辉的立案情况及基本信息；二是中宝投资公司的发标、招投标情况及相关证人证言；三是集资情况的证据，包括银行交易清单，司法会计鉴定意见书等；四是集资款的去向，包括购买车辆、房产等物证及相关证人证言。

法庭辩论阶段，公诉人发表公诉意见：被告人周辉注册网络借贷信息平台，早期从事少量融资信息服务。在公司亏损、经营难以为继的情况下，虚构借款人和借款标的，以欺诈方式面向不特定投资人吸收资金，自建资金池。在公安机关立案查处时，虽暂可通过"拆东墙补西墙"的方式偿还部分旧债维持周转，但根据其所募资金主要用于还本付息和个人肆意挥霍，未投入生产经营，不可能产生利润回报的事实，可以判断其后续资金缺口势必不断扩大，无法归还所募全部资金，故可以认定其具有非法占有的目的，应以集资诈骗罪对其定罪处罚。

辩护人提出：一是周辉行为系单位行为；二是周辉一直在偿还集资款，主观上不具有非法占有集资款的故意；三是周辉利用互联网从事 P2P 借贷融资，不构成集资诈骗罪，构成非法吸收公众存款罪。

公诉人针对辩护意见进行答辩：第一，中宝投资公司是由被告人周辉控制的一人公司，不具有经营实体，不具备单位意志，集资款未纳入公司财务进行核算，而是由周辉一人掌控和支配，因此周辉的行为不构成单位犯罪。第二，周辉本人主观上认识到资金不足，少量投资赚取的收益不足以支付许诺的高额回报，没有将集资款用于生产经营活动，而是主要用于个人肆意挥霍，其主观上对集资款具有非法占有的目的。第三，P2P 网络借贷，是指个人利用中介机构的网络平台，将自己的资金出借给资金短缺者的商业模式。根据中国银行业监管委员会、工业和信息化部、公安部、国家互联网信息办公室制定的《网络借贷信息中介机构业务活动管理暂行办法》等监管规定，P2P 作为新兴金融业态，必须明确其信息中介性质，平台本身不得提供担保，不得归集资金搞资金池，不得非法吸收公众资金。周辉吸收资金建资金池，不属于合法的 P2P 网络借贷。非法吸收公众存款罪与集资诈骗罪的区别，关键在于行为人对吸收的资金是否具有非法占有的目的。利用网络平台发布虚假高利借款标募集资金，采取借新还旧的手段，短期内募集大量资金，不用于生产经营活动，或者用于生产经营活动与筹集

资金规模明显不成比例，致使集资款不能返还的，是典型的利用网络中介平台实施集资诈骗行为。本案中，周辉采用编造虚假借款人、虚假投标项目等欺骗手段集资，所融资金未投入生产经营，大量集资款被其个人肆意挥霍，具有明显的非法占有目的，其行为构成集资诈骗罪。

法庭经审理，认为公诉人出示的证据能够相互印证，予以确认。对周辉及其辩护人提出的不构成集资诈骗罪及本案属于单位犯罪的辩解、辩护意见，不予采纳。综合考虑犯罪事实和量刑情节，2015 年 8 月 14 日，浙江省衢州市中级人民法院作出一审判决，以集资诈骗罪判处被告人周辉有期徒刑十五年，并处罚金人民币 50 万元。继续追缴违法所得，返还各集资参与人。

一审宣判后，浙江省衢州市人民检察院认为，被告人周辉非法集资 10.3 亿余元，属于刑法规定的集资诈骗数额特别巨大并且给人民利益造成特别重大损失的情形，依法应处无期徒刑或者死刑，并处没收财产，一审判决量刑过轻。2015 年 8 月 24 日，向浙江省高级人民法院提出抗诉。被告人周辉不服一审判决，提出上诉。其上诉理由是量刑畸重，应判处缓刑。

本案二审期间，2015 年 8 月 29 日，第十二届全国人大常委会第十六次会议审议通过了《中华人民共和国刑法修正案（九）》，删去《刑法》第一百九十九条关于犯集资诈骗罪"数额特别巨大并且给国家和人民利益造成特别重大损失的，处无期徒刑或者死刑，并处没收财产"的规定。刑法修正案（九）于 2015 年 11 月 1 日起施行。

浙江省高级人民法院经审理后认为，刑法修正案（九）取消了集资诈骗罪死刑的规定，根据从旧兼从轻原则，一审法院判处周辉有期徒刑十五年符合修订后的法律规定。上诉人周辉具有集资诈骗的主观故意及客观行为，原审定性准确。2016 年 4 月 29 日，二审法院作出裁定，维持原判。终审判决作出后，周辉及其父亲不服判决提出申诉，浙江省高级人民法院受理申诉并经审查后，认为原判事实清楚，证据确实充分，定性准确，量刑适当，于 2017 年 12 月 22 日驳回申诉，维持原裁判。

【指导意义】
是否具有非法占有目的，是正确区分非法吸收公众存款罪和集资诈骗罪的关键。对非法占有目的的认定，应当围绕融资项目真实性、资金去向、归

还能力等事实、证据进行综合判断。行为人将所吸收资金大部分未用于生产经营活动，或名义上投入生产经营，但又通过各种方式抽逃转移资金，或供其个人肆意挥霍，归还本息主要通过借新还旧来实现，造成数额巨大的募集资金无法归还的，可以认定具有非法占有的目的。

集资诈骗罪是近年来检察机关重点打击的金融犯罪之一。对该类犯罪，检察机关应着重从以下几个方面开展工作：一是强化证据审查。非法集资类案件由于参与人数多、涉及面广，受主客观因素影响，取证工作易出现瑕疵和问题。检察机关对重大复杂案件要及时介入侦查、引导取证。在审查案件中要强化对证据的审查，需要退回补充侦查或者自行补充侦查的，要及时退查或补查，建立起完整、牢固的证据锁链，夯实认定案件事实的证据基础。二是在法庭审理中要突出指控和证明犯罪的重点。

要紧紧围绕集资诈骗罪构成要件，特别是行为人主观上具有非法占有目的、客观上以欺骗手段非法集资的事实梳理组合证据，运用完整的证据体系对认定犯罪的关键事实予以清晰证明。三是要将办理案件与追赃挽损相结合。检察机关办理相关案件，要积极配合公安机关、人民法院依法开展追赃挽损、资产处置等工作，最大限度减少人民群众的实际损失。四是要结合办案开展以案释法，增强社会公众的法治观念和风险防范意识，有效预防相关犯罪的发生。

【相关规定】

《中华人民共和国刑法》第一百九十二条

《最高人民法院关于审理非法集资刑事案件具体应用法律若干问题的解释》第四条

《最高人民检察院、公安部关于公安机关管辖的刑事案件立案追诉标准的规定(二)》第四十九条

叶经生等组织、领导传销活动案

（检例第 41 号）

【关键词】

组织、领导传销活动　网络传销　骗取财物

【基本案情】

被告人叶经生，男，1975 年 12 月出生，原系上海宝乔网络科技有限公司（以下简称宝乔公司）总经理。

被告人叶青松，男，1973 年 10 月出生，原系宝乔公司浙江省区域总代理。

2011 年 6 月，被告人叶经生等人成立宝乔公司，先后开发"经销商管理系统网站""金乔网商城网站"（以下简称金乔网）。以网络为平台，或通过招商会、论坛等形式，宣传、推广金乔网的经营模式。

金乔网的经营模式是：1. 经上线经销商会员推荐并缴纳保证金成为经销商会员，无须购买商品，只需发展下线经销商，根据直接或者间接发展下线人数获得推荐奖金，晋升级别成为股权会员，享受股权分红。2. 经销商会员或消费者在金乔网经营

商会员处购物消费满 120 元以上，向宝乔公司支付消费金额 10% 的现金，即可注册成为返利会员参与消费额双倍返利，可获一倍现金返利和一倍的金乔币（虚拟电子货币）返利。3. 金乔网在全国各地设立省、地区、县（市、区）三级区域运营中心，各运营中心设区域代理，由经销商会员负责本区域会员的发展和管理，享受区域范围内不同种类业绩一定比例的提成奖励。

2011 年 11 月，被告人叶青松经他人推荐加入金乔网，缴纳三份保证金并注册了三个经销商会员号。因发展会员积极，经金乔网审批成为浙江省区域总代理，负责金乔网在浙江省的推广和发展。

截至案发，金乔网注册会员 3 万余人，其中注册经销商会员 1.8 万余人。在全国各地发展省、地区、县三级区域代理 300 余家，涉案金额 1.5 亿余元。其中，叶青松直接或间接发展下线经销商会员 1886 人，收取浙江省区域会员保证金、参与返利的

消费额 10% 现金、区域代理费等共计 3000 余万元，通过银行转汇给叶经生。叶青松通过抽取保证金推荐奖金、股权分红、消费返利等提成的方式非法获利 70 余万元。

【要旨】

组织者或者经营者利用网络发展会员，要求被发展人员以缴纳或者变相缴纳"入门费"为条件，获得提成和发展下线的资格。通过发展人员组成层级关系，并以直接或者间接发展的人员数量作为计酬或者返利的依据，引诱被发展人员继续发展他人参加，骗取财物，扰乱经济社会秩序的，以组织、领导传销活动罪追究刑事责任。

【指控与证明犯罪】

2012 年 8 月 28 日、2012 年 11 月 9 日，浙江省松阳县公安局分别以叶青松、叶经生涉嫌组织、领导传销活动罪移送浙江省松阳县人民检察院审查起诉。因叶经生、叶青松系共同犯罪，松阳县人民检察院作并案处理。

2013 年 3 月 11 日，浙江省松阳县人民检察院以被告人叶经生、叶青松犯组织、领导传销活动罪向松阳县人民法院提起公诉。松阳县人民法院公开开庭审理了本案。

法庭调查阶段，公诉人宣读起诉书指控被告人叶经生、叶青松利用网络，以会员消费双倍返利为名，吸引不特定公众成为会员、经销商，组成一定层级，采取区域累计计酬方式，引诱参加者继续发展他人参与，骗取财物，扰乱经济社会秩序，其行为构成组织、领导传销活动罪。在共同犯罪中，被告人叶经生起主要作用，系主犯；被告人叶青松起辅助作用，系从犯。

针对起诉书指控的犯罪事实，被告人叶经生辩解认为，宝乔公司系依法成立，没有组织、领导传销的故意，金乔网模式是消费模式的创新。

公诉人针对涉及传销的关键问题对被告人叶经生进行讯问：

第一，针对成为金乔网会员是否要向金乔网缴纳费用，公诉人讯问：如何成为金乔网会员，获得推荐奖金、消费返利？被告人叶经生回答：注册成为金乔网会员，需缴纳诚信保证金 7200 元，成为会员后发展一个经销商就可以获得奖励 1250 元；参与返利，消费要达到 120 元以上，并向公司缴纳 10% 的消费款。公诉人这一讯问揭示了缴纳保证金、缴纳 10% 的消费款才有资格获得推荐奖励、返利，保

证金及 10% 的消费款其实质就是入门费。金乔网的经营模式符合传销组织要求参加者以缴纳费用或者购买商品、服务等方式获得加入资格的组织特征。

第二，针对金乔网利润来源、计酬或返利的资金来源，公诉人讯问：除了收取的保证金和 10% 的消费款费用，金乔网还有无其他收入？被告人叶经生回答：收取的 10% 的消费款就足够天天返利了，金乔网的主要收入是保证金、10% 的消费款，支出主要是天天返利及推荐奖、运营费用。公诉人讯问：公司收取消费款有多少，需返利多少？被告人叶经生回答：收到 4000 万左右，返利也要 4000 万，我们的经营模式不需要盈利。公诉人通过讯问，揭示了金乔网没有实质性的经营活动，其利润及资金的真实来源系后加入人员缴纳的费用。如果没有新的人员加入，根本不可能维持其"经营活动"的运转，符合传销活动骗取财物的本质特征。

同时，公诉人向法庭出示了四组证据证明犯罪事实：

一是宝乔公司的工商登记、资金投入、人员组成、公司财务资料、网站功能等书证。证明：宝乔公司实际投入仅 300 万元，没有资金实力建立与其宣传匹配的电子商务系统。

二是宝乔公司内部人员证言及被告人的供述等证据。证明：公司缺乏售后服务人员、系统维护人员、市场推广及监管人员，员工主要从事虚假宣传，收取保证金及消费款，推荐佣金，发放返利。

三是宝乔公司银行明细、公司财务资料、款项开支情况等证据，证明：公司收入来源于会员缴纳的保证金、消费款。技术人员的证言等证据，证明：网站功能简单，不具备第三方支付功能，不能适应电子商务的需求。

四是金乔网网站系统的电子数据及鉴定意见，并由鉴定人出庭作证。鉴定人揭示网络数据库显示了金乔网会员加入时间、缴纳费用数额、会员之间的推荐（发展）关系、获利数额等信息。鉴定人当庭通过对上述信息的分析，指出数据库表格中的会员账号均列明了推荐人，按照推荐人关系排列，会员层级呈金字塔状，共有 68 层。每个结点有左右两个分支，左右分均有新增单数，则可获得推荐奖金，奖金实行无限代计酬。证明：金乔网会员层级呈现金字塔状，上线会员可通过下线、下下线会

员发展会员获得收益。

法庭辩论阶段，公诉人发表公诉意见，指出金乔网的人财物及主要活动目的，在于引诱消费者缴纳保证金、消费款，并从中非法牟利。其实质是借助公司的合法形式，打着电子商务旗号进行网络传销。同时阐述了这种新型传销活动的本质和社会危害。

辩护人提出：金乔网没有入门费，所有的人员都可以在金乔网注册，不缴纳费用也可以成为金乔网的会员。金乔网没有设层级，经销商、会员、区域代理之间不存在层级关系，没有证据证实存在层级获利。金乔网没有拉人头，没有以发展人员的数量作为计酬或返利依据。直接推荐才有奖金，间接推荐没有奖金，没有骗取财物，不符合组织、领导传销活动罪的特征。

公诉人答辩：金乔网缴纳保证金和消费款才能获得推荐佣金和返利的资格，本质系入门费。上线会员可以通过发展下线人员获取收益，并组成会员、股权会员、区域代理等层级，本质为设层级。以推荐的人数作为发放佣金的依据系直接以发展的人员数量作为计酬依据，区域业绩及返利资金主要取决于参加人数的多少，实质属于以发展人员的数量作为提成奖励及返利的依据，本质为拉人头。金乔网缺乏实质的经营活动，不产生利润，以后期收到的保证金、消费款支付前期的推荐佣金、返利，与所有的传销活动一样，人员不可能无限增加，资金链必然断裂。传销组织人员不断增加的过程实际也是风险不断积累和放大的过程。金乔网所谓经营活动本质是从被发展人员缴纳的费用中非法牟利，具有骗取财物的特征。

法庭经审理，认定检察机关出示的证据能够相互印证，予以确认。被告人及其辩护人提出的不构成组织、领导传销活动罪的辩解、辩护意见不能成立。

2013年8月23日，浙江省松阳县人民法院作出一审判决，以组织、领导传销活动罪判处被告人叶经生有期徒刑七年，并处罚金人民币150万元。以组织、领导传销活动罪判处被告人叶青松有期徒刑三年，并处罚金人民币30万元。扣押和冻结的涉案财物予以没收，继续追缴二被告人的违法所得。

二被告人不服一审判决，提出上诉。叶经生的上诉理由是其行为不构成组织、领导传销活动罪。叶青松的上诉理由是量刑过重。浙江省丽水市中级人民法院经审理，认定原判事实清楚，证据确实、充分，定罪准确，量刑适当，审判程序合法，驳回上诉，维持原判。

【指导意义】

随着互联网技术的广泛应用，微信、语音视频聊天室等社交平台作为新的营销方式被广泛运用。传销组织在手段上借助互联网不断翻新，打着"金融创新"的旗号，以"资本运作""消费投资""网络理财""众筹""慈善互助"等为名从事传销活动。常见的表现形式有：组织者、经营者注册成立电子商务企业，以此名义建立电子商务网站。以网络营销、网络直销等名义，变相收取入门费，设置各种返利机制，激励会员发展下线，上线从直接或者间接发展的下线的销售业绩中计酬，或以直接或者间接发展的人员数量为依据计酬或者返利。这类行为，不管其手段如何翻新，只要符合传销组织骗取财物、扰乱市场经济秩序本质特征的，应以组织、领导传销活动罪论处。

检察机关办理组织、领导传销活动犯罪案件，要紧扣传销活动骗取财物的本质特征和构成要件，收集、审查、运用证据。特别要注意针对传销网站的经营特征与其他合法经营网站的区别，重点收集涉及入门费、设层级、拉人头等传销基本特征的证据及企业资金投入、人员组成、资金来源去向、网站功能等方面的证据，揭示传销犯罪没有创造价值，经营模式难以持续，用后加入者的财物支付给先加入者，通过发展下线牟利骗取财物的本质特征。

【相关规定】

《中华人民共和国刑法》第二百二十四条之一

《最高人民检察院、公安部关于公安机关管辖的刑事案件立案追诉标准的规定(二)》第七十八条

最高人民检察院关于印发
最高人民检察院第十一批指导性案例的通知

2018 年 11 月 9 日 高检发研字〔2018〕27 号

各省、自治区、直辖市人民检察院,解放军军事检察院,新疆生产建设兵团人民检察院:

经 2018 年 10 月 19 日最高人民检察院第十三届检察委员会第七次会议决定,现将齐某强奸、猥亵儿童案等三件指导性案例(检例第 42—44 号)作为第十一批指导性案例发布,供参照适用。

齐某强奸、猥亵儿童案

(检例第 42 号)

【关键词】

强奸罪 猥亵儿童罪 情节恶劣 公共场所当众

【基本案情】

被告人齐某,男,1969 年 1 月出生,原系某县某小学班主任。

2011 年夏天至 2012 年 10 月,被告人齐某在担任班主任期间,利用午休、晚自习及宿舍查寝等机会,在学校办公室、教室、洗澡堂、男生宿舍等处多次对被害女童 A(10 岁)、B(10 岁)实施奸淫、猥亵,并以带 A 女童外出看病为由,将其带回家中强奸。齐某还在女生集体宿舍等地多次猥亵被害女童 C(11 岁)、D(11 岁)、E(10 岁),猥亵被害女童 F(11 岁)、G(11 岁)各一次。

【要旨】

1. 性侵未成年人犯罪案件中,被害人陈述稳定自然,对于细节的描述符合正常记忆认知、表达能力,被告人辩解没有证据支持,结合生活经验对全案证据进行审查,能够形成完整证明体系的,可以认定案件事实。

2. 奸淫幼女具有《最高人民法院、最高人民检察院、公安部、司法部关于依法惩治性侵害未成年人犯罪的意见》规定的从严处罚情节,社会危害性与刑法第二百三十六条第三款第二至四项规定的情形相当的,可以认定为该款第一项规定的"情节恶劣"。

3. 行为人在教室、集体宿舍等场所实施猥亵行为,只要当时有多人在场,即使在场人员未实际看到,也应当认定犯罪行为是在"公共场所当众"实施。

【指控与证明犯罪】

(一)提起公诉及原审判决情况

2013 年 4 月 14 日,某市人民检察院以齐某犯强奸罪、猥亵儿童罪对其提起公诉。5 月 9 日,某市中级人民法院依法不公开开庭审理本案。9 月 23 日,该市中级人民法院作出判决,认定齐某犯强奸罪,判处死刑缓期二年执行,剥夺政治权利终身;犯猥亵儿童罪,判处有期徒刑四年六个月;决定执行死刑,缓期二年执行,剥夺政治权利终身。被告人未上诉,判决生效后,报某省高级人民法院复核。

2013 年 12 月 24 日,某省高级人民法院以原判认定部分事实不清为由，裁定撤销原判，发回重审。

2014 年 11 月 13 日，某市中级人民法院经重新审理，作出判决，认定齐某犯强奸罪，判处无期徒刑，剥夺政治权利终身；犯猥亵儿童罪，判处有期徒刑四年六个月；决定执行无期徒刑，剥夺政治权利终身。齐某不服提出上诉。

2016 年 1 月 20 日，某省高级人民法院经审理，作出终审判决，认定齐某犯强奸罪，判处有期徒刑六年，剥夺政治权利一年；犯猥亵儿童罪，判处有期徒刑四年六个月；决定执行有期徒刑十年，剥夺政治权利一年。

（二）提起审判监督程序及再审改判情况

某省人民检察院认为该案终审判决确有错误，提请最高人民检察院抗诉。最高人民检察院经审查，认为该案适用法律错误，量刑不当，应予纠正。2017 年 3 月 3 日，最高人民检察院依照审判监督程序向最高人民法院提出抗诉。

2017 年 12 月 4 日，最高人民法院依法不公开开庭审理本案，最高人民检察院指派检察员出席法庭，辩护人出庭为原审被告人进行辩护。

法庭调查阶段，针对原审被告人不认罪的情况，检察员着重就齐某辩解与在案证据是否存在矛盾，以及有无其他证据或线索支持其辩解进行发问和举证，重点核实以下问题：案发前齐某与被害人及其家长关系如何，是否到女生宿舍查寝，是否多次单独将女生叫到教室，是否带女生回家过夜。齐某当庭供述与被害人及其家长没有矛盾，承认曾到女生宿舍查寝，为女生揉肚子，单独将女生叫出教室问话，带女生外出看病以及回家过夜。通过当庭讯问，进一步印证了被害人陈述细节的真实性、客观性。

法庭辩论阶段，检察员发表出庭意见：

首先，原审被告人齐某犯强奸罪、猥亵儿童罪的犯罪事实清楚，证据确实充分。1. 各被害人及其家长和齐某在案发前没有矛盾。报案及时，无其他介入因素，可以排除诬告的可能。2. 各被害人陈述内容自然合理，可信度高，且有同学的证言予以印证。被害人对于细节的描述符合正常记忆认知、表达能力，如齐某实施性侵害的大致时间、地点、方式、次数等内容基本一致。因被害人年幼、报案及作证距案发时间较长等客观情况，具体表达存在不尽一致之处，完全正常。3. 各被害人陈述的基本事实得到本案其他证据印证，如齐某卧室勘验笔录、被害人辨认现场的笔录、现场照片、被害人生理状况诊断证明等。

其次，原审被告人齐某犯强奸罪情节恶劣，且在公共场所当众猥亵儿童，某省高级人民法院判决对此不予认定，属于适用法律错误，导致量刑畸轻。1. 齐某奸淫幼女"情节恶劣"。齐某利用教师身份，多次强奸二名幼女，犯罪时间跨度长。本案发生在校园内，对被害人及其家人伤害非常大，对其他学生造成了恐惧。齐某的行为具备《最高人民法院、最高人民检察院、公安部、司法部关于依法惩治性侵害未成年人犯罪的意见》第 25 条规定的多项"更要依法从严惩处"的情节，综合评判应认定为"情节恶劣"，判处十年有期徒刑以上刑罚。2. 本案中齐某的行为属于在"公共场所当众"猥亵儿童。公共场所系供社会上多数人从事工作、学习、文化、娱乐、体育、社交、参观、旅游和满足部分生活需求的一切公用建筑物、场所及其设施的总称，具备由多数人进出、使用的特征。基于对未成年人保护的需要，《最高人民法院、最高人民检察院、公安部、司法部关于依法惩治性侵害未成年人犯罪的意见》第 23 条明确将"校园"这种除师生外，其他人不能随便进出的场所认定为公共场所。司法实践中也已将教室这种相对封闭的场所认定为公共场所。本案中女生宿舍是 20 多人的集体宿舍，和教室一样属于校园的重要组成部分，具有相对涉众性、公开性，应当是公共场所。《最高人民法院、最高人民检察院、公安部、司法部关于依法惩治性侵害未成年人犯罪的意见》第 23 条规定，在公共场所对未成年人实施猥亵犯罪，"只要有其他多人在场，不论在场人员是否实际看到"，均可认定为当众猥亵。本案中齐某在熄灯后进入女生集体宿舍，当时就寝人数较多，床铺之间没有遮挡，其猥亵行为易被同寝他人所感知，符合上述规定"当众"的要求。

原审被告人及其辩护人坚持事实不清、证据不足的辩护意见，理由是：一是认定犯罪的直接证据只有被害人陈述，齐某始终不认罪，其他证人证言均是传来证据，没有物证，证据链条不完整。二是被害人陈述前后有矛盾，不一致。且其中一个被害人在第一次陈述中只讲到被猥亵，第二次又讲到被强奸，前后有重大矛盾。

针对辩护意见，检察员答辩：一是被害人陈述的一些细节，如强奸的地点、姿势等，结合被害人年龄及认知能力,不亲身经历,难以编造。二是齐某性侵次数多、时间跨度长,被害人年龄小,前后陈述有些细节上的差异和模糊是正常的,恰恰符合被害人的记忆特征。且被害人对基本事实和情节的描述是稳定的。有的被害人虽然在第一次询问时没有陈述被强奸,但在此后对没有陈述的原因做了解释,即当时学校老师在场,不敢讲。这一理由符合孩子的心理。三是被害人同学证言虽然是传来证据,但其是在犯罪发生之后即得知有关情况,因此证明力较强。四是齐某及其辩护人对其辩解没有提供任何证据或者线索的支持。

2018 年 6 月 11 日,最高人民法院召开审判委员会会议审议本案,最高人民检察院检察长列席会议并发表意见:一是最高人民检察院抗诉书认定的齐某犯罪事实、情节符合客观实际。性侵害未成年人案件具有客观证据、直接证据少,被告人往往不认罪等特点。本案中,被害人家长与原审被告人之前不存在矛盾,案发过程自然。被害人陈述及同学证言符合案发实际和儿童心理,证明力强。综合全案证据看,足以排除合理怀疑,能够认定原审被告人强奸、猥亵儿童的犯罪事实。二是原审被告人在女生宿舍猥亵儿童的犯罪行为属于在"公共场所当众"猥亵。考虑本案具体情节,原审被告人猥亵儿童的犯罪行为应当判处十年有期徒刑以上刑罚。三是某省高级人民法院二审判决确有错误,依法应当改判。

2018 年 7 月 27 日,最高人民法院作出终审判决,认定原审被告人齐某犯强奸罪,判处无期徒刑,剥夺政治权利终身;犯猥亵儿童罪,判处有期徒刑十年;决定执行无期徒刑,剥夺政治权利终身。

【指导意义】

(一)准确把握性侵未成年人犯罪案件证据审查判断标准

对性侵未成年人犯罪案件证据的审查,要根据未成年人的身心特点,按照有别于成年人的标准予以判断。审查言词证据,要结合全案情况予以分析。根据经验和常识,未成年人的陈述合乎情理、逻辑,对细节的描述符合其认知和表达能力,且有其他证据予以印证,被告人的辩解没有证据支持,结合双方关系不存在诬告可能的,应当采纳未成年

人的陈述。

(二)准确适用奸淫幼女"情节恶劣"的规定

刑法第二百三十六条第三款第一项规定,奸淫幼女"情节恶劣"的,处十年以上有期徒刑、无期徒刑或者死刑。《最高人民法院、最高人民检察院、公安部、司法部关于依法惩治性侵害未成年人犯罪的意见》第 25 条规定了针对未成年人实施奸淫、猥亵犯罪"更要依法从严惩处"的七种情形。实践中,奸淫幼女具有从严惩处情形,社会危害性与刑法第二百三十六条第三款第二至四项相当的,可以认为属于该款第一项规定的"情节恶劣"。例如,该款第二项规定的"奸淫幼女多人",一般是指奸淫幼女三人以上。本案中,被告人具备教师的特殊身份,奸淫二名幼女,且分别奸淫多次,其危害性并不低于奸淫幼女三人的行为,据此可以认定符合"情节恶劣"的规定。

(三)准确适用"公共场所当众"实施强奸、猥亵未成年人犯罪的规定

刑法对"公共场所当众"实施强奸、猥亵未成年人犯罪,作出了从重处罚的规定。《最高人民法院、最高人民检察院、公安部、司法部关于依法惩治性侵害未成年人犯罪的意见》第 23 条规定了在"校园、游泳馆、儿童游乐场等公共场所"对未成年人实施强奸、猥亵犯罪,可以认定为在"公共场所当众"实施犯罪。适用这一规定,是否属于"当众"实施犯罪至为关键。对在规定列举之外的场所实施强奸、猥亵未成年人犯罪的,只要场所具有相对公开性,且有其他多人在场,有被他人感知可能的,就可以认定为在"公共场所当众"犯罪。最高人民法院对本案的判决表明:学校中的教室、集体宿舍、公共厕所、集体洗澡间等,是不特定未成年人活动的场所,在这些场所实施强奸、猥亵未成年人犯罪的,应当认定为在"公共场所当众"实施犯罪。

【相关规定】

《中华人民共和国刑法》第 236 条、第 237 条

《中华人民共和国刑事诉讼法》第 55 条

《最高人民法院、最高人民检察院、公安部、司法部关于依法惩治性侵害未成年人犯罪的意见》第 2 条、第 23 条、第 25 条

骆某猥亵儿童案

（检例第 43 号）

【关键词】

猥亵儿童罪　网络猥亵　犯罪既遂

【基本案情】

被告人骆某，男，1993 年 7 月出生，无业。

2017 年 1 月，被告人骆某使用化名，通过 QQ 软件将 13 岁女童小羽加为好友。聊天中得知小羽系初二学生后，骆某仍通过言语恐吓，向其索要裸照。在被害人拒绝并在 QQ 好友中将其删除后，骆某又通过小羽的校友周某对其施加压力，再次将小羽加为好友。同时骆某还虚构"李某"的身份，注册另一 QQ 号并添加小羽为好友。之后，骆某利用"李某"的身份在 QQ 聊天中对小羽进行威胁恐吓，同时利用周某继续施压。小羽被迫按照要求自拍裸照十张，通过 QQ 软件传送给骆某观看。后骆某又以在网络上公布小羽裸照相威胁，要求与其见面并在宾馆开房，企图实施猥亵行为。因小羽向公安机关报案，骆某在依约前往宾馆途中被抓获。

【要旨】

行为人以满足性刺激为目的，以诱骗、强迫或者其他方法要求儿童拍摄裸体、敏感部位照片、视频等供其观看，严重侵害儿童人格尊严和心理健康的，构成猥亵儿童罪。

【指控与证明犯罪】

（一）提起、支持公诉和一审判决情况

2017 年 6 月 5 日，某市某区人民检察院以骆某犯猥亵儿童罪对其提起公诉。7 月 20 日，该区人民法院依法不公开开庭审理本案。

法庭调查阶段，公诉人出示了指控犯罪的证据：被害人陈述、证人证言及被告人供述，证明骆某对小羽实施了威胁恐吓，强迫其自拍裸照的行为；QQ 聊天记录截图、小羽自拍裸体照片、身份信息等，证明骆某明知小羽系儿童及强迫其拍摄裸照的事实等。

法庭辩论阶段，公诉人发表公诉意见：被告人骆某为满足性刺激，通过网络对不满 14 周岁的女童进行威胁恐吓，强迫被害人按照要求的动作、姿势拍摄裸照供其观看，并以公布裸照相威胁欲进一步实施猥亵，犯罪事实清楚，证据确实、充分，应当以猥亵儿童罪对其定罪处罚。

辩护人对指控的罪名无异议，但提出以下辩护意见：一是认定被告人明知被害人未满 14 周岁的证据不足。二是认定被告人利用小羽的校友周某对小羽施压、威胁并获取裸照的证据不足。三是被告人猥亵儿童的行为未得逞，系犯罪未遂。四是被告人归案后如实供述，认罪态度较好，可酌情从轻处罚。

针对辩护意见，公诉人答辩：一是被告人骆某供述在 QQ 聊天中已知小羽系初二学生，可能不满 14 周岁，看过其生活照、小视频，了解其身体发育状况，通过周某了解过小羽的基本信息，证明被告人骆某应当知道小羽系未满 14 周岁的幼女。二是证人周某二次证言均证实其被迫帮助骆某威胁小羽，能够与被害人陈述、被告人供述相互印证，同时有相关聊天记录等予以印证，足以认定被告人骆某通过周某对小羽施压、威胁的事实。三是被告人骆某前后实施两类猥亵儿童的行为，构成猥亵儿童罪。1. 骆某强迫小羽自拍裸照通过网络传输供其观看。该行为虽未直接接触被害人，但实质上已使儿童人格尊严和心理健康受到严重侵害。骆某已获得裸照并观看，应认定为犯罪既遂。2. 骆某利用公开裸照威胁小羽，要求与其见面在宾馆开房，并供述意欲实施猥亵行为。因小羽报案，该猥亵行为未及实施，应认定为犯罪未遂。

一审判决情况：法庭经审理，认定被告人骆某强迫被害女童拍摄裸照，并通过 QQ 软件获得裸照的行为不构成猥亵儿童罪。但被告人骆某以公开裸照相威胁，要求与被害女童见面，准备对其实施猥亵，因被害人报案未能得逞，该行为构成猥亵儿童罪，系犯罪未遂。2017 年 8 月 14 日，某区人民法院作出一审判决，认定被告人骆某犯猥亵儿童罪（未遂），判处有期徒刑一年。

（二）抗诉及终审判决情况

一审宣判后，某区人民检察院认为，一审判决在事实认定、法律适用上均存在错误，并导致量刑偏轻。被告人骆某利用网络强迫儿童拍摄裸照并观看的行为构成猥亵儿童罪，且犯罪形态为犯罪既遂。2017 年 8 月 18 日，该院向某市中级人民法院提出抗诉。某市人民检察院经依法审查，支持某区人民检察院的抗诉意见。

2017 年 11 月 15 日，某市中级人民法院开庭审理本案。某市人民检察院指派检察员出庭支持抗诉。检察员认为：1. 关于本案的定性。一审判决认定骆某强迫被害人拍摄裸照并传输观看的行为不是猥亵行为，系对猥亵儿童罪犯罪本质的错误理解。一审判决未从猥亵儿童罪侵害儿童人格尊严和心理健康的实质要件进行判断，导致法律适用错误。2. 关于本案的犯罪形态。骆某获得并观看了儿童裸照，猥亵行为已经实施终了，应认定为犯罪既遂。3. 关于本案量刑情节。根据《最高人民法院、最高人民检察院、公安部、司法部关于依法惩治性侵害未成年人犯罪的意见》第 25 条的规定，采取胁迫手段猥亵儿童的，依法从严惩处。一审判决除法律适用错误外，还遗漏了应当从重处罚的情节，导致量刑偏轻。

原审被告人骆某的辩护人认为，骆某与被害人没有身体接触，该行为不构成猥亵儿童罪。检察机关的抗诉意见不能成立，请求二审法院维持原判。

某市中级人民法院经审理，认为原审被告人骆某以寻求性刺激为目的，通过网络聊天对不满 14 周岁的女童进行言语威胁，强迫被害人按照要求自拍裸照供其观看，已构成猥亵儿童罪（既遂），依法应当从重处罚。对于市人民检察院的抗诉意见，予以采纳。2017 年 12 月 11 日，某市中级人民法院作出终审判决，认定原审被告人骆某犯猥亵儿童罪，判处有期徒刑二年。

【指导意义】

猥亵儿童罪是指以淫秽下流的手段猥亵不满 14 周岁儿童的行为。刑法没有对猥亵儿童的具体方式作出列举，需要根据实际情况进行判断和认定。实践中，只要行为人主观上以满足性刺激为目的，客观上实施了猥亵儿童的行为，侵害了特定儿童人格尊严和身心健康的，应当认定构成猥亵儿童罪。

网络环境下，以满足性刺激为目的，虽未直接与被害儿童进行身体接触，但是通过 QQ、微信等网络软件，以诱骗、强迫或者其他方法要求儿童拍摄、传送暴露身体的不雅照片、视频，行为人通过画面看到被害儿童裸体、敏感部位的，是对儿童人格尊严和心理健康的严重侵害，与实际接触儿童身体的猥亵行为具有相同的社会危害性，应当认定构成猥亵儿童罪。

检察机关办理利用网络对儿童实施猥亵行为的案件，要及时固定电子数据，证明行为人出于满足性刺激的目的，利用网络，采取诱骗、强迫或者其他方法要求被害人拍摄、传送暴露身体的不雅照片、视频供其观看的事实。要准确把握猥亵儿童罪的本质特征，全面收集客观证据，证明行为人通过网络不接触被害儿童身体的猥亵行为，具有与直接接触被害儿童身体的猥亵行为相同的性质和社会危害性。

【相关规定】

《中华人民共和国刑法》第 237 条

《最高人民法院、最高人民检察院、公安部、司法部关于依法惩治性侵害未成年人犯罪的意见》第 2 条、第 19 条、第 25 条

于某虐待案

（检例第 44 号）

【关键词】

虐待罪　告诉能力　支持变更抚养权

【基本案情】

被告人于某，女，1986 年 5 月出生，无业。

2016 年 9 月以来，因父母离婚，父亲丁某常年在外地工作，被害人小田（女，11 岁）一直与继母于某共同生活。于某以小田学习及生活习惯有问题为由，长期、多次对其实施殴打。2017 年 11 月 21

日，于某又因小田咬手指甲等问题，用衣服撑、挠痒工具等对其实施殴打，致小田离家出走。小田被爷爷找回后，经鉴定，其头部、四肢等多处软组织挫伤，身体损伤程度达到轻微伤等级。

【要旨】

1. 被虐待的未成年人，因年幼无法行使告诉权利的，属于刑法第二百六十条第三款规定的"被害人没有能力告诉"的情形，应当按照公诉案件处理，由检察机关提起公诉，并可以依法提出适用禁止令的建议。

2. 抚养人对未成年人未尽抚养义务，实施虐待或者其他严重侵害未成年人合法权益的行为，不适宜继续担任抚养人的，检察机关可以支持未成年人或者其他监护人向人民法院提起变更抚养权诉讼。

【指控与证明犯罪】

2017年11月22日，网络披露11岁女童小田被继母虐待的信息，引起舆论关注。某市某区人民检察院未成年人检察部门的检察人员得知信息后，会同公安机关和心理咨询机构的人员对被害人小田进行询问和心理疏导。通过调查发现，其继母于某存在长期、多次殴打小田的行为，涉嫌虐待罪。本案被害人系未成年人，没有向人民法院告诉的能力，也没有近亲属代为告诉。检察机关建议公安机关对于某以涉嫌虐待罪立案侦查。11月24日，公安机关作出立案决定。次日，犯罪嫌疑人于某投案自首。2018年4月26日，公安机关以于某涉嫌虐待罪向检察机关移送审查起诉。

审查起诉阶段，某区人民检察院依法讯问了犯罪嫌疑人，听取了被害人及其法定代理人的意见，核实了案件事实与证据。检察机关经审查认为，犯罪嫌疑人供述与被害人陈述能够相互印证，并得到其他家庭成员的证言证实，能够证明于某长期、多次对被害人进行殴打，致被害人轻微伤，属于情节恶劣，其行为涉嫌构成虐待罪。

2018年5月16日，某区人民检察院以于某犯虐待罪对其提起公诉。5月31日，该区人民法院适用简易程序开庭审理本案。

法庭调查阶段，公诉人宣读起诉书，指控被告人于某虐待家庭成员，情节恶劣，应当以虐待罪追究其刑事责任。被告人对起诉书指控的犯罪事实及罪名无异议。

法庭辩论阶段，公诉人发表公诉意见：被告人于某虐待未成年家庭成员，情节恶劣，其行为触犯

了《中华人民共和国刑法》第二百六十条第一款，犯罪事实清楚，证据确实充分，应当以虐待罪追究其刑事责任。被告人于某案发后主动投案，如实供述自己的犯罪行为，系自首，可以从轻或者减轻处罚。综合法定、酌定情节，建议在有期徒刑六个月至八个月之间量刑。考虑到被告人可能被宣告缓刑，公诉人向法庭提出应适用禁止令，禁止被告人于某再次对被害人实施家庭暴力。

最后陈述阶段，于某表示对检察机关指控的事实和证据无异议，并当庭认罪。

法庭经审理，认为公诉人指控的罪名成立，出示的证据能够相互印证，提出的量刑建议适当，予以采纳。当庭作出一审判决，认定被告人于某犯虐待罪，判处有期徒刑六个月，缓刑一年。禁止被告人于某再次对被害人实施家庭暴力。一审宣判后，被告人未上诉，判决已生效。

【支持提起变更抚养权诉讼】

某市某区人民检察院在办理本案中发现，2015年9月，小田的亲生父母因感情不和协议离婚，约定其随父亲生活。小田的父亲丁某于2015年12月再婚。丁某长期在外地工作，没有能力亲自抚养被害人。检察人员征求小田生母武某的意见，武某愿意抚养小田。检察人员支持武某到人民法院起诉变更抚养权。2018年1月15日，小田生母武某向某市某区人民法院提出变更抚养权诉讼。法庭经过调解，裁定变更小田的抚养权，改由生母武某抚养，生父丁某给付抚养费至其独立生活为止。

【指导意义】

《中华人民共和国刑法》第二百六十条规定，虐待家庭成员，情节恶劣的，告诉的才处理，但被害人没有能力告诉，或者因受到强制、威吓无法告诉的除外。虐待未成年人犯罪案件中，未成年人往往没有能力告诉，应按照公诉案件处理，由检察机关提起公诉，维护未成年被害人的合法权利。

《最高人民法院、最高人民检察院、公安部、司法部关于对判处管制、宣告缓刑的犯罪分子适用禁止令有关问题的规定（试行）》第七条规定，人民检察院在提起公诉时，对可能宣告缓刑的被告人，可以建议禁止其从事特定活动，进入特定区域、场所，接触特定的人。对未成年人遭受家庭成员虐待的案件，结合犯罪情节，检察机关可以在提出量刑建议的同时，有针对性地向人民法院提出适用禁止令

的建议,禁止被告人再次对被害人实施家庭暴力,依法保障未成年人合法权益,督促被告人在缓刑考验期内认真改造。

夫妻离婚后,与未成年子女共同生活的一方不尽抚养义务,对未成年人实施虐待或者其他严重侵害合法权益的行为,不适宜继续担任抚养人的,根据《中华人民共和国民事诉讼法》第十五条的规定,检察机关可以支持未成年人或者其他监护人向人民法院提起变更抚养权诉讼,切实维护未成年人合法权益。

【相关规定】

《中华人民共和国刑法》第72条、第260条

《中华人民共和国未成年人保护法》第50条

《中华人民共和国民事诉讼法》第15条

《最高人民法院、最高人民检察院、公安部、民政部关于依法处理监护人侵害未成年人权益行为若干问题的意见》第2条、第14条

《最高人民法院、最高人民检察院、公安部、司法部关于依法办理家庭暴力犯罪案件的意见》第9条、第17条

《最高人民法院、最高人民检察院、公安部、司法部关于对判处管制、宣告缓刑的犯罪分子适用禁止令有关问题的规定(试行)》第7条

最高人民检察院关于印发最高人民检察院第十二批指导性案例的通知

2018年12月18日　高检发研字〔2018〕42号

各省、自治区、直辖市人民检察院,解放军军事检察院,新疆生产建设兵团人民检察院:

经2018年12月12日最高人民检察院第十三届检察委员会第十一次会议决定,现将陈某正当防卫案等四件指导性案例(检例第45—48号)作为第十二批指导性案例发布,供参照适用。

陈某正当防卫案

(检例第45号)

【关键词】

未成年人　故意伤害　正当防卫　不批准逮捕

【要旨】

在被人殴打、人身权利受到不法侵害的情况下,防卫行为虽然造成了重大损害的客观后果,但是防卫措施并未明显超过必要限度的,不属于防卫过当,依法不负刑事责任。

【基本案情】

陈某,未成年人,某中学学生。

2016年1月初,因陈某在甲的女朋友的网络空间留言示好,甲纠集乙等人,对陈某实施了殴打。

1月10日中午,甲、乙、丙等6人(均为未成年人),在陈某就读的中学门口,见陈某从大门走出,有人提议陈某向老师告发他们打架,要去问个说法。甲等人尾随一段路后拦住陈某质问,陈某解释没有告状,甲等人不肯罢休,抓住并围殴陈某。乙的3位朋友(均为未成年人)正在附近,见状加入围殴陈某。其中,有人用膝盖顶击陈某的胸口、有人持石块击打陈某的手臂、有人持钢管击打陈某的背

部，其他人对陈某或勒脖子或拳打脚踢。陈某掏出随身携带的折叠式水果刀（刀身长 8.5 厘米，不属于管制刀具），乱挥乱刺后逃脱。部分围殴人员继续追打并从后投掷石块，击中陈某的背部和腿部。陈某逃进学校，追打人员被学校保安拦住。陈某在反击过程中刺中了甲、乙和丙，经鉴定，该 3 人的损伤程度均构成重伤二级。陈某经人身检查，见身体多处软组织损伤。

案发后，陈某所在学校向司法机关提交材料，证实陈某遵守纪律、学习认真、成绩优秀，是一名品学兼优的学生。

公安机关以陈某涉嫌故意伤害罪立案侦查，并对其采取刑事拘留强制措施，后提请检察机关批准逮捕。检察机关根据审查认定的事实，依据刑法第二十条第一款的规定，认为陈某的行为属于正当防卫，不负刑事责任，决定不批准逮捕。公安机关将陈某释放同时要求复议。检察机关经复议，维持原决定。

检察机关在办案过程中积极开展释法说理工作，甲等人的亲属在充分了解事实经过和法律规定后，对检察机关的处理决定表示认可。

【不批准逮捕的理由】

公安机关认为，陈某的行为虽有防卫性质，但已明显超过必要限度，属于防卫过当，涉嫌故意伤害罪。检察机关则认为，陈某的防卫行为没有明显超过必要限度，不属于防卫过当，不构成犯罪。主要理由如下：

第一，陈某面临正在进行的不法侵害，反击行为具有防卫性质。任何人面对正在进行的不法侵害，都有予以制止、依法实施防卫的权利。本案中，甲等人借故拦截陈某并实施围殴，属于正在进行的不法侵害，陈某的反击行为显然具有防卫性质。

第二，陈某随身携带刀具，不影响正当防卫的认定。对认定正当防卫有影响的，并不是防卫人携带了可用于自卫的工具，而是防卫人是否有相互斗殴的故意。陈某在事前没有与对方约架斗殴的意图，被拦住后也是先解释退让，最后在遭到对方围打时才被迫还手，其随身携带水果刀，无论是日常携带还是事先有所防备，都不影响对正当防卫作出认定。

第三，陈某的防卫措施没有明显超过必要限度，不属于防卫过当。陈某的防卫行为致实施不法侵害的 3 人重伤，客观上造成了重大损害，但防卫

措施并没有明显超过必要限度。陈某被 9 人围住殴打，其中有人使用了钢管、石块等工具，双方实力相差悬殊，陈某借助水果刀增强防卫能力，在手段强度上合情合理。并且，对方在陈某逃脱时仍持续追打，共同侵害行为没有停止，所以就制止整体不法侵害的实际需要来看，陈某持刀挥刺也没有不相适应之处。综合来看，陈某的防卫行为虽有致多人重伤的客观后果，但防卫措施没有明显超过必要限度，依法不属于防卫过当。

【指导意义】

刑法第二十条第一款规定，"为了使国家、公共利益、本人或者他人的人身、财产和其他权利免受正在进行的不法侵害，而采取的制止不法侵害的行为，对不法侵害人造成损害的，属于正当防卫，不负刑事责任"。司法实践通常称这种正当防卫为"一般防卫"。

一般防卫有限度要求，超过限度的属于防卫过当，需要负刑事责任。刑法规定的限度条件是"明显超过必要限度造成重大损害"，具体而言，行为人的防卫措施虽明显超过必要限度但防卫结果客观上并未造成重大损害，或者防卫结果虽客观上造成重大损害但防卫措施并未明显超过必要限度，均不能认定为防卫过当。本案中，陈某为了保护自己的人身安全而持刀反击，就所要保护的权利性质以及与侵害方的手段强度比较来看，不能认为防卫措施明显超过了必要限度，所以即使防卫结果在客观上造成了重大损害，也不属于防卫过当。

正当防卫既可以是为了保护自己的合法权益，也可以是为了保护他人的合法权益。《中华人民共和国未成年人保护法》第六条第二款也规定，"对侵犯未成年人合法权益的行为，任何组织和个人都有权予以劝阻、制止或者向有关部门提出检举或者控告"。对于未成年人正在遭受侵害的，任何人都有权介入保护，成年人更有责任予以救助。但是，冲突双方均为未成年人的，成年人介入时，应当优先选择劝阻、制止的方式；劝阻、制止无效的，在隔离、控制或制服侵害人时，应当注意手段和行为强度的适度。

检察机关办理正当防卫案件遇到争议时，应当根据《最高人民检察院关于实行检察官以案释法制度的规定》，适时、主动进行释法说理工作。对事实认定、法律适用和办案程序等问题进行答疑解惑，开展法治宣传教育，保障当事人和其他诉讼参与人

的合法权利,努力做到案结事了。

人民检察院审查逮捕时,应当严把事实关、证据关和法律适用关。根据查明的事实,犯罪嫌疑人的行为属于正当防卫,不负刑事责任的,应当依法作出不批准逮捕的决定,保障无罪的人不受刑事追究。

【相关规定】

《中华人民共和国刑法》第二十条

《中华人民共和国刑事诉讼法》第九十条、第九十二条

朱凤山故意伤害(防卫过当)案

(检例第 46 号)

【关键词】

民间矛盾 故意伤害 防卫过当 二审检察

【要旨】

在民间矛盾激化过程中,对正在进行的非法侵入住宅、轻微人身侵害行为,可以进行正当防卫,但防卫行为的强度不具有必要性并致不法侵害人重伤、死亡的,属于明显超过必要限度造成重大损害,应当负刑事责任,但是应当减轻或者免除处罚。

【基本案情】

朱凤山,男,1961 年 5 月 6 日出生,农民。

朱凤山之女朱某与齐某系夫妻,朱某于 2016 年 1 月提起离婚诉讼并与齐某分居,朱某带女儿与朱凤山夫妇同住。齐某不同意离婚,为此经常到朱凤山家吵闹。4 月 4 日,齐某在吵闹过程中,将朱凤山家门窗玻璃和朱某的汽车玻璃砸坏。朱凤山为防止齐某再进入院子,将院子一侧的小门锁上并焊上铁窗。5 月 8 日 22 时许,齐某酒后驾车到朱凤山家,欲从小门进入院子,未得逞后在大门外叫骂。朱某不在家中,仅朱凤山夫妇带外孙女在家。朱凤山将情况告知齐某,齐某不肯作罢。朱凤山又分别给邻居和齐某的哥哥打电话,请他们将齐某劝离。在邻居的劝说下,齐某驾车离开。23 时许,齐某驾车返回,站在汽车引擎盖上摇晃、攀爬院子大门,欲强行进入,朱凤山持铁叉阻拦后报警。齐某爬上院墙,在墙上用瓦片掷砸朱凤山。朱凤山躲到一边,并从屋内拿出宰羊刀防备。随后齐某跳入院内徒手与朱凤山撕扯,朱凤山刺中齐某胸部一刀。朱凤山见齐某受伤把大门打开,民警随后到达。齐某因主动脉、右心房及肺脏被刺破致急性大失血死亡。

朱凤山在案发过程中报警,案发后在现场等待民警抓捕,属于自动投案。

一审阶段,辩护人提出朱凤山的行为属于防卫过当,公诉人认为朱凤山的行为不具有防卫性质。一审判决认定,根据朱凤山与齐某的关系及具体案情,齐某的违法行为尚未达到朱凤山必须通过持刀刺扎进行防卫制止的程度,朱凤山的行为不具有防卫性质,不属于防卫过当;朱凤山自动投案后如实供述主要犯罪事实,系自首,依法从轻处罚,朱凤山犯故意伤害罪,判处有期徒刑十五年,剥夺政治权利五年。

朱凤山以防卫过当为由提出上诉。河北省人民检察院二审出庭认为,根据查明的事实,依据《中华人民共和国刑法》第二十条第二款的规定,朱凤山的行为属于防卫过当,应当负刑事责任,但是应当减轻或者免除处罚,朱凤山的上诉理由成立。河北省高级人民法院二审判决认定,朱凤山持刀致死被害人,属防卫过当,应当依法减轻处罚,对河北省人民检察院的出庭意见予以支持,判决撤销一审判决的量刑部分,改判朱凤山有期徒刑七年。

【检察机关二审审查和出庭意见】

检察机关二审审查认为,朱凤山及其辩护人所提防卫过当的意见成立,一审公诉和判决对此未作认定不当,属于适用法律错误,二审应当作出纠正,并据此发表了出庭意见。主要意见和理由如下:

第一,齐某的行为属于正在进行的不法侵害。齐某与朱某已经分居,齐某当晚的行为在时间、方式上也显然不属于探视子女,故在朱凤山拒绝其进院后,其摇晃、攀爬大门并跳入院内,属于非法侵入住宅。齐某先用瓦片掷砸随后进行撕扯,侵犯了朱凤山的人身权利。

齐某的这些行为,均属于正在进行的不法侵害。

第二,朱凤山的行为具有防卫的正当性。齐某的行为从吵闹到侵入住宅、侵犯人身,呈现升级趋势,具有一定的危险性。齐某经人劝离后再次返回,执意在深夜时段实施侵害,不法行为具有一定的紧迫性。朱凤山先是找人规劝,继而报警求助,始终没有与齐某斗殴的故意,提前准备工具也是出于防卫的目的,因此其反击行为具有防卫的正当性。

第三,朱凤山的防卫行为明显超过必要限度造成重大损害,属于防卫过当。齐某上门闹事、滋扰的目的是不愿离婚,希望能与朱某和好继续共同生活,这与离婚后可能实施报复的行为有很大区别。齐某虽实施了投掷瓦片、撕扯的行为,但整体仍在闹事的范围内,对朱凤山人身权利的侵犯尚属轻微,没有危及朱凤山及其家人的健康或生命的明显危险。朱凤山已经报警,也有继续周旋、安抚、等待的余地,但却选择使用刀具,在撕扯过程中直接捅刺齐某的要害部位,最终造成了齐某伤重死亡的重大损害。综合来看,朱凤山的防卫行为,在防卫措施的强度上不具有必要性,在防卫结果与所保护的权利对比上也相差悬殊,应当认定为明显超过必要限度造成重大损害,属于防卫过当,依法应当负刑事责任,但是应当减轻或者免除处罚。

【指导意义】

刑法第二十条第二款规定,"正当防卫明显超过必要限度造成重大损害的,应当负刑事责任,但是应当减轻或者免除处罚"。司法实践通常称本款规定的情况为"防卫过当"。

防卫过当中,重大损害是指造成不法侵害人死亡、重伤的后果,造成轻伤及以下损伤的不属于重大损害;明显超过必要限度是指,根据所保护的权利性质、不法侵害的强度和紧迫程度等综合衡量,防卫措施缺乏必要性,防卫强度与侵害程度对比也相差悬殊。司法实践中,重大损害的认定比较好把握,但明显超过必要限度的认定相对复杂,对此应当根据不法侵害的性质、手段、强度和危害程度,以及防卫行为的性质、手段、强度、时机和所处环境等因素,进行综合判断。本案中,朱凤山为保护住宅安宁和免受可能的一定人身侵害,而致侵害人丧失生命,就防卫与侵害的性质、手段、强度和结果等因素的对比来看,既不必要也相差悬殊,属于明显超过必要限度造成重大损害。

民间矛盾引发的案件极其复杂,涉及防卫性质争议的,应当坚持依法、审慎的原则,准确作出判断和认定,从而引导公民理性平和解决争端,避免在争议纠纷中不必要地使用武力。针对实践当中的常见情形,可注意把握以下几点:一是应作整体判断,即分清前因后果和是非曲直,根据查明的事实,当事人的行为具有防卫性质的,应当依法作出认定,不能惟结果论,也不能因矛盾暂时没有化解等因素而不去认定或不敢认定;二是对于近亲属之间发生的不法侵害,对防卫强度必须结合具体案情作出更为严格的限制;三是对于被害人有无过错与是否正在进行的不法侵害,应当通过细节的审查、补查,作出准确的区分和认定。

人民检察院办理刑事案件,必须高度重视犯罪嫌疑人、被告人及其辩护人所提正当防卫或防卫过当的意见,对于所提意见成立的,应当及时予以采纳或支持,依法保障当事人的合法权利。

【相关规定】

《中华人民共和国刑法》第二十条、第二百三十四条

《中华人民共和国刑事诉讼法》第二百三十五条

于海明正当防卫案

(检例第47号)

【关键词】

行凶　正当防卫　撤销案件

【要旨】

对于犯罪故意的具体内容虽不确定,但足以严

重危及人身安全的暴力侵害行为,应当认定为刑法第二十条第三款规定的"行凶"。行凶已经造成严重危及人身安全的紧迫危险,即使没有发生严重的实害后果,也不影响正当防卫的成立。

【基本案情】

于海明,男,1977 年 3 月 18 日出生,某酒店业务经理。

2018 年 8 月 27 日 21 时 30 分许,于海明骑自行车在江苏省昆山市震川路正常行驶,刘某醉酒驾驶小轿车(经检测,血液酒精含量 87mg/100ml),向右强行闯入非机动车道,与于海明险些碰擦。刘某的一名同车人员下车与于海明争执,经同行人员劝解返回时,刘某突然下车,上前推搡、踢打于海明。虽经劝解,刘某仍持续追打,并从轿车内取出一把砍刀(系管制刀具),连续用刀面击打于海明颈部、腰部、腿部。刘某在击打过程中将砍刀甩脱,于海明抢到砍刀,刘某上前争夺,在争夺中于海明捅刺刘某的腹部、臀部,砍击其右胸、左肩、左肘。刘某受伤后跑向轿车,于海明继续追砍 2 刀均未砍中,其中 1 刀砍中轿车。刘某跑离轿车,于海明返回轿车,将车内刘某的手机取出放入自己口袋。民警到达现场后,于海明将手机和砍刀交给处警民警(于海明称,拿走刘某的手机是为了防止对方打电话召集人员报复)。刘某逃离后,倒在附近绿化带内,后经送医抢救无效,因腹部大静脉等破裂致失血性休克于当日死亡。于海明经人身检查,见左颈部条形挫伤 1 处、左胸季肋部条形挫伤 1 处。

8 月 27 日当晚公安机关以"于海明故意伤害案"立案侦查,8 月 31 日公安机关查明了本案的全部事实。9 月 1 日,江苏省昆山市公安局根据侦查查明的事实,依据《中华人民共和国刑法》第二十条第三款的规定,认定于海明的行为属于正当防卫,不负刑事责任,决定依法撤销于海明故意伤害案。其间,公安机关依据相关规定,听取了检察机关的意见,昆山市人民检察院同意公安机关的撤销案件决定。

【检察机关的意见和理由】

检察机关的意见与公安机关的处理意见一致,具体论证情况和理由如下:

第一,关于刘某的行为是否属于"行凶"的问题。在论证过程中有意见提出,刘某仅使用刀面击打于海明,犯罪故意的具体内容不确定,不宜认定

为行凶。论证后认为,对行凶的认定,应当遵循刑法第二十条第三款的规定,以"严重危及人身安全的暴力犯罪"作为把握的标准。刘某开始阶段的推搡、踢打行为不属于"行凶",但从持砍刀击打后,行为性质已经升级为暴力犯罪。刘某攻击行为凶狠,所持凶器可轻易致人死伤,随着事态发展,接下来会造成什么样的损害后果难以预料,于海明的人身安全处于现实的、急迫的和严重的危险之下。刘某具体抱持杀人的故意还是伤害的故意不确定,正是许多行凶行为的特征,而不是认定的障碍。因此,刘某的行为符合"行凶"的认定标准,应当认定为"行凶"。

第二,关于刘某的侵害行为是否属于"正在进行"的问题。在论证过程中有意见提出,于海明抢到砍刀后,刘某的侵害行为已经结束,不属于正在进行。论证后认为,判断侵害行为是否已经结束,应看侵害人是否已经实质性脱离现场以及是否还有继续攻击或再次发动攻击的可能。于海明抢到砍刀后,刘某立刻上前争夺,侵害行为没有停止,刘某受伤后又立刻跑向之前藏匿砍刀的汽车,于海明此时作不间断的追击也符合防卫的需要。于海明追砍两刀均未砍中,刘某从汽车旁边跑开后,于海明也未再追击。因此,在于海明抢得砍刀顺势反击时,刘某既未放弃攻击行为也未实质性脱离现场,不能认为侵害行为已经停止。

第三,关于于海明的行为是否属于正当防卫的问题。在论证过程中有意见提出,于海明本人所受损伤较小,但防卫行为却造成了刘某死亡的后果,二者对比不相适应,于海明的行为属于防卫过当。论证后认为,不法侵害行为既包括实害行为也包括危险行为,对于危险行为同样可以实施正当防卫。认为"于海明与刘某的伤情对比不相适应"的意见,只注意到了实害行为而忽视了危险行为,这种意见实际上是要求防卫人应等到暴力犯罪造成一定的伤害后果才能实施防卫,这不符合及时制止犯罪、让犯罪不能得逞的防卫需要,也不适当地缩小了正当防卫的依法成立范围,是不正确的。本案中,在刘某的行为因具有危险性而属于"行凶"的前提下,于海明采取防卫行为致其死亡,依法不属于防卫过当,不负刑事责任,于海明本人是否受伤或伤情轻重,对正当防卫的认定没有影响。公安机关认定于海明的行为系正当防卫,决定依法撤销案件的意见,完全正确。

【指导意义】

刑法第二十条第三款规定，"对正在进行行凶、杀人、抢劫、强奸、绑架以及其他严重危及人身安全的暴力犯罪，采取防卫行为，造成不法侵害人伤亡的，不属于防卫过当，不负刑事责任"。司法实践通常称这种正当防卫为"特殊防卫"。

刑法作出特殊防卫的规定，目的在于进一步体现"法不能向不法让步"的秩序理念，同时肯定防卫人以对等或超过的强度予以反击，即使造成不法侵害人伤亡，也不必顾虑可能成立防卫过当因而构成犯罪的问题。司法实践中，如果面对不法侵害人"行凶"性质的侵害行为，仍对防卫人限制过苛，不仅有违立法本意，也难以取得制止犯罪，保护公民人身权利不受侵害的效果。

适用本款规定，"行凶"是认定的难点，对此应当把握以下两点：一是必须是暴力犯罪，对于非暴力犯罪或一般暴力行为，不能认定为行凶；二是必须严重危及人身安全，即对人的生命、健康构成严重危险。在具体案件中，有些暴力行为的主观故意尚未通过客观行为明确表现出来，或者行为人本身就是持概括故意予以实施，这类行为的故意内容虽不确定，但已表现出多种故意的可能，其中只要有现实可能造成他人重伤或死亡的，均应当认定为"行凶"。

正当防卫以不法侵害正在进行为前提。所谓正在进行，是指不法侵害已经开始但尚未结束。不法侵害行为多种多样、性质各异，判断是否正在进行，应就具体行为和现场情境作具体分析。判断标准不能机械地对刑法上的着手与既遂作出理解、判断，因为着手与既遂侧重的是侵害人可罚性的行为阶段问题，而侵害行为正在进行，侧重的是防卫人的利益保护问题。所以，不能要求不法侵害行为已经加诸被害人身上，只要不法侵害的现实危险已经迫在眼前，或者已达既遂状态但侵害行为没有实施终了的，就应当认定为正在进行。

需要强调的是，特殊防卫不存在防卫过当的问题，因此不能作宽泛的认定。对于因民间矛盾引发、不法与合法对立不明显以及夹杂泄愤报复成分的案件，在认定特殊防卫时应当十分慎重。

【相关规定】

《中华人民共和国刑法》第二十条

侯雨秋正当防卫案

（检例第 48 号）

【关键词】

聚众斗殴　故意伤害　正当防卫　不起诉

【要旨】

单方聚众斗殴的，属于不法侵害，没有斗殴故意的一方可以进行正当防卫。单方持械聚众斗殴，对他人的人身安全造成严重危险的，应当认定为刑法第二十条第三款规定的"其他严重危及人身安全的暴力犯罪"。

【基本案情】

侯雨秋，男，1981 年 5 月 18 日出生，务工人员。

侯雨秋系葛某经营的养生会所员工。2015年 6 月 4 日 22 时 40 分许，某足浴店股东沈某因怀疑葛某等人举报其店内有人卖淫嫖娼，遂纠集本店员工雷某、柴某等 4 人持棒球棍、匕首赶至葛某的养生会所。沈某先行进入会所，无故推翻大堂盆栽挑衅，与葛某等人扭打。雷某、柴某等人随后持棒球棍、匕首冲入会所，殴打店内人员，其中雷某持匕首两次刺中侯雨秋右大腿。其间，柴某所持棒球棍掉落，侯雨秋捡起棒球棍挥打，击中雷某头部致其当场倒地。该会所员工报警，公安人员赶至现场，将沈某等人抓获，并将侯雨秋、雷某送医救治。雷某经抢救无效，因严重颅脑损伤于 6 月 24 日死亡。侯雨秋的损伤程度构成轻微伤，该会所另有 2 人被打致轻微伤。

公安机关以侯雨秋涉嫌故意伤害罪，移送检察机关审查起诉。浙江省杭州市人民检察院根据审查认定的事实，依据《中华人民共和国刑法》第二十条第三款的规定，认为侯雨秋的行为属于正当防卫,不负刑事责任,决定对侯雨秋不起诉。

【不起诉的理由】

检察机关认为,本案沈某、雷某等人的行为属于刑法第二十条第三款规定的"其他严重危及人身安全的暴力犯罪",侯雨秋对此采取防卫行为,造成不法侵害人之一雷某死亡,依法不属于防卫过当,不负刑事责任。主要理由如下:

第一,沈某、雷某等人的行为属于"其他严重危及人身安全的暴力犯罪"。判断不法侵害行为是否属于刑法第二十条第三款规定的"其他"犯罪,应当以本款列举的杀人、抢劫、强奸、绑架为参照,通过比较暴力程度、危险程度和刑法给予惩罚的力度等综合作出判断。本案沈某、雷某等人的行为,属于单方持械聚众斗殴,构成犯罪的法定最低刑虽然不重,与一般伤害罪相同,但刑法第二百九十二条同时规定,聚众斗殴,致人重伤、死亡的,依照刑法关于故意伤害致人重伤、故意杀人的规定定罪处罚。刑法作此规定表明,聚众斗殴行为常可造成他人重伤或者死亡,结合案件具体情况,可以判定聚众斗殴与故意致人伤亡的犯罪在暴力程度和危险程度上是一致的。本案沈某、雷某等共5人聚众持棒球棍、匕首等杀伤力很大的工具进行斗殴,短时间内已经打伤3人,应当认定为"其他严重危及人身安全的暴力犯罪"。

第二,侯雨秋的行为具有防卫性质。侯雨秋工作的养生会所与对方的足浴店,尽管存在生意竞争关系,但侯雨秋一方没有斗殴的故意,本案打斗的起因系对方挑起,打斗的地点也系在本方店内,所以双方攻击与防卫的关系清楚明了。沈某纠集雷某等人聚众斗殴属于正在进行的不法侵害,没有斗殴故意的侯雨秋一方可以进行正当防卫,因此侯雨秋的行为具有防卫性质。

第三,侯雨秋的行为不属于防卫过当,不负刑事责任。本案沈某、雷某等人的共同侵害行为,严重危及他人人身安全,侯雨秋为保护自己和本店人员免受暴力侵害,而采取防卫行为,造成不法侵害人之一雷某死亡,依据刑法第二十条第三款的规定,不属于防卫过当,不负刑事责任。

【指导意义】

刑法第二十条第三款规定的"其他严重危及人身安全的暴力犯罪"的认定,除了在方法上,以本款列举的四种罪行为参照,通过比较暴力程度、危险程度和刑法给予惩罚的力度作出判断以外,还应当注意把握以下几点:一是不法行为侵害的对象是人身安全,即危害人的生命权、健康权、自由权和性权利。人身安全之外的财产权利、民主权利等其他合法权利不在其内,这也是特殊防卫区别于一般防卫的一个重要特征;二是不法侵害行为具有暴力性,且应达到犯罪的程度。对本款列举的杀人、抢劫、强奸、绑架应作广义的理解,即不仅指这四种具体犯罪行为,也包括以此种暴力行为作为手段,而触犯其他罪名的犯罪行为,如以抢劫为手段的抢劫枪支、弹药、爆炸物的行为,以绑架为手段的拐卖妇女、儿童的行为,以及针对人的生命、健康而采取的放火、爆炸、决水等行为;三是不法侵害行为应当达到一定的严重程度,即有可能造成他人重伤或死亡的后果。需要强调的是,不法侵害行为是否已经造成实际伤害后果,不必然影响特殊防卫的成立。此外,针对不法侵害行为对他人人身安全造成的严重危险,可以实施特殊防卫。

在共同不法侵害案件中,"行凶"与"其他严重危及人身安全的暴力犯罪",在认定上可以有一定交叉,具体可结合全案行为特征和各侵害人的具体行为特征作综合判定。另外,对于寻衅滋事行为,不宜直接认定为"其他严重危及人身安全的暴力犯罪",寻衅滋事行为暴力程度较高、严重危及他人人身安全的,可分别认定为刑法第二十条第三款规定中的行凶、杀人或抢劫。需要说明的是,侵害行为最终成立何种罪名,对防卫人正当防卫的认定没有影响。

人民检察院审查起诉时,应当严把事实关、证据关和法律适用关。根据查明的事实,犯罪嫌疑人的行为属于正当防卫,不负刑事责任的,应当依法作出不起诉的决定,保障无罪的人不受刑事追究。

【相关规定】

《中华人民共和国刑法》第二十条

《中华人民共和国刑事诉讼法》第一百七十七条

最高人民检察院关于印发
最高人民检察院第十三批指导性案例的通知

2018 年 12 月 21 日　　高检发研字〔2018〕30 号

各省、自治区、直辖市人民检察院，解放军军事检察院，新疆生产建设兵团人民检察院：

经 2018 年 12 月 12 日最高人民检察院第十三届检察委员会第十一次会议决定，现将陕西省宝鸡市环境保护局凤翔分局不全面履职案等三件指导性案例（检例第 49—51 号）作为第十三批指导性案例发布，供参照适用。

陕西省宝鸡市环境保护局
凤翔分局不全面履职案

（检例第 49 号）

【关键词】

行政公益诉讼　环境保护　依法全面履职

【要旨】

行政机关在履行环境保护监管职责时，虽有履职行为，但未依法全面运用行政监管手段制止违法行为，检察机关经诉前程序仍未实现督促行政机关依法全面履职目的的，应当向人民法院提起行政公益诉讼。

【基本案情】

2014 年 5 月，陕西长青能源化工有限公司（以下简称长青能化）年产 60 万吨甲醇工程项目建成，并经陕西省环境保护厅审批投入试生产至 2014 年 12 月 31 日。2014 年 11 月 24 日，陕西省发布《关中地区重点行业大气污染物排放限值》地方标准，燃煤锅炉颗粒物排放限值为 20mg/m³，自 2015 年 1 月 1 日起实施。长青能化试生产期间，燃煤锅炉大气污染物排放值基本处于地方标准 20mg/m³ 以上，国家标准 50mg/m³ 以下。

2015 年 1 月 1 日，长青能化生产期满后未停止生产且燃煤锅炉颗粒物排放值持续在 20mg/m³ 以上 50mg/m³ 以下。

2015 年 7 月 7 日，陕西省宝鸡市环境保护局凤翔分局（以下简称凤翔分局）向长青能化下达《环境违法行为限期改正通知书》，责令其限期改正生产甲醇环保违规行为，否则将予以高限处罚。长青能化没有整改到位，凤翔分局未作出高限处罚。2015 年 11 月 18 日，凤翔分局向长青能化下达《行政处罚决定书》，限其于一个月内整改到位，并处以 5 万元罚款。但该企业并未停止甲醇项目生产，颗粒物超标排放问题依然没有得到有效解决，对周围大气造成污染。

【诉前程序】

2015 年 11 月下旬，陕西省宝鸡市人民检察院在办案中发现凤翔分局可能有履职不尽责的情况，遂指定凤翔县人民检察院开展调查。凤翔县人民检察院查明：长青能化超期试生产且颗粒物超标排放，而凤翔分局虽对长青能化作出行政处罚，但未依法全面履职。2015 年 12 月 3 日，凤翔县人民检察院向凤翔分局发出《检察建议书》，建议其依法履职，督促长青能化上线治污减排设备，确保环保达标。

2016年1月4日，凤翔分局书面回复凤翔县人民检察院称：2015年12月24日对长青能化下达《责令限制生产决定书》，责令该公司限产。2015年12月30日作出《排污核定与排污费缴纳决定书》，对长青能化2015年10月至12月间颗粒物超标排放加收排污费。

针对凤翔分局回复意见，凤翔县人民检察院进一步查明：凤翔分局作出责令限制生产决定、加收排污费等措施后，长青能化虽然按要求限制生产，但其治污减排设备建设项目未正式投入使用，颗粒物排放依然超过限值。

【诉讼过程】

鉴于检察建议未实现应有效果，2016年5月11日，凤翔县人民检察院向凤翔县人民法院提起行政公益诉讼。凤翔县人民法院受理后，认为符合起诉条件，但不宜由凤翔县人民法院管辖。经向宝鸡市中级人民法院请示指定管辖，2016年5月13日，宝鸡市中级人民法院依法裁定本案由宝鸡市陈仓区人民法院管辖。2016年11月10日，宝鸡市陈仓区人民法院对本案公开开庭审理。

（一）法庭调查

出庭检察人员宣读起诉书，请求：1. 确认凤翔分局未依法全面履职的行为违法；2. 判令凤翔分局依法全面履行职责，督促长青能化采取有效措施，确保颗粒物排放符合标准。

凤翔分局答辩状称其对企业采取了行政处罚、责令限制生产等措施，已经全面履行职责。诉讼前，长青能化减污设备已经运行，检察机关不需要再提起诉讼。

法庭举证、质证阶段，围绕凤翔分局是否依法全面履行法定职责，出庭检察人员出示了凤翔分局行政职责范围的依据，2015年1月1日至2016年5月8日长青能化颗粒物排放数据等证据。证明截至提起诉讼前，长青能化湿电除尘系统没有竣工验收并且颗粒物依然超标排放，持续给周围大气环境造成污染问题没有彻底解决。

凤翔分局针对起诉书，提交了对长青能化日常监管的表格及2015年7月以来对长青能化作出的各类处罚文书等证据材料，证明已经依法全面履行了对相对人的环境监管职责。

针对凤翔分局提出的证据，出庭检察人员认为，其只能证明凤翔分局对长青能化作出了行政处罚，但不能证明依法全面履职并实现了履职目的。诉讼前，长青能化排放仍存在不达标的情况。

（二）法庭辩论

出庭检察人员指出，凤翔分局未依法全面履职主要表现在三个方面：

一是凤翔分局未依法监管相对人严格执行建设项目环境保护设施设计、施工、使用"三同时"的规定。长青能化的环境保护设施虽然与建设项目同时设计、同时施工，但并未同时使用。

二是凤翔分局初期未采取有效措施对长青能化违法排放颗粒物的行为作出处理。自2015年1月1日起，长青能化颗粒物排放浓度均超过20mg/m³的标准，最高达72mg/m³。凤翔分局却未采取有效行政监管措施予以处置，直到2015年7月7日才对颗粒物超标排放违法行为作出《环境违法行为限期改正通知书》。

三是凤翔分局未依法全面运用监管措施督促长青能化纠正违法行为。长青能化在收到《环境违法行为限期改正通知书》后两个月内未按要求整改到位，凤翔分局未采取相应措施作出高限处罚。

凤翔分局答辩称：已履行了法定职责，多次对长青能化作出行政处罚，颗粒物超标排放是由于地方标准的变化。2016年3月27日，长青能化减污设备已经运行，检察机关无须提起诉讼。

针对凤翔分局答辩，检察机关提出辩论意见：对于长青能化的排污行为，凤翔分局虽有履职行为，但履职不尽责。一是作出的5万元罚款不是高限处罚。二是按照相关规定，在地方标准严于国家标准的情况下，依法应当执行地方标准。三是2016年3月27日，长青能化减污设备已经上线运行，但颗粒物排放数据仍不稳定，仍有不达标的问题。四是诉讼中，凤翔分局于2016年5月16日才作出按日连续处罚的行政处罚，对长青能化违法行为罚款645万元。

2016年8月22日，长青能化减污设备经评估正式投入运行，经第三方检测机构的检测，长青能化颗粒物排放已持续稳定符合国家和地方排放标准。2016年12月20日，检察机关撤回了第二项诉讼请求，即督促长青能化采取有效措施，确保颗粒物排放达到国家标准和地方标准。

（三）审理结果

2016年12月28日，陕西省宝鸡市陈仓区人民法院作出一审判决,确认被告凤翔分局未依法全面履行对相对人长青能化环境监管职责的行为违法。

【指导意义】

诉前程序是检察机关提起公益诉讼的前置程序。办理公益诉讼案件,要对违法事实进行调查核实,围绕行政机关不依法履职或者不全面履职行为的客观表现、主观过错、与国家利益或者社会公共利益遭受侵害后果的关系以及相关的法律依据、政策要求、文件规定等全面收集、固定证据,在查清事实的基础上依法提出检察建议,督促行政机关纠正违法、依法履职。行政机关未在检察建议要求的期限内依法全面履行职责,国家利益或者社会公共利益仍然遭受侵害的,检察机关应当依法向人民法院提起公益诉讼。

对行政机关不依法履行法定职责的判断和认定,应以法律规定的行政机关法定职责为依据,对照行政机关的执法权力清单和责任清单,以是否全面运用或者穷尽法律法规和规范性文件规定的行政监管手段制止违法行为,国家利益或者社会公共利益是否得到了有效保护为标准。行政机关虽然

采取了部分行政监管或者处罚措施,但未依法全面运用或者穷尽行政监管手段制止违法行为,国家利益或者社会公共利益受侵害状态没有得到有效纠正的,应认定行政机关不依法全面履职。

【相关规定】

《中华人民共和国环境保护法》第十五条第二款

《中华人民共和国大气污染防治法》第五条、第七条、第四十三条、第九十九条

《中华人民共和国行政处罚法》第五十一条

《中华人民共和国行政诉讼法》第二十五条第四款

《环境保护主管部门实施按日连续处罚办法》第五条、第十条

《建设项目环境保护管理条例》第十五条、第二十条第一款

《建设项目竣工环境保护验收管理办法》第十四条、第十七条第三款

《火电厂大气污染物排放标准》

《关中地区重点行业大气污染物排放限值》

湖南省长沙县城乡规划建设局等不依法履职案

(检例第 50 号)

【关键词】

行政公益诉讼　生态环境保护　督促履职

【要旨】

检察机关通过检察建议实现了督促行政机关依法履职、维护国家利益和社会公共利益目的的,不需要再向人民法院提起诉讼。

【基本案情】

2013 年 6 月,长沙威尼斯城房地产开发有限公司(以下简称威尼斯城房产公司)开发的威尼斯城第四期项目开始建设。该项目将原定项目建设的性质、规模、容积率等作出重大调整,开工建设前未按照《中华人民共和国环境影响评价法》的规定重新报批环境影响评价文件。2016 年 8 月 29 日,湖南省长沙县行政执法局对威尼斯城房产公司作出

行政处罚决定,责令该公司停止第四期项目建设,并处以 10 万元罚款。威尼斯城房产公司虽然缴纳了罚款但并未停止建设。截至 2018 年 3 月 7 日,该项目已经建成 1—6 栋。7—8 栋未取得施工许可证即开始进行基坑施工(停工状态),9 栋未开工建设。

【提出检察建议】

2017 年 7 月 20 日,湖南省长沙市人民检察院在参与中央环保督查组督查过程中,发现长沙县城乡规划建设局、长沙县行政执法局不依法履行职责致使国家和社会公共利益受损的线索。报告湖南省人民检察院后,湖南省人民检察院将案件线索交长沙市人民检察院办理。

长沙市人民检察院调查发现,2003 年 4 月 22

日至 2017 年 3 月 14 日,威尼斯城第四期项目建设用地位于参照饮用水水源一级保护区保护范围内。2017 年 3 月 14 日后,根据湖南省人民政府调整后的饮用水水源保护区划定,该建设项目用地位于饮用水水源二级保护区保护范围内。经调查核实,长沙市人民检察院认为长沙县城乡规划建设局等三行政机关不依法履行职责,对当地生态环境、饮用水水源安全造成重大影响,侵害了社会公共利益。其中:

长沙县城乡规划建设局明知威尼斯城第四期项目必须重新申报环境影响评价文件,但在未重新申报的情况下,发放建设工程规划许可证和建筑工程施工许可证,导致项目违法建设,给当地生态环境造成重大影响。

长沙县行政执法局明知威尼斯城第四期项目环境影响评价未申报通过、未批先建的情况下,在作出责令停止建设,并处以罚款 10 万元的决定后,未进一步采取措施,导致该项目 1—6 栋最终建设完成,同时对该项目 7—8 栋无建筑工程施工许可就开挖基坑的违法行为未责令恢复原状,造成重大生态环境影响。

长沙县环境保护局明知威尼斯城第四期项目环境影响评价未申报通过,却在该项目 1—6 栋建设工程规划许可证申请表上盖章予以认可,造成违法建设行为发生,给当地生态环境造成重大影响。

2017 年 12 月 18 日、2018 年 3 月 16 日,长沙市人民检察院先后分别向长沙县城乡规划建设局、长沙县行政执法局和长沙县环境保护局发出检察建议:一是建议长沙县行政执法局依法对威尼斯城房产公司未依法停止建设,仍处于继续状态的违法行为进行处罚,责令对违法在建工程恢复原状。二是建议三行政机关在职责范围内依法处理威尼斯城第四期项目环境影响评价、建设工程规划许可和建筑工程施工许可等问题。三是建议三行政机关依法加强对该项目行政许可的审批管理和执法监管,杜绝类似违法行为再次发生。

检察机关发出检察建议后,与长沙县行政执法局等三机关以及长沙县人民政府进行了反复协调沟通,促进相关检察建议落实。三机关均按期对长沙市人民检察院检察建议进行了书面回复。2018 年 4 月 10 日,长沙县行政执法局根据检察建议的要求对威尼斯城房产公司作出行政处罚决定:责令该公司立即停止第四期项目建设;对 7—8 栋基坑

恢复原状,并处罚款 4365058.67 元。威尼斯城房产公司接受处罚并对 7—8 栋基坑恢复原状。长沙县城乡规划建设局、长沙县环境保护局根据检察建议的要求加大对该项目的监管力度,对类似行政审批流程进行规范,对相关责任人员进行追责,给予四名工作人员相应的行政处分。

2018 年 2 月 9 日,长沙县人民政府就纠正违法行为与长沙市人民检察院沟通并对相关问题提出处置意见。因该案涉及饮用水水源地保护区调整,长沙市人民检察院依法向长沙县人民政府发出工作建议,建议该县及时向上级机关申报重新划定饮用水水源地保护区范围;对该项目监管和执法中暴露出来的相关违法违规问题依法依规进行处理;加强对建设项目审批的管理和监督,对招商引资项目的管理,进一步规范行政许可、行政审批行为,切实防止损害生态环境和资源保护行为的发生。

2018 年 5 月 17 日,长沙县人民政府就工作建议向长沙市人民检察院作出书面回复,对威尼斯城第四期项目违法建设的处置提出具体的工作意见和实施办法。长沙市人民检察院认为,威尼斯城第四期项目违法建设对当地生态环境和饮用水水源地造成重大影响,损害社会公共利益,考虑到该项目 1—6 栋已经销售完毕,仅第 6 栋就涉及 320 户,涉及众多群众利益,撤销该项目的建设工程规划许可证和建筑工程施工许可证并拆除建筑,将损害不知情群众的利益。经论证,采取取水口上移变更饮用水水源地保护区范围等补救措施,不影响威尼斯城众多业主的合法权益和生活稳定,社会效果和法律效果较好。根据长沙市人民检察院的建议,长沙县人民政府上移饮用水取水口。2018 年 5 月 31 日,新建设的长沙县星沙第二水厂取水泵站已经通水。2018 年 10 月 29 日,经湖南省人民政府批准,长沙市人民政府对饮用水水源地保护范围进行了调整。

【指导意义】

检察机关办理公益诉讼案件,应当着眼于切实维护国家利益和社会公共利益的目标,加强与行政机关沟通协调,注重各项实际措施的落实到位。充分发挥诉前程序的功能作用,努力实现案件办理政治效果、社会效果和法律效果的有机统一。对于一个污染环境或者破坏生态的事件,多个行政机关存在违法行使职权或者不作为情形的,检察机关可以分别提出检察建议,督促其依法履行各自职责。依

据法律规定,有多种行政监管、处罚措施可选择时,应从最大限度保护国家利益或者社会公共利益出发,建议行政机关采取尽量不减损非侵权主体的合法权益、实际效果最好的监管处罚措施。

【相关规定】

《中华人民共和国环境保护法》第六十一条

《中华人民共和国水污染防治法》第六十六条

《中华人民共和国环境影响评价法》第三十一条

《中华人民共和国行政诉讼法》第二十五条第四款

《环境行政处罚办法》第十一条

曾云侵害英烈名誉案

（检例第 51 号）

【关键词】

民事公益诉讼　英烈名誉　社会公共利益

【要旨】

对侵害英雄烈士的姓名、肖像、名誉、荣誉,损害社会公共利益的行为人,英雄烈士近亲属不提起民事诉讼的,检察机关可以依法向人民法院提起公益诉讼,要求侵权人承担侵权责任。

【基本案情】

2018 年 5 月 12 日下午,江苏省淮安市消防支队水上大队城南中队副班长谢勇在实施灭火救援行动中不幸牺牲。5 月 13 日,公安部批准谢勇同志为烈士并颁发献身国防金质纪念章;5 月 14 日,中共江苏省公安厅委员会追认谢勇同志为中国共产党党员,追记一等功;淮安市人民政府追授谢勇同志"灭火救援勇士"荣誉称号。

2018 年 5 月 14 日,曾云因就职受挫、生活不顺等原因,饮酒后看到其他网友发表悼念谢勇烈士的消息,为发泄自己的不满,在微信群公开发表一系列侮辱性言论,歪曲谢勇烈士英勇牺牲的事实。该微信群共有成员 131 人,多人阅看了曾云的言论,有多人转发。曾云歪曲事实、侮辱英烈的行为,侵害了烈士的名誉,造成了较为恶劣的社会影响。

【诉前程序】

2018 年 5 月 17 日,江苏省淮安市人民检察院以侵害英雄烈士名誉对曾云作出立案决定。

检察机关围绕曾云是否应当承担侵害英烈名誉的责任开展调查取证。经调查核实,曾云主观上明知其行为可能造成侵害烈士名誉的后果,客观上

实施了侵害烈士名誉的违法行为,在社会上产生较大负面影响,损害了社会公共利益。

检察机关依法履行民事公益诉讼诉前程序,指派检察官赴谢勇烈士家乡湖南衡阳,就是否对曾云侵害烈士名誉的行为提起民事诉讼当面征求了谢勇烈士父母、祖父母及其弟的意见(谢勇烈士的外祖父母均已去世)。烈士近亲属声明不提起民事诉讼,并签署支持检察机关追究曾云侵权责任的书面意见。

【诉讼过程】

2018 年 5 月 21 日,淮安市人民检察院就曾云侵害谢勇烈士名誉案向淮安市中级人民法院提起民事公益诉讼。6 月 12 日,淮安市中级人民法院公开开庭审理本案。

（一）法庭调查

淮安市人民检察院派员以公益诉讼起诉人的身份出庭,并宣读起诉书,认为曾云发表的侮辱性语言和不实言论侵害了谢勇烈士的名誉,损害了社会公共利益。

公益诉讼起诉人出示了相关证据材料:一是批准谢勇同志烈士称号的批文、追授谢勇同志"灭火救援勇士"荣誉称号的文件等,证明谢勇同志被批准为英雄烈士和被授予荣誉称号。二是曾云微信群的聊天记录截图、证人证言等,证明曾云实施侵害谢勇烈士名誉的行为,损害社会公共利益。三是检察机关向谢勇烈士近亲属发出的征求意见函、谢勇烈士近亲属出具的书面声明等,证明检察机关履行了诉前程序。

曾云表示对检察机关起诉书载明的事实和理由没有异议。

（二）法庭辩论

公益诉讼起诉人发表出庭意见：

一是曾云公开发表侮辱性言论，歪曲英雄被追认为烈士的相关事实，侵害了谢勇烈士的名誉。证据充分证明曾云发表的不当言论被众多网友知晓并转发，在社会上产生了负面影响，侵害了谢勇烈士的名誉。

二是曾云的行为损害了社会公共利益。英雄事迹是社会主义核心价值观和民族精神的体现。曾云的行为置社会主义核心价值观于不顾，严重损害了社会公共利益。

三是检察机关依法提起民事公益诉讼，意义重大。检察机关对侵害英烈名誉的行为提起公益诉讼，旨在对全社会起到警示教育作用，形成崇尚英雄、学习英雄、传承英雄精神的社会风尚。

曾云承认在微信群发表不当言论对烈士亲属造成了伤害，愿意通过媒体公开赔礼道歉，并当庭宣读了道歉信。

（三）审理结果

2018年6月12日，淮安市中级人民法院经审理，认定曾云的行为侵害了谢勇烈士名誉并损害了社会公共利益，当庭作出判决，判令曾云在判决生效之日起七日内在本地市级报纸上公开赔礼道歉。

一审宣判后，曾云当庭表示不上诉并愿意积极履行判决确定的义务。2018年6月16日，曾云在《淮安日报》公开刊登道歉信，消除因其不当言论造成的不良社会影响。

【指导意义】

《中华人民共和国英雄烈士保护法》第二十五条规定："英雄烈士没有近亲属或者近亲属不提起诉讼的，检察机关依法对侵害英雄烈士的姓名、肖像、名誉、荣誉，损害社会公共利益的行为向人民法院提起诉讼。"英雄烈士的形象是民族精神的体现，

是引领社会风尚的标杆。英雄烈士的姓名、肖像、名誉和荣誉等不仅属于英雄烈士本人及其近亲属，更是社会正义的重要组成内容，承载着社会主义核心价值观，具有社会公益性质。侵害英雄烈士名誉就是对公共利益的损害。对于侵害英雄烈士名誉的行为，英雄烈士没有近亲属或者近亲属不提起诉讼时，检察机关应依法提起公益诉讼，捍卫社会公共利益。

检察机关履行这类公益诉讼职责，要在提起诉讼前确认英雄烈士是否有近亲属以及其近亲属是否提起诉讼，区分情况处理。对于英雄烈士有近亲属的，检察机关应当面征询英雄烈士近亲属是否提起诉讼；对于英雄烈士没有近亲属或者近亲属下落不明的，检察机关可以通过公告的方式履行告知程序。

检察机关办理该类案件，除围绕侵权责任构成要件收集、固定证据外，还要就侵权行为是否损害社会公共利益这一结果要件进行调查取证。对于在微信群内发表侮辱、诽谤英雄烈士言论的行为，要重点收集微信群成员数量、微信群组的私密性、进群验证方式、不当言论被阅读数、转发量等方面的证据，证明侵权行为产生的不良社会影响及其严重性。检察机关在决定是否提起公益诉讼时，还应当考虑行为人的主观过错程度、社会公共利益受损程度等，充分履行职责，实现政治效果、社会效果和法律效果的有机统一。

【相关规定】

《中华人民共和国英雄烈士保护法》第二十二条、第二十五条、第二十六条

《中华人民共和国民法总则》第一百八十五条

《中华人民共和国侵权责任法》第十五条

《中华人民共和国民事诉讼法》第五十五条第二款

《最高人民法院、最高人民检察院关于检察公益诉讼案件适用法律若干问题的解释》第五条

第四部分

交流与合作

检察外事及涉港澳工作 2018 年,检察机关外事工作紧密围绕党和国家外交工作大局和检察事业科学发展两个中心,全面贯彻习近平新时代中国特色社会主义思想特别是外交思想,深入学习领会党的十九大和中央外事工作会议精神,认真落实第三次全国检察外事工作会议部署,坚持讲政治和抓业务有机结合,忠实履行检察外事及涉港澳工作职责,各项工作稳步推进。

一、坚持党的绝对领导,有序推进各项对外交流与合作

2018 年,检察机关自觉体现党的绝对领导,牢牢把握党中央对检察外事工作的新部署新要求,紧紧围绕国家外交大局和检察工作全局,以问题为导向,创新工作理念,巩固和深化国际检察交流与合作。

(一)深化高层互访。2018 年,检察机关加强对高层互访、会见的统筹协调,谋定而后动,精心准备,力求取得好效果。经中央批准,全年最高人民检察院高层出访团组 5 个,共计 31 人次,涉及 8 个国家和地区。全年共接待来自 7 个国家和地区的高级检察代表团共计 45 人次,安排院领导临时会见 11 场。张军检察长对检察外事工作给予高度重视,亲自擘画,亲力亲为,旗帜鲜明讲好中国法治故事和检察故事。

(二)巩固多边、双边合作机制。2018 年,检察机关在已经建立的多边、双边合作框架的基础上,不断充实国际司法交流合作的新内涵,多边、双边机制发展稳中有进。张军检察长率中国检察代表团出席第十一届中国—东盟成员国总检察长会议和第十六届上海合作组织成员国总检察长会议,广交朋友,增进共识,扩大合作。邱学强副检察长利用在南非参加国际检察官联合会年会的机会,与南非代理总检察长拉梅特举行工作会谈,积极谋划金砖国家总检察长会议机制可持续发展。国际反贪局联合会秘书处移交的善后工作基本完成。参与举办的第五届世界互联网大会"大数据时代的个人信息保护"分论坛,扩大了我国检察机关国际影响力和话语权,有力服务了党和国家工作大局。全年由最高人民检察院主办,地方检察机关承办的第二次中匈检察业务研讨会、第二次中哈边境地区检察机关定期会晤和中－尼泊尔首届检察业务研讨会取得圆满成功。我们通过精心设置议题,规范有序指导,不断丰富双方人员交流和信息共享的途径,推动

形成双边直接合作的实质性成果。

二、坚决落实中央关于港澳工作的各项部署,加强涉港澳交流合作

2018 年,各级检察机关在与香港、澳门司法机关联手打击犯罪、保护港澳同胞权益、做好统战工作、争取人心回归等方面,积极发挥检察职能作用,坚决把中央关于港澳工作的各项部署要求落实到检察工作中。

(一)巩固和深化与港澳司法法律界各层级交流。2018 年,张军检察长与香港特区廉政公署专员白韫六,澳门廉政专员张永春、检察长叶迅生、终审法院院长岑浩辉等,在最高人民检察院进行了 4 场会见活动,通过高层会见增进了解、深化友谊。陪同澳门特区检察院检察长叶迅生率领的澳门代表团赴贵州参访。接待香港特区律政司派来内地实习的香港大学和香港中文大学法学院的 4 名大学生,与最高人民检察院业务厅负责人面对面交流,并参访北京市海淀区检察院。此外,地方检察院接待了 12 个港澳执法司法团组赴内地参访交流。

(二)创新港澳人大代表联络工作。针对港区、澳区全国人大代表居住在港澳的特殊性,抓住每一次赴港澳交流的机会,积极联络人大代表。在香港中联办的协调支持下,检察机关邀请了香港特区 6 名第十三届全国人大代表赴吉林、黑龙江省视察检察工作。这是香港特区的全国人大代表第一次专程赴内地对基层检察工作进行专项考察,港澳人大代表对参加首次对内地检察机关的专项视察表现积极,在考察交流中务实认真,对内地检察工作的成果感受真切,对今后两地加强交流表达了殷切希望。

三、坚持开拓创新,积极开展国际刑事司法协助

积极推进国际刑事司法协助深入开展,着力办好重点协助案件,严格把关、审慎处理有关敏感案件,坚持开拓创新,拓展司法合作的路径和方法。2018 年共办理刑事司法协助案件 186 件,其中办结 124 件,案件涉及俄罗斯、哈萨克斯坦、乌兹别克斯坦、乌克兰、吉尔吉斯斯坦、越南、罗马尼亚、韩国等多个国家;办理涉港澳个案协查案件 18 件,其中办结 17 件。

四、积极参与国际规则制定

2018 年组织派员参加了包括中国马达加斯加引渡条约在内的 5 项双边条约谈判。全年对包括

中国津巴布韦引渡条约在内的 5 项涉外条约及边境检察机关与国外边境检察机关、军事检察院与国外军事检察院签署的合作文本等进行认真审核并回复意见。起草了与巴拿马等 6 国总检察院的合作协议，与古巴、俄罗斯总检察院合作计划，其中与巴拿马、老挝总检察院的合作协议已经完成了签署工作。积极配合外交部、中宣部等部门做好检察机关人权审议报告相关撰写工作，4 次就有关问题提供反馈意见与表态口径等材料，并派员参加在北京举办的第八届中美司法与人权研讨会。

五、深入贯彻落实中央八项规定，强化检察外事工作规范管理

（一）开展全国检察机关因公临时出国团组自查。最高人民检察院在接到中央外事工作委员会关于"贯彻中央八项规定精神治理公款出国旅游"专项检查的通知后，高度重视，于 7 月中下旬分别派出 3 个督查组对最高人民检察院有关内设机构和山东、广东、广西、重庆、青海等 5 个省级检察院进行了专项督查。督察组共阅卷 19 本，谈话 60 人次，召开座谈会 6 场，深入透彻地了解了相关单位近年来因公出国（境）团组的情况和存在的问题。2018 年，全国检察机关严格按照要求对照自查，查摆问题，加强统筹规划，完善出访布局，严格总量控制，加强审核审批，严把任务关，强化因公出国管理政策和纪律教育。

（二）开展因公临时出国工作抽查。针对巡视中发现个别省级检察院出访中的问题，最高人民检察院于 12 月对北京、天津、辽宁、福建、安徽、江苏 6 个省级检察院近 3 年来的外事工作进行了检查。4 个工作组共查阅 2016 年以来 6 省（直辖市）检察机关 35 个因公出国（境）团组的卷宗材料，其中出访团组 29 个，培训团组 6 个，重点对出访及培训团组的出访日程、具体行程安排及报销票据进行核实。工作组共与 55 位同志单独面谈，询问了完成出访日程、执行交流任务、遵守外事纪律及出访成果的总结与转化分享等情况，并听取了他们提出的具体意见和建议。

（三）全面从严管理因公出国培训团组。2018 年对因公赴境外培训团组进行进一步从严管理，在压缩团组数的基础上，对团组的天数和人数继续压缩，确保人数不超过 12 人，天数不超过 14 天。严控出国培训规模，最高人民检察院培训团组由 3 个减为 1 个，各省培训团组减到 10 个，最终实际执行

9 个。从严强化外事纪律要求，起草《国际合作局因公出国（境）行前教育管理办法》，使行前教育更加规范化、制度化。

2018 年 11 月，第三次全国检察外事工作会议在北京召开。张军检察长和邱学强副检察长分别作重要讲话，部署新时代检察外事工作。会议以习近平新时代中国特色社会主义思想特别是外交思想为指引，站在讲政治、顾大局的高度，深刻阐明了检察外事工作新的历史方位，鲜明提出检察外事工作新理念，紧紧围绕党和国家工作大局和检察工作发展全局，对推动新时代检察外事工作创新发展作出全面部署，为正确认识检察外事工作面临的形势、准确把握新时代检察外事工作的发展方向和主要任务，提供了理念指引和方法指导。会后，最高人民检察院下发关于印发《关于加强新时代检察外事工作的意见》的通知。

（最高人民检察院国际合作局　张　龙）

第三次全国检察外事工作会议　2018 年 11 月 19 日至 20 日，第三次全国检察外事工作会议在北京召开。最高人民检察院检察长张军、副检察长邱学强出席会议并分别讲话。各省、自治区、直辖市检察院，新疆生产建设兵团检察院，解放军军事检察院分管检察外事工作的领导及检察外事部门负责同志，最高人民检察院部分内设机构负责人参加会议。

会议以习近平新时代中国特色社会主义思想特别是外交思想为指引，站在讲政治、顾大局的高度，深刻阐明了检察外事工作新的历史方位，鲜明提出检察外事工作新理念，紧紧围绕党和国家工作大局和检察工作发展全局，对推动新时代检察外事工作创新发展作出全面部署，为正确认识检察外事工作面临的形势、准确把握新时代检察外事工作的发展方向和主要任务，提供了理念指引和方法指导。会后，最高人民检察院下发关于印发《关于加强新时代检察外事工作的意见》的通知。

（最高人民检察院国际合作局办公室　汪　洋）

第五届世界互联网大会"大数据时代的个人信息保护"分论坛　11 月 8 日上午，最高人民检察院承办的第五届世界互联网大会"大数据时代的个人信息保护"分论坛在浙江乌镇举办。此分论坛是本届互联网大会 20 个分论坛之一，在本届互联网大会"创

造互信共治的数字世界——携手共建网络空间命运共同体"主题下,聚焦个人信息保护问题,共商大数据时代如何加强个人信息的司法保护、构建互信共赢的网络空间命运共同体,获得国内外各界的高度关注,取得了扩大国际影响、展示检察机关司法担当、加强对外学习交流等多重效果。

此次分论坛,最高人民检察院检察长张军,副检察长邱学强、童建明、张雪樵出席。来自4个国家的14位检察官受邀出席;17位全国人大代表、2位政协委员和13位法律、信息化领域专家,各省级检察院有关领导、最高人民检察院有关部门主要负责人受邀参加会议。出席会议的嘉宾共91位。

分论坛分上下半场、4个环节、3个主题。张军检察长,中央网信办主任庄荣文,浙江省委宣传部部长朱文贤在开幕式上致辞,张军检察长等6位内宾、白俄罗斯总检察长科纽克等6位外宾分别围绕"检察机关的责任与作用""个人信息保护司法保护中刑事和民事法律适用问题和立法完善""管理者、网络服务提供者、相关从业者的共同责任"3个主题作主旨发言。本次分论坛的主题和发言契合习近平总书记贺信中提出的"推动全球互联网治理体系向着更加公正合理的方向迈进""各国应该深化务实合作,以共进为动力、以共赢为目标,走出一条互信共治之路,让网络空间命运共同体更具生机活力"的要求。

此次分论坛邀请的多位外宾发言中都提到要在信息共享中实现共同治理,希望各国政府和法律高度重视,切实承担起保护个人信息的使命和责任。张军检察长向世界全面介绍了我国高度重视保护个人信息,通过推进立法、完善法律保护体系和不断加大打击侵犯公民个人信息犯罪力度,查办该类犯罪案件逐年上升的情况,全面展示了我国政府尊重隐私、保护个人信息的鲜明态度和我国司法机关打击相关犯罪,促进个人信息保护法律体系建立的成效。张军检察长在对分论坛进行总结时提出"坚持开放共赢的理念,携手加强大数据时代个人信息司法保护;推动立法完善,构建个人信息多元保护体系;参与网络治理,推动形成维护个人信息安全的合力"三点倡议,在参会嘉宾、社会各界、网络媒体引起广泛讨论。

这次分论坛的举办,向世界展示了中国检察机关作为法律监督机关能够敏锐把握互联网时代脉动,与时俱进地满足人民群众新时代新需求,真正体现了检察工作的责任与担当,充分展示了网络信息化时代检察机关一样可以站到最前沿。

(最高人民检察院国际合作局国际处 曹 华)

中国检察代表团出访情况 一、中国检察代表团赴俄罗斯参加圆桌会议

经中央批准,2018年6月4日至8日,最高人民检察院检察委员会专职委员陈国庆率中国检察代表团一行4人赴俄罗斯参加了主题为"对拘押人员遵守法律、执行刑事处罚的监督情况"的圆桌会议。代表团成员主要有最高人民检察院驻燕城监狱检察室主任李文峰、最高人民检察院研究室副主任王建平等。

这次圆桌会议是根据中国最高人民检察院与俄罗斯联邦总检察院2018—2019年合作计划开展的。在俄罗斯联邦总检察院,俄罗斯联邦副总检察长维尼琴科·尼古拉、中国最高人民检察院检察委员会专职委员陈国庆先后致辞并发言。俄罗斯联邦总检察院刑事执行监督局局长马卡罗夫、中国最高人民检察院驻燕城监狱检察室主任李文峰、俄罗斯联邦总检察院刑事执行监督局副局长乌里扬诺夫、中国最高人民检察院研究室副主任王建平、俄罗斯联邦总检察院刑事执行监督局处长萨瓦辛在会议上轮流发言,介绍了各自国家关于刑事执行监督的法律规定和实践做法,双方还就有关问题进行了深入互动交流。

在圣彼得堡市检察院,中国检察代表团首先参观了该市检察长利特维年科办公室和检察院陈列馆,之后与圣彼得堡市检察长、副检察长等就犯罪态势、犯罪类型、预防措施和检察官管理、检察改革等进行了座谈交流。访问期间,俄罗斯联邦总检察院副总检察长兼西北联邦区检察长古岑会见代表团,双方进行深入交流。

二、中国检察代表团赴亚美尼亚参加其总检察院建院一百周年庆典活动

经中央批准,受张军检察长委托,2018年6月30日至7月4日,最高人民检察院副检察长张雪樵率中国检察代表团一行5人赴亚美尼亚出席其总检察院建院一百周年庆典活动并访问亚美尼亚总检察院。

庆典活动在亚美尼亚首都埃里温举行。来自中国、俄罗斯、白俄罗斯、哈萨克斯坦、吉尔吉斯斯坦、希腊以及国际检察官联合会、独联体国家总检

察长协调委员会等16个国家和国际组织的100多名代表应邀参加了庆典活动。亚美尼亚总检察长达夫强·阿尔杜尔主持庆典活动。亚美尼亚总理尼格尔·巴什尼昂出席庆典活动并致辞。亚美尼亚总统阿尔缅·萨尔基相的代表米甫拉江宣读了总统的贺信。独联体国家总检察长协调委员会秘书长叶尔马拉耶夫、俄罗斯副总检察长马林诺夫斯基、国际检察官联合会主席乔洛希也先后发言，对亚美尼亚总检察院建院一百周年表示祝贺。

访问期间，张雪樵副检察长分别会见了亚美尼亚总检察长达夫强·阿尔杜尔以及出席本次庆典活动的吉尔吉斯斯坦总检察长扎姆什朵夫·奥特古尔别克等多国检察机关和国际组织的代表。中国驻亚美尼亚大使田二龙陪同参加有关活动。

与亚美尼亚总检察长达夫强·阿尔杜尔会见期间，达夫强·阿尔杜尔总检察长对中国检察代表团来参加建院百年庆典活动表示欢迎和感谢，并回顾了两国检察机关之间的友好交往历史，表示亚美尼亚检察机关愿意同中国检察机关不断加强交流与合作，推动两国司法合作水平再上新台阶。张雪樵副检察长转达了张军检察长对亚美尼亚总检察院建院一百周年的祝贺，并代表中国检察代表团对亚方的邀请和接待表示感谢。张雪樵副检察长在会见中指出，两国检察机关应当进一步深化合作共识、挖掘合作潜力、提高合作水平，不断丰富和发展两国检察机关的友好关系，借此促进两国关系稳固发展。

应邀与吉尔吉斯斯坦总检察长扎姆什朵夫·奥特古尔别克进行会晤期间，扎姆什朵夫·奥特古尔别克总检察长表示，中国是吉尔吉斯斯坦最重要的伙伴之一，两国检察机关也早在2001年就签订了合作协议，在共同打击恐怖主义和相关犯罪方面建立了良好的合作关系，希望两国检察机关不断深化交流，并期待在杜尚别召开的第十六次上海合作组织成员国总检察长会议上与张军检察长会面。张雪樵副检察长表示，中吉两国的友谊源远流长，两国同为上海合作组织成员国，又同为发展中国家，两国的发展离不开彼此的支持与帮助。两国检察机关要在"上海精神"指引下，同舟共济，精诚合作，共同助力构建上海合作组织命运共同体，推动建设新型国际关系。"他乡遇故知"，两国检察机关的代表借参加庆典之机在埃里温会面，共话友谊，共谋发展，充分说明了两国检察机关对发展友好合

作关系的重视，希望两国检察机关交流合作水平再上新台阶。

张雪樵副检察长还分别同俄罗斯副总检察长马林诺夫斯基、白俄罗斯总检察长科纽克、哈萨克斯坦副总检察长阿赫蔑特扎诺夫、亚美尼亚调查委员会主任、亚美尼亚前总检察长奥夫谢皮扬、独联体国家总检察长协调委员会秘书长叶尔马拉耶夫等亚美尼亚政要，各国代表团团长及国际组织代表进行交流。张雪樵副检察长逐一回应各方，并借机宣介我国"一带一路"建设的成就和愿景。

三、中国检察代表团赴文莱出席第十一届中国—东盟成员国总检察长会议并访问新加坡

以最高人民检察院检察长张军为团长的中国检察代表团于2018年8月13日至18日赴文莱出席第十一届中国—东盟成员国总检察长会议并于会后访问新加坡。代表团成员包括福建省检察院检察长霍敏、广东省检察院检察长林贻影、广西壮族自治区检察院检察长崔智友等。

这次出访的主要任务之一就是参加第十一届中国—东盟成员国总检察长会议，加强与东盟各国检察机关的联系，密切区际双方司法合作。这次会议的主题是"加强打击网络犯罪的能力与合作"。张军检察长代表中国检察代表团致开幕词并作了题为"打击网络犯罪、维护网络安全"的专题发言。会议期间，张军检察长和其他代表团团长一起拜会了文莱苏丹哈桑纳尔；张军检察长还分别与文莱总检察长海洛·阿尔尼、柬埔寨代表团团长谢梁、越南代表团团长陈功樊进行双边会晤，主动与其他代表团接触、交流，增进友谊、促进了解。会议闭幕时，与会各国签署联合声明，就进一步打击网络犯罪涉及的司法协助、履约保障、调查取证、机构设置、情报交换、能力建设、刑事政策、风险防控等达成共识。中国检察代表团还利用会议间隙，专门与柬埔寨代表团商谈下一届中国—东盟成员国总检察长会议筹办事宜，柬方表示大选刚结束，新内阁还未批准会议机制相关工作，但柬方会尽全力促成此事。中国检察代表团在参会期间，充分利用正式、非正式场合，积极宣传习近平新时代中国特色社会主义思想、中国特色社会主义法治建设和"一带一路"等情况，得到与会各方的广泛认可和赞赏。

中国检察代表团访问新加坡期间，张军检察长会见了新加坡副总理张志贤，与新加坡总检察长黄鲁胜、最高法院首席大法官梅达顺、内政部长兼律

政部长尚穆根进行会谈。8月17日,应新加坡总检察署邀请,张军检察长以"全面依法治国的中国方案"为题发表演讲并现场回答提问,取得了良好的效果。

四、中国检察代表团访问莫桑比克并赴南非出席国际检察官联合会执行委员会会议、联合会第二十三届年会暨会员代表大会

以最高人民检察院副检察长邱学强为团长的中国检察代表团于2018年9月4日至11日访问了莫桑比克,并赴南非出席国际检察官联合会执行委员会会议、联合会第二十三届年会暨会员代表大会。代表团成员包括河北省检察院检察长丁顺生、海南省检察院检察长路志强等。邱学强副检察长当选国际检察官联合会执行委员,对推动国际双边及多边司法合作,促进国家整体外交与司法外交发挥积极作用。

应莫桑比克总检察长布西莉的邀请,代表团于9月4日至7日访问了莫桑比克。莫方对此次访问高度重视,布西莉总检察长及莫桑比克多位副总检察长与代表团一行举行了工作会谈。代表团还先后访问莫桑比克最高法院、莫中央反腐败办公室,邱学强副检察长与莫最高法院院长穆尚加以及中央反腐败办公室主任热莫分别进行了会谈。中国驻莫桑比克使馆临时代办张祥焱全程陪同代表团在莫的活动。

访问期间,莫方除介绍关于检察机关职能、机构、运作等基本情况外,重点就非洲其他一些国家公民持莫桑比克假护照在中国从事贩毒活动、莫桑比克公民被骗往中国打工且遭受无报酬强迫劳动、在莫羁押的中国公民不能回国服刑等情况向代表团进行了通报,并表达了派员前往中国与有关机构进行接洽和合作的意愿。邱学强副检察长对此回应表示,中莫之间虽然没有签署刑事司法协助协议、引渡条约以及被判刑人移管协议等国际条约,但莫方可以通过外交途径向中方提出相关请求,与此同时,中国检察机关愿意在法定职权范围之内提供帮助,必要时可协调和推动莫方与国内有关部门进行协商。根据中莫检察机关2017年签订的《合作谅解备忘录》,双方还就莫方检察人员赴中培训事宜进行了具体讨论。代表团在会见莫最高法院院长穆尚加和中央反腐败办公室主任热莫时,双方就如何在两国政治、经济关系近年来发展迅速的背景下,进一步加强司法领域合作,尤其是刑事司法

领域以及反腐败工作领域的合作,进行了深入讨论并达成一致共识。

9月8日,国际检察官联合会在南非约翰内斯堡召开执行委员会会议,邱学强副检察长以联合会执行委员提名候选人身份参加会议。执行委员会会议的主要议题包括讨论执行委员会换届改选情况、审议秘书处工作报告及联合会财务报告,讨论通过联合会年度表彰及奖励决定,审议《检察官调解被害人与犯罪嫌疑人工作指南》,讨论联合会处理公民及社会组织投诉工作情况、讨论联合会2019年重大活动安排等。联合会主席乔洛希及秘书长莫若对中国检察机关一直以来对联合会的支持表示感谢,特别是对中国于2017年在北京成功承办国际检察官联合会第二十二届年会暨会员代表大会表示赞赏,并专门为中国最高人民检察院颁发了联合会表彰证书。二人还专门与邱学强副检察长举行工作会谈,就国际检察官联合会与中国检察机关进一步加强联系和合作进行了充分交流,研究讨论了中国检察机关承担联合会相关工作的可能性。

9月10日至11日,邱学强副检察长率中国检察代表团参加了国际检察官联合会第二十三届年会暨会员代表大会。本届年会由南非总检察院承办,主题为"检察机关的独立性——社会正义的基石"。来自96个国家和地区的400多名检察官参加会议,围绕"政治与检察机关的独立""检察机关的管理:责任制与个人裁量相结合""检察官的保护""独立的检察机关与社会公信力"等议题进行了深入探讨。邱学强副检察长在第二次全体会议上作了题为《推进司法责任制改革,健全权责统一、权责明确的司法权力运行机制》的发言,阐述了中国检察机关遵循司法亲历性和权责一致性规律,深入推进司法责任制改革的实践与体会,深受与会代表的好评。会议期间,邱学强副检察长还与南非代理总检察长拉梅特、俄罗斯副总检察长卡拉别江、欧盟司法协助组织(Eurojust)主席哈姆兰等进行了双边会谈。

五、中国检察代表团赴塔吉克斯坦出席第十六次上海合作组织成员国总检察长会议并访问土耳其

经中央批准,以最高人民检察院检察长张军为团长的中国检察代表团于2018年9月18日至26日赴塔吉克斯坦出席第十六次上海合作组织成员国总检察长会议并于会后访问土耳其。代表团成

员包括黑龙江省检察院检察长高继明、河南省检察院检察长顾雪飞、新疆维吾尔自治区检察院检察长李永君等。

9月20日，第十六次上海合作组织成员国总检察长会议在塔吉克斯坦首都杜尚别召开。最高人民检察院检察长张军出席会议并发言，强调弘扬"上海精神"，深化务实合作，共同打击国际恐怖主义和极端主义，携手构建人类命运共同体，共筑更加光明的美好未来。

这是张军担任最高人民检察院检察长以来，首次与上海合作组织其他成员国总检察长会面。张军检察长指出，从2001年初创至今，上海合作组织已经走过17个年头，创造性地提出并始终践行互信、互利、平等、协商、尊重多样文明、谋求共同发展的"上海精神"。伴随上海合作组织的发展壮大，上海合作组织成员国总检察长会议机制也不断健全完善。中国积极落实历次成员国元首理事会达成的共识，加强沟通交流，强化司法协作，在打击国际恐怖主义、分裂主义、极端主义和贩卖人口、走私毒品等跨国有组织犯罪等方面取得丰硕成果，为促进本地区繁荣稳定作出了积极贡献。会议期间，张军检察长和其他代表团团长一起拜会了塔吉克斯坦总统莫马利·拉赫蒙。张军检察长还分别与塔吉克斯坦总检察长拉赫蒙·尤索夫、吉尔吉斯斯坦总检察长扎姆什托夫、哈萨克斯坦总检察长国扎木扎罗夫、乌兹别克斯坦总检察长奥·穆罗多夫、俄罗斯联邦总检察长尤·雅·柴卡、白俄罗斯总检察长科纽克进行双边会谈；在会议安排的不同活动中，与印度、巴基斯坦、阿富汗、伊朗、尼泊尔、斯里兰卡、沙特阿拉伯等国与会检察机关负责人沟通交流，结识朋友、增进共识、谋求合作；此外，还与国际检察官联合会主席亚罗什、独联体成员国总检察长协调委员会秘书长格沃兹洁夫进行了友好和富有成效的交流。

会议闭幕时，张军检察长和与会各国总检察长共同签署了会议纪要，强调积极参与双边和多边反恐怖主义和极端主义活动，共享相关法律文件、方法和信息资料，扩大与上海合作组织观察员国和上海合作组织对话伙伴成员国检察院的合作，发展与地区和国际专业组织的合作，共同打击恐怖主义、暴力极端主义、分裂主义和跨国有组织犯罪。中国驻塔吉克斯坦大使岳斌参加有关活动。

应土耳其最高上诉法院总检察长阿卡卡的邀请，9月24日至25日，最高人民检察院检察长张军率中国检察代表团访问土耳其。张军检察长与阿卡卡进行了深入、富有成效的工作会谈，并先后会见了土耳其司法部长居尔、最高上诉法院院长伊斯梅尔。

张军检察长和伊斯梅尔相互介绍了两国司法制度和司法改革情况。张军检察长强调，土耳其的司法改革行动纲要和司法改革议案对我们很有参考意义，中国也在不断深化司法体制改革，并取得了重要的成果。希望中土双方分享两国在司法改革等方面的经验，加强对话交流，更好地推进两国的法治建设。

阿卡卡、居尔和伊斯梅尔表示，土方重视与中方的司法合作，愿与中方深化沟通协作，特别是在打击暴恐犯罪方面，土方也是暴恐犯罪的受害者，对中方遇到的情况深有同感，愿与中国检察机关加强这方面的深层次合作，共同打击恐怖主义、极端主义和跨国有组织犯罪，共同造福两国人民。

访问期间，张军检察长考察了土耳其法官检察官培训中心，与正在参加培训的学员互动。张军检察长表示，中国检察机关正在研究建议推进法官、检察官、律师之间的共同培训，土方的很多做法值得借鉴，中国国家检察官学院将依托有关合作协议，完善教育培训机制，为强化两国司法人员培训、提升专业素能作出更大贡献。

张军检察长还率中国检察代表团拜谒了土耳其国父陵并敬献花圈，并在会见中与土耳其司法界其他高层人士进行沟通交流，广交朋友、凝聚共识、谋求合作。中国驻土耳其大使郁红阳参加相关活动。

（最高人民检察院国际合作局　张笑寒　曹　华）

外国检察代表团来访情况　一、新加坡检察代表团访华

应时任最高人民检察院检察长曹建明的邀请，新加坡总检察署总检察长黄鲁胜率9人代表团于2018月2月5日至7日访华。

2月5日下午，曹建明检察长首先对黄鲁胜一行的来访表示热烈欢迎。他说，中新两国是一衣带水的友好邻邦，友好交往源远流长。近年来，两国建立了与时俱进的全方位合作伙伴关系，在平等互利的基础上开展广泛合作，取得丰硕成果。两国司法机关特别是检察机关之间交往合作一直是两国

关系中发展稳定、成效显著的重要组成部分。近年来，两国检察高层交往密切，检察官交流培训频繁，双边司法合作紧密，在中国—东盟成员国总检察长会议机制等多边合作机制中支持配合有力，为推动两国关系健康发展提供了有力司法保障。特别是在"百名红通"2号人物李华波一案刑事司法协助过程中，两国检察机关坦诚沟通、反复磋商、紧密协作，为李华波最终被遣返回中国奠定了坚实的基础，成为双边刑事司法协助的标志性案例。曹建明检察长向新方介绍了中共十九大以来，中国法治建设和政治体制、司法体制改革的最新部署和取得成就。曹建明说，虽然中新两国的司法制度不同，但两国司法机关始终秉持开放的理念，兼收并蓄、互相学习，有力推动双方法律制度完善和司法工作发展。中国检察机关愿以阁下此访为契机，与新方同行积极落实两国领导人达成的重要共识，推动双方高层交流互访，拓展双边合作的广度和深度，加强多边领域的支持与配合，认真应对和解决"一带一路"重大倡议推进中出现的新型法律问题，不断充实两国关系的新内涵，更好地维护地区和平稳定，促进共同发展繁荣。

黄鲁胜感谢曹建明的会见，表示愿在既有良好合作基础上，与中方一道努力，将双方的友好关系推向更高的层次。最高人民检察院副检察长李如林、张雪樵，新加坡驻华大使罗家良参加会见。

二、匈牙利检察代表团访华

应时任最高人民检察院检察长曹建明的邀请，匈牙利副总检察长欧文·贝罗维克率5人代表团于5月28日至6月3日访华并出席了在浙江省杭州市举行的第二届中匈检察机关合作研讨会。

5月28日，最高人民检察院检察长张军在京会见了匈牙利副总检察长欧文·贝罗维克一行。张军检察长对欧文一行来访表示热烈欢迎。他说，中匈建交时间早、合作领域广泛、发展目标契合，当前两国关系处于历史最好的时期。两国司法领域的友好合作关系取得长足发展，检察机关之间的友好交流与务实合作也进入了新阶段。张军检察长指出，去年中国全国人大常委会修改了民事诉讼法、行政诉讼法，赋予检察机关在生态环境和资源保护等领域提起公益诉讼的职权，这对我们来说是全新的挑战。匈牙利检察机关在公益诉讼方面有着丰富的经验，我们愿意加强与匈牙利同行的交流借鉴。中匈双方将围绕公益诉讼话题在杭州开展研

讨，相信一定会让双方都受益。张军检察长表示，中匈检察机关在追求更高水平的法治、维护社会稳定、捍卫社会公平正义上的目标是一致的。双方今后要进一步扩大法治交流互鉴，深化执法司法合作，寻求共赢互利之道，为两国密切交往保驾护航。要全面落实两国检察机关合作计划，加强各层面检察人员交流往来、司法协助、人员培训等。

欧文感谢张军检察长的会见，表示愿意加强两国检察机关的交流合作，共同推动两国友好关系不断深化。最高人民检察院副检察长张雪樵、匈牙利驻华大使白思谛参加会见。

在杭州研讨会期间，两国检察官代表和最高人民法院、自然资源部、生态环境部、国家林业和草原局、国家药品监督管理局等单位代表及部分全国人大代表、专家学者等围绕公益诉讼与环境司法保护的行政视角、检察公益诉讼一体化、环境公益诉讼的审判实践与理论探索、检察公益诉讼的实践与发展等专题展开研讨、深入交流。

三、乌克兰检察代表团访华

应最高人民检察院检察长张军的邀请，乌克兰总检察长尤里·卢岑科率5人代表团于2018年6月25日至29日访华。代表团访问了北京和上海。

6月25日，张军检察长会见并宴请了尤里·卢岑科总检察长一行。最高人民检察院副检察长童建明、乌克兰驻华大使焦明、乌克兰副总检察长耶宁等参加会见。张军检察长对卢岑科一行访问最高人民检察院表示热烈欢迎。他说，中国和乌克兰两国人民有着深厚的传统友谊，两国元首为两国深化战略伙伴关系做好了顶层设计，为两国司法、检察交流合作奠定了良好基础。希望通过这次访问，把两国检察机关务实合作进一步向前推进。张军检察长说，改革开放四十年来，中国经济、社会发生了深刻变化，已成为世界第二大经济体。中国共产党去年召开的十九大明确，中国社会主要矛盾已经转化为人民日益增长的美好生活需要和不平衡不充分发展之间的矛盾。十九大报告提出的以人民为中心的主题，是检察机关持续推进改革的出发点。中国检察改革的目标，就是提升检察官的专业能力、职业素养，进而提高办案质量和效率。检察工作要向改革要动力、要效率、要质量。我们目前正在积极推进内设机构改革，加大在民事检察、行政检察和公益诉讼等方面司法资源的投放，以实现刑事检察、民事检察、行政检察及公益诉讼平衡发展。

张军检察长表示，共建"一带一路"宏伟蓝图为中乌互利合作提供了广阔舞台，两国检察机关要围绕大局、立足工作职能，共同为推进"一带一路"倡议提供可靠的法治保障。要不断增强互信，以服务两国关系大局为根本，在司法协助条约和双边合作协议框架下继续加强务实合作，共同打击跨国犯罪。要继续加强人员往来和专业交流，增进友好关系。

卢岑科感谢张军检察长的热情会见，表示乌克兰检察机关愿意与中方加强合作，为推进"一带一路"倡议提供安全保障和法治保障，推动两国友好关系的不断发展。

四、巴拿马检察代表团访华

应最高人民检察院检察长张军的邀请，巴拿马总检察长波赛尔率5人代表团于2018年8月25日至9月2日访华。代表团访问了北京、上海和陕西。

2018年8月27日，最高人民检察院检察长张军会见并宴请了巴拿马共和国总检察长肯尼亚·伊索尔德·波赛尔一行，会见后双方签署了两国检察机关合作谅解备忘录。最高人民检察院副检察长童建明、巴拿马驻华大使施可方参加会见。张军检察长首先对波赛尔率团来华访问表示热烈欢迎。他说，中巴两国于2017年6月正式建交，建交一年多来，两国各领域交往合作平稳快速发展，司法交流也取得了卓有成效的进展。张军检察长向客人简要介绍了中国共产党十九大情况、中国特色社会主义法治、中国特色社会主义检察制度以及中国检察机关的职能特别是公益诉讼职能情况。他说，中共十九大明确了中国社会主要矛盾已经转化为人民日益增长的美好生活需要和不平衡不充分的发展之间的矛盾。改革开放四十年，我们已经解决了"有没有"的问题，现在要解决的是"好不好"的问题。中国检察机关将在习近平新时代中国特色社会主义思想的引领下，切实履行宪法法律赋予的职责，为人民群众提供更丰富、更亲和的法治产品、检察产品，让人民群众在民主、法治、公平、正义、安全、环境等方面都能够有更切实的获得感、幸福感和安全感。

张军检察长表示，总检察长的首次访问，是两国检察机关建立友好关系的良好开端，为双方未来的交流合作奠定了坚实的基础。本着互信、理解、谅解的原则，相信双方的友好合作一定会稳步前

进。中国最高人民检察院愿意通过两国检察机关的合作交流，为落实两国领导人就中巴关系发展达成的重要共识作出积极努力，为中巴友好交往提供法治服务和保障，为中巴关系行稳致远作出贡献。

波赛尔感谢张军检察长的热情会见，她表示，相信在双方共同努力下，巴中两国检察机关友好合作会迈上新台阶；期待与中国检察机关在知识产权、生态环境保护、反腐败、打击有组织犯罪等方面加强合作。会见后，张军检察长和波赛尔总检察长共同签署了两国检察机关合作谅解备忘录。

五、老挝检察代表团访华

应最高人民检察院检察长张军的邀请，老挝最高人民检察院检察长坎山·苏冯率6人代表团于2018年11月4日至7日访华。

2018年11月5日，最高人民检察院检察长张军会见并宴请了老挝最高人民检察院检察长坎山·苏冯一行，双方签署了会议纪要。中国最高人民检察院副检察长童建明，老挝最高人民检察院副检察长赛沙纳·欧普托参加会见。

张军检察长首先代表最高人民检察院对坎山一行来访表示欢迎。他说，中老两国关系提升为全面战略合作伙伴关系以来，两国领导人互访不断，各领域交流合作发展迅速，两国检察机关司法合作交往密切。坎山检察长再次率团访华必将进一步深化两国检察机关之间的务实合作。希望两国检察机关为中老友好交往提供更好法治服务和保障，为打造中老命运共同体作出新贡献。

张军检察长向客人简要介绍了中国法治建设和检察改革的情况。张军检察长表示，中国特色社会主义进入新时代，如何落实中国共产党十九大精神，坚持以人民为中心，围绕人民群众需求谋发展，是摆在中国检察机关面前的机遇和挑战。刚刚闭幕的十三届全国人大常委会第六次会议修改了刑事诉讼法和人民检察院组织法，为深化检察改革、完善中国特色社会主义检察制度提供了坚实的法律基础，中国检察机关将认真贯彻落实修改后"两法"，按照深化司法体制改革新要求，以检察机关内设机构改革为切入点，不断提升检察官的专业能力、职业素养，从而提高办案质量和效率。

张军检察长表示，中老两国在"一带一路"等多领域合作前景广阔，两国检察机关在为两国关系提供法治服务和保障方面大有可为。希望在双方共

同努力下,两国检察机关友好合作会更进一步,迈上新台阶。

坎山感谢张军检察长的亲切会见,高度评价中老两党和两国政府、两国人民的友好关系。他表示,老挝检察机关愿意继续借鉴中方司法改革和检察改革经验,进一步加强两国检察机关的交流合作,推动两国友好关系不断深入发展。

六、白俄罗斯检察代表团访华

应最高人民检察院检察长张军的邀请,2018年11月6日至9日,白俄罗斯总检察长科纽克一行3人访华并出席在浙江乌镇举办的第五届互联网大会检察分论坛。

11月7日下午,最高人民检察院检察长张军会见代表团。张军对再次与科纽克见面表示非常高兴。他说,总检察长在百忙之中应邀参加第五届世界互联网大会"大数据时代的个人信息保护"分论坛并作主题发言,显示出中白两国检察机关深厚的友谊。希望中白两国检察机关加深合作,把双方的友好关系进一步向前推进。张军检察长向客人简要介绍了中国全国人大常委会修改刑事诉讼法和人民检察院组织法后,中国检察机关面临进一步健全组织架构、完善检察职权的情况。科纽克提到,一家中国企业在白俄罗斯招投标中遇到法律问题找到他反映情况,他亲自接待并为企业提供帮助。张军检察长对此表示感谢。他说,中国企业在国内遇到法律问题也会找检察院,这是一种依法办事的习惯。两国检察机关应充分履行职能,保障两国各领域交往更加顺畅。张军检察长表示,中国高度重视国内企业尤其是民营企业的发展。11月1日,习近平总书记在民营企业座谈会上的重要讲话,重申了"三个没有变",充分表明了中国毫不动摇鼓励、支持、引导非公有制经济发展的坚定决心和鲜明态度,为民营经济健康发展注入了强大信心和动力。中国最高人民检察院近日对落实讲话精神作出了安排,全国检察机关将充分履行检察职能,为民营经济健康发展贡献检察力量。

科纽克感谢张军检察长的亲切会见,表示愿意学习借鉴中国检察机关的经验,进一步推动两国检察机关的交流合作。最高人民检察院副检察长童建明、浙江省检察院检察长贾宇参加会见。

七、厄瓜多尔检察代表团访华

应最高人民检察院检察长张军的邀请,厄瓜多尔共和国总检察院总检察长保罗·佩雷斯·雷依纳率5人代表团于11月6日至11日访华并出席在浙江乌镇举办的第五届世界互联网大会检察分论坛。

11月8日,代表团出席互联网大会检察分论坛,保罗·佩雷斯·雷依纳总检察长在论坛专题一"检察机关的责任与作用"中作专题发言。11月9日,最高人民检察院检察长张军在京会见厄瓜多尔总检察长保罗·佩雷斯·雷依纳。张军检察长首先对佩雷斯一行到最高人民检察院访问表示热烈欢迎,感谢他对中国最高人民检察院主办的第五届世界互联网大会"大数据时代的个人信息保护"分论坛给予的大力支持。张军检察长说,中厄两国都是发展中国家,双方相互理解、相互支持、相互帮助,积累了深厚的政治互信和友好情谊。中厄两国建立全面战略伙伴关系以来,双方在各领域都有密切友好的交往,各方面关系得以深化。

张军检察长表示,加强同厄瓜多尔检察机关的合作,是中国检察机关对外交往工作的优先方向之一。相信通过双方坦诚交流、精诚合作、共同努力,两国检察机关的友好合作将会迈上新台阶,为深化两国全面战略伙伴关系作出新贡献。

佩雷斯感谢张军检察长的热情会见,感谢最高人民检察院邀请他参加第五届世界互联网大会"大数据时代的个人信息保护"分论坛。他希望两国检察机关进一步深化交流合作,加强司法协助。双方还就推动两国间签订刑事司法合作协议、依法保护两国企业在对方境内合法经营等交换了意见。中国最高人民检察院副检察长张雪樵、厄瓜多尔驻华大使拉雷亚参加会见。

(最高人民检察院国际合作局国际交流处　张笑寒)

内地与港澳特区司法检察代表团互访和签署协议情况　一、2018年内地检察机关与港澳特区高层访问和多层次的互访频繁

(一)高层交往。2018年5月31日,最高人民检察院检察长张军与香港特区廉政公署白韫六专员座谈,向白专员通报内地司法体制改革、检察职能调整的最新情况,并对监察体制改革后内地检察机关与香港特区廉政公署的交流与个案合作提出建议。7月18日、9月12日和11月15日,张军检察长在最高人民检察院分别会见了澳门特区检察院检察长叶迅生、澳门特区廉政公署专员张永春和

澳门特区终审法院院长岑浩辉一行。2018年4月和8月，澳门特区检察院检察长叶迅生参访贵州、河南省。2018年6月香港特区廉政公署白韫六专员在参访广东省期间，到访广东省人民检察院。

2018年9月在南非举行的国际检察官联合会第23届年会上，最高人民检察院副检察长邱学强专门会见香港特区律政司刑事检控副专员许绍鼎一行，表达对特区检控工作的关心，深化与香港法律界的交流与友谊。

（二）多层次交流。第一，内地与香港。2018年7月11日至19日，最高人民检察院时任机关党委常务副书记阮丹生参加由中央统战部在港澳举办的中华海外联谊会港澳社会经济研讨班。2018年8月1日至7日，最高人民检察院涉港澳工作办公室邀请香港6名第十三届的全国人大代表赴吉林、黑龙江省视察检察工作。2018年8月6日至24日，香港特区政府律政司派出4名法律系学生到内地实习。2018年8月27日至29日，湖北省检察院未成年人检察处阮雪芹赴香港参加香港青年交流促进联会。2018年9月12日至14日，最高人民检察院原公诉厅陈鸳成处长和原侦查监督厅检察官李虎参加由美国司法部在香港举办的第六届知识产权犯罪执法联络会议。2018年10月25日，香港律政司选派该司高级政府律师万丽琪女士拜访上海市检察院，主要就上海检察机关强化民事、行政诉讼监督工作及侦办生态资源保护领域案件等相关议题进行座谈交流。2018年12月，山西省检察院外事接待处处长王一平参加2018年山西省外事专办员赴港澳学习交流团。第二，内地与澳门。2018年4月26日至27日，澳门特区检察院司法官陪同东帝汶共和国总检察长若瑟·希梅内斯一行4人赴深圳市访问交流。2018年5月28日至31日，最高人民检察院司改办、政治部、案管办相关工作人员组成的6人团组就两地检察制度、案件管理等议题进行访问交流。其间，代表团还专门与澳门特区第十三届全国人大代表进行座谈。2018年11月18日至24日，澳门特区检察院检察长办公室主任

谭炳棠一行9人参访黑龙江省检察机关。代表团考察了抚远、同江、佳木斯检察机关的司法改革和信息化建设。

二、2018年内地检察机关与港澳司法机构不断推动相互间的务实合作

2018年3月，最高人民检察院检察技术信息研究中心负责人专门赴澳门特区检察院，围绕"网络犯罪案件的侦办""智慧检务的创新发展""最高人民检察院信息化建设"等专题进行授课。5月，检察技术信息研究中心专门就协助提升澳门特区检察院信息化工作与对方共同制定具体实施方案。7月，检察技术信息研究中心与澳门特区检察院检察长办公室共同签署了《最高人民检察院检察信息技术研究中心与澳门特别行政区检察院检察长办公室信息化建设合作协议》，协助升级澳门特区检察院办案软件并负责相关培训工作。

三、2018年内地检察机关与港澳执法、司法、法律界通过多种形式的培训密切相互交流与合作

2018年11月5日至30日，最高人民检察院原侦查监督厅检察官吴楠参加由香港廉署举办的第三十八届总调查主任指挥课程。2018年11月19日至23日，广东省深圳市检察院副检察长余新喜率20人赴香港参加"廉洁政府建设研究专题"培训班。2018年11月21日上午，香港廉政公署第三十八届总调查主任指挥课程培训代表团一行到北京市检察院交流。2018年12月，青海省检察院政治部组织人事处李斌赴香港参加中青年干部培训班。

经与澳门特区检察院协商，从2018年起，安排澳门特区检察院司法行政辅助人员到内地学习交流，计划是每年2—3批，每批15—20人，每期活动2天。如2018年6月14日至15日，澳门特区检察院司法行政辅助人员一行15人到广州市南沙区检察院学习。11月29日至30日，广东省东莞市检察院协助培训澳门检察院司法行政辅助人员20人，取得了较好的交流效果。

（最高人民检察院国际合作局司法协助处　郭明聪）

中华人民共和国最高人民检察院
与外国检察、司法机关签署的合作协议一览表

协议名称	签署时间
中华人民共和国最高人民检察院和巴拿马共和国总检察长办公室合作谅解备忘录	2018 年 8 月 27 日
中华人民共和国最高人民检察院与老挝人民民主共和国最高人民检察院会谈纪要	2018 年 11 月 5 日

（最高人民检察院国际合作局 韩 弋 施 琦）

中华人民共和国最高人民检察院和巴拿马共和国
总检察长办公室合作谅解备忘录

中华人民共和国最高人民检察院和巴拿马共和国总检察长办公室（以下简称"双方"），在相互尊重主权和平等互利的基础上，为充分发挥检察机关在国家司法体系中的重要作用和职责，强调其独立性和自主性；愿加强和发展双方在打击犯罪特别是跨国有组织犯罪方面的合作；认可《联合国打击跨国有组织犯罪公约》对促进合作、打击犯罪的积极影响，双方达成合作谅解如下：

第一条 目 标

双方在各自职权范围内，遵守各自国内法和国际法义务，在本谅解备忘录的框架内促进和发展双方合作。

第二条 合作方式

双方同意在保障人权的前提下，加大打击犯罪的力度，开展广泛的合作。双方开展合作的方式包括：

（一）交流司法合作领域的信息、经验和良好做法。

（二）加急办理现行公约和条约中央机关转递的刑事司法协助请求。

（三）加强双方高层交流互访。

（四）互派检察人员进行专业培训，制定培训方案，在双方感兴趣的领域进行实习，举办研讨会、专家会议和学术研讨会，讨论双方共同感兴趣的主题。

（五）其他双方认可的合作领域。

第三条 联络机关

为实施本谅解备忘录，双方应当直接沟通。

代表中华人民共和国最高人民检察院实施本谅解备忘录的部门是：中华人民共和国最高人民检察院国际合作局（中国北京北河沿大街 147 号，100726）。代表巴拿马共和国总检察长办公室实施本谅解备忘录的部门是：国际事务高级检察官办公室（巴拿马城秘鲁大街 33 号，Chevalier 光学大楼一楼）。

第四条 信息保密

双方承诺采取必要措施，保证转递的文件和信息的机密性，并确保这些文件和信息不得用于请求所述之外的目的。

第五条 费用承担

双方各自承担履行本谅解备忘录所产生的费

用,另有规定的除外。

第六条 语 言

依据本谅解备忘录所转递的文件,须附有对方官方语言的译文或者英文译文,双方另有约定的除外。

第七条 修改和补充

应一方要求,双方可通过谈判对本谅解备忘录的内容进行修改和补充。有关协议内容的任何修改都应通过书面形式进行,并于双方代表签字后生效。

第八条 争议的解决

在执行或解释本谅解备忘录中可能出现的任何分歧应由双方根据诚信原则友好解决,争取最大程度的合作。

第九条 义 务

本谅解备忘录不为中华人民共和国和巴拿马共和国创设国际司法义务,也不影响中华人民共和国和巴拿马共和国加入的国际条约所产生的权利和义务。

第十条 生效、期限和终止

本谅解备忘录自签字之日起生效。除非双方以书面形式表达终止的意愿,本谅解备忘录长期有效。

任何一方均可随时以书面形式通知对方终止本谅解备忘录。终止自该通知发出之日后第180天生效。

终止本谅解备忘录的效力不应损害终止之前本谅解备忘录所产生的权利和义务。

本谅解备忘录于2018年8月27日在北京签署,一式两份,以中文、西班牙文和英文写成,三种文本同等作准。如遇解释上的分歧,以英文文本为准。

中华人民共和国　　　　　巴拿马共和国
最高人民检察院检察长　总检察长办公室总检察长
　张　军　　　　　　　肯尼亚·波赛尔

中华人民共和国最高人民检察院
与老挝人民民主共和国最高人民检察院会谈纪要

根据中华人民共和国最高人民检察院与老挝人民民主共和国最高人民检察院(以下称"双方")于2009年11月30日在万象签署的谅解备忘录精神;

应中华人民共和国最高人民检察院检察长张军同志的邀请,老挝人民革命党中央委员、老挝人民民主共和国最高人民检察院检察长坎山·苏冯率领的代表团于2018年11月4日至7日对中国进行正式工作访问。

工作访问期间,双方就多项重要问题进行了讨论并交换意见,如:双方回顾了两国检察机关的合作成果;对未来的合作方向提出建议,并一致同意加强双方的交流合作,内容如下:

1. 加强双方代表团互访,每两年进行一次,双方轮流作为东道主。

2. 中华人民共和国最高人民检察院同意每年为老挝人民民主共和国最高人民检察院提供15个培训名额,具体工作由中国广西壮族自治区中国—东盟成员国检察官交流培训基地实施。

3. 继续加强中国云南省和老挝北部省份检察机关的合作。

4. 双方同意加强信息交流,提供法律、立法相关资料以及检察工作相关刊物,在此基础上,不断增进双方合作、研究,并更好地运用于专业工作中。

5. 双方同意由中华人民共和国最高人民检察院国际合作局和老挝人民民主共和国最高人民检察院计划与国际合作局负责落实本纪要。

6. 若落实本纪要时出现问题,双方在相互理解、相互尊重的基础上协商解决。

本纪要于2018年11月5日在北京签署,一式两份,以中文和老挝文书就,两种文本同等作准。

中华人民共和国　　　老挝人民民主共和国
最高人民检察院检察长　最高人民检察院检察长
　张　军　　　　　　　坎山·苏冯

第五部分

大 事 记

2018 年检察机关大事记

一月

9 日　中央政治局委员、中央书记处书记、中央政法委书记郭声琨到最高人民检察院调研座谈。曹建明主持座谈会并作工作汇报，邱学强、孙谦、徐显明、李如林、许卫国、王兴宁、张雪樵、张德利、卢希、陈国庆参加调研和座谈。中央政法委秘书长汪永清，副秘书长白少康、景汉朝、雷东生陪同调研和座谈。

15 日　中央政治局常委会听取最高人民检察院党组工作汇报，最高人民检察院党组书记曹建明作工作报告，党组副书记邱学强，党组成员孙谦、徐显明、李如林、许卫国、王兴宁列席会议。

24 日　全国检察长会议在京西宾馆召开。24 日上午，曹建明讲话，邱学强主持会议。24 日下午，广东、新疆、湖南、湖北、上海 5 个省级检察院和最高人民检察院司法体制改革领导小组办公室作大会发言，邱学强主持并作总结讲话。孙谦、徐显明、李如林、许卫国、王兴宁、张雪樵、张德利、卢希、陈国庆出席会议。各省、自治区、直辖市人民检察院，解放军军事检察院，新疆生产建设兵团检察院检察长参加会议。中央纪委、中央组织部、中央政法委等中央国家机关有关部门负责同志应邀参会。

25 日　最高人民检察院召开各民主党派中央、全国工商联、无党派人士代表座谈会。曹建明主持并讲话，中央统战部副部长戴均良出席并讲话，徐显明、李如林、许卫国、张雪樵、张德利出席。民革中央副主席兼秘书长李惠东、民盟中央副主席郑功成、民建中央副主席秦博勇、民进中央副主席朱永新、农工党中央副主席兼秘书长曲凤宏、致公党中央副主席曹鸿鸣、九三学社中央副主席丛斌、台盟中央副主席杨健，全国工商联副主席谢经荣，无党派人士代表、清华大学法学院教授周光权应邀出席并发言。

29 日　曹建明、邱学强、张雪樵、张德利与全国工商联主席高云龙、党组书记徐乐江、副主席谢经荣一行座谈。

二月

2 日　全国检察机关党风廉政建设和反腐败工作电视电话会议在京召开。曹建明出席并讲话，邱学强主持，王兴宁传达十九届中央纪委二次全会精神。徐显明、李如林、张雪樵、张德利出席。下午，许卫国作总结讲话。

7 日　最高人民检察院召开机关离退休干部座谈会。曹建明主持并讲话，徐显明、李如林、许卫国、王兴宁、张雪樵出席。最高人民检察院机关 13 位离退休干部党支部负责同志参加座谈并发言。

9 日　最高人民检察院党组书记曹建明主持召开 2017 年度党组民主生活会。会议通报了 2016 年度党组专题民主生活会整改落实情况和 2017 年度党组民主生活会征求意见情况。最高人民检察院党组副书记邱学强同志，党组成员孙谦、徐显明、李如林、许卫国、王兴宁，检察委员会专职委员张德利、卢希、陈国庆最高人民检察院副检察长逐一进行对照检查和自我批评，相互开展严肃认真批评。张雪樵列席会议。中央第 24 督导组和中央纪委、中央组织部、中央政法委等单位有关同志到会督导。

11 日　最高人民检察院召开部分全国人大代表座谈会。曹建明主持会议并讲话，邱学强、徐显明、李如林、许卫国、王兴宁、张雪樵、张德利、陈国庆出席。郭建仁、赵立欣、薛志国、李叶红、周善红、郭军、沈志强、李义虎、周建军、何学彬、阎建国等 11 位全国人大代表应邀参加座谈并发言。

23 日　最高人民检察院机关召开欢送反贪污贿赂总局转隶同志大会。曹建明出席并讲话，邱学强主持，孙谦、徐显明、李如林、许卫国、王兴宁、张雪樵、张德利、卢希、陈国庆出席。卢希讲话，反贪污贿赂总局 2 名干警和机关干警代表发言。

25 日　最高人民检察院、中共安徽省委联合召开追授周会明荣誉称号命名表彰大会。最高人民检察院检察长曹建明，安徽省委书记、省人大常委会主任李锦斌出席会议并讲话。安徽省委副书记、省长李国英主持会议。最高人民检察院副检察长李如林，安徽省委常委、组织部部长严植婵在会上宣读表彰决定。

25 日　最高人民检察院机关干警欢送反贪污贿赂总局转隶同志。中央纪委副书记杨晓超一行到最高人民检察院机关迎接。邱学强、孙谦、徐显明、许卫国、王兴宁、张雪樵、张德利、卢希、陈国庆出席,机关各内设机构、各直属事业单位主要负责同志及部分干警参加欢送。

三月

2日 最高人民法院、最高人民检察院联合召开关于检察公益诉讼案件适用法律若干问题的解释新闻发布会,最高人民法院副院长江必新、最高人民检察院副检察长张雪樵出席,最高人民法院环境资源审判庭、最高人民检察院民事行政检察厅负责人参加新闻发布会。

4日 曹建明主持召开两会检察系统人大代表、政协委员和列席人员座谈会并讲话,邱学强通报《最高人民检察院工作报告》有关情况。孙谦、徐显明、李如林、许卫国、王兴宁、张雪樵、张德利、陈国庆及莫文秀出席,两会检察系统的全国人大代表、全国政协委员和列席大会的省级检察院检察长参会。

9日 曹建明在十三届全国人民代表大会第一次会议上作最高人民检察院工作报告。

17日 十三届全国人大一次会议召开第五次全体会议,曹建明当选为第十三届全国人大常委会副委员长。

18日 十三届全国人大一次会议召开第六次全体会议,张军当选为最高人民检察院检察长。

21日 最高人民检察院召开领导干部大会,中央政治局委员、中央书记处书记、中央组织部部长陈希宣布中央任免决定并讲话,张军任最高人民检察院党组书记,曹建明不再担任最高人民检察院党组书记。中央政治局委员、中央书记处书记、中央政法委书记郭声琨出席并讲话。全国人大常委会副委员长曹建明,最高人民检察院党组书记、检察长张军分别讲话。会议由曹建明主持。中央组织部副部长周祖翼,最高人民检察院领导、检察委员会专职委员及近期退出领导岗位的老同志出席会议。中央组织部、中央政法委有关部门负责同志,机关各内设机构副厅级以上干部、二级高级检察官,各直属事业单位四级以上职员参加会议。

27日 最高人民检察院召开全国检察机关学习贯彻两会精神电视电话会议。张军讲话,邱学强主持会议。孙谦、徐显明、李如林、许卫国、张雪樵、张德利出席。

29日 最高人民检察院举行党组中心组(扩大)学习贯彻宪法专题辅导报告会。徐显明围绕检察机关学习贯彻修改后的宪法和全国两会精神作专题辅导报告,李如林主持报告会。许卫国、王兴宁、张雪樵、张德利出席。

四月

16日、17日 最高人民检察院召开全国检察机关巡视工作会议暨第一轮巡视工作动员部署会。16日上午大会上,张军出席会议并讲话,孙谦同志主持会议,李如林同志宣读最高人民检察院党组关于五个巡视组组长、副组长任命决定,许卫国传达习近平总书记关于巡视工作的重要讲话精神和赵乐际、杨晓超在十九届中央第一轮巡视工作动员部署会上的讲话精神。徐显明、王兴宁、张雪樵、张德利、陈国庆出席会议。

24日、25日 最高人民检察院在山东济南召开第十九届全国检察理论研究年会暨中国法学会检察学研究会年会。在24日上午的大会上,张军出席并讲话,中国法学会副会长任海泉致辞,徐显明出席。最高人民检察院检察理论研究领导小组成员,部分2017年度最高人民检察院检察理论重点课题组代表、入选年会论文作者代表、全国检察基础理论研究优秀成果获奖作者代表,省级检察院分管法律政策研究工作的副检察长,部分学界专家参加会议。

27日 最高人民检察院举行党组中心组(扩大)学习专题辅导报告会,集体学习修改后的《中国共产党章程》。报告会邀请十九届中央候补委员,中央党校校委会委员、博士生导师谢春涛教授进行专题辅导。张军主持报告会并讲话。张雪樵、张德利、陈国庆出席。

五月

9日 最高人民检察院机关召开全体党员干部大会暨第一期学习贯彻习近平新时代中国特色社会主义思想培训班开班式,张军为全体党员干部授课。邱学强、孙谦、李如林、许卫国、王兴宁、张雪樵、张德利、陈国庆出席开班式。

14日 最高人民检察院机关学习贯彻习近平新时代中国特色社会主义思想第二期培训班开班,邀请中央党校哲学教研部副主任、教授董振华作专题辅导报告。张军、孙谦、陈国庆出席,李如林主持报告会。

17日 最高人民检察院机关学习贯彻习近平新时代中国特色社会主义思想第三期培训班开班,

孙谦作专题辅导报告。李如林出席报告会。

30日　最高人民检察院举行以"关爱祖国未来，擦亮未检品牌"为主题的第24次检察开放日活动。首都师范大学附属中学第一分校、北京市第八十中学睿德分校师生代表和全国人大代表、政协委员参加有关活动。下午，张军主持召开全国人大代表、全国政协委员和专家学者座谈会并讲话，孙谦、许卫国、张德利、陈国庆出席。全国人大代表陈凤珍、曹永鸣、崔建梅、兰臻、张国新、张淑琴、刘超、刘维朝、李丽丽、黄超，全国政协委员王锋，北京师范大学刑法研究院副院长、教授宋英辉，北京致诚律师事务所、北京青少年法律援助中心主任佟丽华，全国人大监察和司法委、教育部、共青团中央、全国妇联有关负责同志参加座谈。

六月

7日　最高人民检察院在哈尔滨召开四省区检察长座谈会。张军出席并讲话，内蒙古自治区检察院检察长李琪林、辽宁省检察院检察长于天敏、黑龙江省检察院检察长高继明出席会议并发言。

11日　最高人民检察院检察长、首席大检察官张军依照法律规定首次列席最高人民法院审判委员会第1742次会议。最高人民法院院长、首席大法官周强主持。最高人民法院17位审判委员会委员出席，最高人民检察院副检察长张雪樵及有关案件承办人列席。

28日　最高人民检察院举行以"12309，检察牵您手"为主题的检察开放日活动。上午，张军致欢迎词，并与全国人大代表、陕西省延川县文安驿镇梁家河村党支部书记巩保雄一起为检察服务中心实体大厅揭牌。下午，张军主持召开代表委员座谈会，邱学强、许卫国、苏德良、童建明、陈国庆出席。全国人大代表郝俊海、李桂琴、侯漫路、刘廷、侯艳梅、金晶、程桔、向伟艺、张晓庆、李先兰、朱惠英、吴彦、侯蓉、郭进、方燕、巩保雄，全国政协委员皮剑龙参加活动和座谈。

29日　最高人民检察院召开机关先进基层党组织、优秀共产党员和优秀党务工作者表彰大会。张军出席并讲话，邱学强主持，李如林宣读表彰决定，孙谦、许卫国、苏德良、童建明、陈国庆出席。

七月

4日　最高人民检察院举行"全国模范检察官"周会明先进事迹报告会，张军出席并讲话。邱学强、孙谦、李如林、苏德良、童建明、张雪樵参加。

9日、10日　长江经济带检察工作座谈会在湖北武汉召开。邱学强出席并讲话，长江沿线11个省市检察机关负责人参加会议并作经验交流。

10日　最高人民检察院举行党组中心组（扩大）学习专题辅导报告会。张军主持并讲话。生态环境部副部长翟青作专题报告。孙谦、李如林、许卫国、苏德良、童建明参加报告会。

25日、26日　上午大检察官研讨班在广东省深圳市举办。在25日上午、26日上午的大会上，张军讲话，邱学强主持。孙谦、李如林、许卫国、苏德良、童建明、张雪樵、陈国庆出席。北京、上海、江苏、山东、陕西五个省级检察院作大会交流发言。各省、自治区、直辖市检察院，解放军军事检察院，新疆生产建设兵团检察院检察长；最高人民检察院各内设机构、直属事业单位负责人参加。中央国家机关有关内设机构负责人，全国人大代表、政协委员、法学专家学者应邀参加。

八月

13日至18日　张军率中国检察代表团赴文莱出席第十一届中国—东盟成员国总检察长会议并访问新加坡。

九月

1日　张军受聘担任北京市第二中学法治副校长，并为第二中学同学们讲授法治课。

3日　最高人民检察院机关举行新任职人员宪法宣誓仪式，张军出席并讲话。宣誓仪式由邱学强同志主持，童建明领誓，陈国庆、王光辉及机关新任职人员参加宣誓仪式。

6日　最高人民检察院举行党组中心组（扩大）学习专题辅导报告会。张军主持并讲话。国务院扶贫办主任刘永富作专题报告。李如林、苏德良、童建明、王光辉参加报告会。

18日至26日　张军率中国检察代表团赴塔吉克斯坦参加第十六次上海合作组织成员国总检察长会议并访问土耳其。

十月

11日　最高人民检察院召开机关专题警示教育大会。张军传达习近平总书记重要指示及中央和国家机关警示教育大会精神，围绕新修订的《中国共产党纪律处分条例》讲授专题党课。邱学强主持，苏德良、童建明、张雪樵、陈国庆、王光辉出席。

11日　最高人民检察院、中央广播电视总台联合举行大型未成年人法治宣传教育节目《守护明天》第二季首映式。张军和中宣部副部长、中央广播电视总台台长慎海雄出席首映式并讲话。童建明参加首映式。

13日　最高人民检察院党组召开第二轮巡视工作动员部署会。张军出席并讲话，邱学强主持，苏德良、童建明、张雪樵、陈国庆、王光辉出席。

15日　最高人民检察院在新疆乌鲁木齐召开全国检察机关对口援助工作推进会，中共中央政治局委员、新疆维吾尔自治区党委书记、新疆生产建设兵团第一政委陈全国，最高人民检察院检察长张军出席并讲话。新疆维吾尔自治区党委副书记、政法委书记朱海仑出席，最高人民检察院副检察长童建明主持会议。中央有关部门负责同志、最高人民检察院有关内设机构负责同志、受援地区检察机关有关领导参加会议。

17日　最高人民检察院举行党组中心组（扩大）学习维护国家政治安全专题辅导报告会，孙谦主持，苏德良围绕做好国家政治安全工作作专题辅导报告，张雪樵参加报告会。

17日　最高人民检察院在湖北武汉召开省级检察院检察长座谈会，张军主持会议并讲话，陈国庆、王光辉出席，各省级检察院检察长参加会议。

23日　最高人民检察院举行党组中心组（扩大）学习专题辅导报告会，张军主持并讲话。中国银行保险监督管理委员会副主席、党委委员王兆星作专题辅导。邱学强、孙谦、苏德良、童建明、张雪樵、陈国庆、王光辉参加报告会。

30日　最高人民检察院召开全国检察机关深入推进扫黑除恶专项斗争督促座谈会，张军出席座谈会并讲话。孙谦、陈国庆出席。

十一月

5日　最高人民检察院召开全国检察机关学习贯彻修改后人民检察院组织法和刑事诉讼法电视电话会议，张军出席并讲话。邱学强主持，孙谦、童建明分别就刑事诉讼法、人民检察院组织法修改的重点内容、主要精神进行了解读，苏德良、张雪樵、陈国庆、王光辉出席会议。

8日　最高人民检察院在浙江乌镇举办第五届世界互联网大会"大数据时代的个人信息保护"分论坛，张军出席论坛并致辞。邱学强主持开幕式。中共中央宣传部副部长、中央网络安全和信息化委员会办公室主任、国家互联网信息办公室主任庄荣文，中共浙江省委常委、宣传部长朱国贤分别在开幕式上致辞。童建明、张雪樵，浙江省人民检察院检察长贾宇分别主持专题讨论。

19日　第三次全国检察外事工作会议在北京召开，张军出席会议并讲话，邱学强主持，王光辉出席。

22日　最高人民检察院召开检察机关加强协作配合服务打好污染防治攻坚战座谈会。张军主持座谈会，生态环境部党组书记、部长李干杰出席座谈会并讲话。邱学强、孙谦、童建明、张雪樵、王光辉出席。生态环境部、国家发展和改革委员会、司法部、自然资源部、住房和城乡建设部、交通运输部、水利部、农业农村部、国家林业和草原局等部委相关负责同志参加座谈会。最高人民检察院与生态环境部签署互派干部挂职交流合作协议。

27日　庆祝检察机关恢复重建40周年暨全国检察机关第九次先进集体先进个人表彰大会在北京举行。中共中央政治局委员、中央书记处书记、中央政法委书记郭声琨出席并作重要讲话。张军主持会议。全国人大常委会副委员长曹建明，最高人民法院院长周强，全国政协副主席汪永清，最高人民检察院原检察长贾春旺，中央政法委秘书长陈一新，国家安全部部长陈文清，国家发展和改革委员会副主任张勇，全国人大监察和司法委员会副主任委员徐显明，公安部政治部主任刘钊，财政部副部长程丽华，人力资源和社会保障部副部长张义珍以及中央组织部有关部门负责人出席大会。会议表彰了全国检察机关先进集体、先进个人，为从事检察工作满30年的检察人员代表颁发了检察荣誉章和证书。

27日　最高人民检察院举行咨询委员和特约监督员工作会议，聘任新一届40名最高人民检察院咨询委员、第一届98名最高人民检察院特约监督员。张军出席并讲话，邱学强主持，孙谦、苏德良、王光辉出席。

十二月

4日　最高人民检察院举行以"讲述检察故

事,感悟宪法精神"为主题的检察开放日活动。张军出席欢迎仪式并与学生代表一同参观了庆祝改革开放40周年暨检察机关恢复重建40周年回顾展。邱学强、孙谦、苏德良、童建明、陈国庆、王光辉参加活动。

5日 最高人民检察院机关举行"为了谁——高检院扶贫事迹报告会",以讲述、视频、现场访谈等多种形式展示最高人民检察院7位挂职扶贫干部的感人事迹。张军出席报告会并讲话。邱学强、孙谦、童建明、王光辉出席报告会。

15日 张军主持召开党组检察工作务虚会,主题为深入学习贯彻习近平新时代中国特色社会主义思想和党的十九大精神,围绕国际国内形势和党中央对2019年工作部署要求,研究、讨论如何做好

2019年检察工作,推动新时代检察工作创新发展,更好地服务党和国家工作大局。

17日 最高人民检察院召开最高人民检察院机关内设机构改革动员部署会。张军讲话,邱学强、孙谦、苏德良、童建明、张雪樵、陈国庆、王光辉参加。

21日 "映像检察40年——庆祝检察机关恢复重建40周年摄影展"在北京举行。张军和中国文联副主席李前光在开幕式上致辞。民政部副部长詹成付,全国公安文联主席王俭,中国摄影家协会、中国法官文联筹备组有关负责同志,全国检察英模代表、部分参展作品作者代表参加开幕式。

（最高人民检察院办公厅秘书处）

第 六 部 分

统 计 资 料

全国检察机构统计表

截至 2018 年 12 月底　　　　　　　　　　　　　　　　　　　　　　　单位:个

院别			机构数
合计			3646
最高人民检察院			1
省级检察院			33
地级检察院	小计		398
	地方分、盟检察院		33
	自治州检察院		30
	地级市检察院		288
	军事检察分院		7
	派出分院	分计	40
		铁路运输检察分院	16
		农垦检察分院	14
		林业检察分院	4
		监狱检察分院	2
		油田检察分院	1
		其他派出检察分院	3
县级检察院	小计		3214
	县、旗检察院		1395
	县级市检察院		369
	市辖区检察院		980
	自治县、旗检察院		106
	基层军事检察院		26
	派出基层院	分计	338
		基层铁路运输检察院	60
		基层农垦检察院	42
		基层林业检察院	49
		基层监狱检察院	90
		基层工矿检察院	4
		基层油田检察院	1
		基层开发区检察院	79
		其他派出基层检察院	13

注:33 个省级检察院中含军事检察院 1 个和新疆兵团检察院 1 个。

（最高人民检察院政治部办公室）

全国检察机关人员分类管理统计表

截至 2018 年 12 月底 单位：人

职务		人数
合计		217987
检察人员	员额检察官	67444
	检察辅助人员、司法行政人员	116054
	其他编制人员	34489

（最高人民检察院政治部办公室）

2018 年人民检察院审查逮捕、提起公诉案件情况统计表

案件类别	批捕、决定逮捕		提起公诉	
	件	人	件	人
合计	714896	1056616	1189480	1692846
危害公共安全案	62044	93997	363833	401108
破坏社会主义市场经济秩序案	45738	74231	60454	113285
侵犯公民人身、民主权利案	116385	157004	161740	223648
侵犯财产案	249595	335402	305889	424775
妨害社会管理秩序案	235745	389681	282174	509569
危害国防利益案	240	331	247	378
贪污贿赂案	4535	5037	13332	17340
渎职侵权案	390	473	1636	2384
其他	224	460	175	359

指标解释：

1. 批准逮捕，是指人民检察院对公安机关、国家安全机关、监狱管理机关提请批准逮捕的犯罪嫌疑人进行审查，根据事实，依法作出批准逮捕的决定。

2. 决定逮捕，是指人民检察院对移送审查起诉的案件和直接立案侦查的案件，认为需要逮捕犯罪嫌疑人时，根据事实，依法作出的逮捕决定。

3. 提起公诉，是指人民检察院对公安机关、国家安全机关、监狱管理机关、监察机关、检察机关侦查部门移送起诉的案件进行审查，根据事实，决定起诉的案件。

2018 年人民检察院出庭公诉情况统计表

单位:件

案件类别	适用简易程序	其中检察机关建议适用	出庭公诉			
			合计	一审	二审上诉、抗诉	再审
合计	561856	250062	1190708	1164622	25509	577
贪污贿赂案件	2110	952	17695	15560	2073	62
渎职侵权案件	249	116	3034	2396	622	16
其他刑事案件	559497	248994	1169979	1146666	22814	499

指标解释:

1. 其他刑事案件,是指除贪污贿赂案件和渎职侵权案件之外的刑事案件。

2. 适用简易程序,是指人民法院审判员一人独任审判。包括可能判处三年以下有期徒刑、拘役、管制、单处罚金的公诉案件,事实清楚,证据充分,人民检察院建议或者同意适用简易程序的;告诉才处理的案件;被害人起诉的有证据证明的轻微刑事案件。

3. 一审,是指公诉案件的第一审程序。

4. 二审上诉、抗诉,是指上级人民法院根据当事人及其法定代理人的上诉或人民检察院的抗诉,对下一级人民法院未生效的判决、裁定进行重新审判的程序。

5. 再审,是指人民法院按照审判监督程序重新审判的案件。

2018 年人民检察院办理刑事抗诉案件情况统计表

案件类别	提出抗诉	审判结果合计	改判		维持原判	发回重审
	件	件	件	人	件	件
合计	8504	7194	3684	5316	1950	1560
二审程序小计	7128	6325	3067	4547	1840	1418
贪污贿赂案件	574	656	292	367	204	160
渎职侵权案件	189	182	60	86	71	51
其他刑事案件	6365	5487	2715	4094	1565	1207
审判监督程序小计	1376	869	617	769	110	142
贪污贿赂案件	114	88	51	52	23	14
渎职侵权案件	26	10	6	9	3	1
其他刑事案件	1236	771	560	708	84	127

指标解释:

提出抗诉,是指人民检察院对人民法院的判决、裁定认为确有错误,向人民法院提出对案件重新进行审理的诉讼活动。包括按照第二审程序提出的抗诉和按照审判监督程序提出的抗诉。

2018年人民检察院办理民事、行政抗诉案件情况统计表

单位:件

案件类别	受理	提请抗诉	抗诉	提出再审检察建议	抗诉案件再审情况					
					合计	改判	发回重审	调解	维持原判	其他
合计	70028	7340	4050	4177	2058	975	351	148	450	134
民事案件	60593	7037	3933	4087	1982	956	346	147	413	120
行政案件	9435	303	117	90	76	19	5	1	37	14

指标解释:

1. 提请抗诉,是指本级人民检察院将本院有提请抗诉权的案件交下级人民检察院办理,下级人民检察院审查认为应当提请抗诉,建议上级人民检察院提请抗诉的案件。

2. 抗诉,是指本级人民检察院提出抗诉的案件。

3. 提出再审检察建议,是指人民检察院办理的民事、行政申诉案件,不采取抗诉方式启动再审程序,而是向人民法院提出检察建议,由人民法院自行启动再审程序进行重新审理。

2018年人民检察院纠正违法情况统计表

类别	书面提出纠正		已纠正	
	件次	人次	件次	人次
合计	114989	—	99865	—
立案监督小计	46588	—	40600	—
监督立案	26866	—	22215	—
监督撤案	19722	—	18385	—
侦查监督小计	58744	—	50455	—
审查批捕环节	34652	—	30834	—
审查起诉环节	24092	—	19621	—
刑事审判监督	9657	—	8810	—
刑罚执行监督小计	—	113146	—	108605
监管活动违法	—	25509	—	25283
超期羁押	—	1646	—	1471
监外执行和社区矫正	—	43661	—	42564
减刑假释暂予监外执行不当	—	42330	—	39287

指标解释:

1. 立案监督,是指人民检察院对侦查机关刑事立案活动的监督。包括对应当立案而不立案的监督和对不应当立案而立案的监督。

2. 监督立案,包括侦查机关接到要求说明不立案理由后主动立案和执行通知立案。

3. 监督撤案,是指人民检察院已纠正的不应当立案而立案的案件。

4. 监管活动,是指人民检察院对监狱等监管改造场所的管理活动进行的监督。

2018 年人民检察院办理刑事申诉案件情况统计表

单位:件

案件类别	受理	立案复查	结案	
			小计	其中改变原决定
合计	16926	7553	6731	247
不服不批捕	187	106	111	22
不服不起诉	3375	2629	2276	206
不服撤案	28	11	10	1
不服其他诉讼终结的刑事处理决定	189	66	62	18
不服刑事判决裁定	13147	4741	4272	—

指标解释:

　　1. 受理,是指人民检察院接受申诉案件。包括来信来访。

　　2. 立案复查,是指人民检察院接受申诉后,经审查决定立案进行复查。

　　3. 结案,是指立案复查有结果的案件。

2018 年人民检察院受理举报、控告、申诉案件情况统计表

单位:件

案件类别	受理	处理	其中	
			检察机关办理	转其他机关
合计	248893	243020	224333	18687
首次举报	19483	18671	9333	9338
首次控告	25995	25409	19950	5459
首次申诉	203415	198940	195050	3890

指标解释:

　　1. 首次举报,是指单位或个人以来信、来访等形式检举国家工作人员涉嫌职务犯罪。

　　2. 首次控告,是指单位或个人以来信、来访等形式检举国家工作人员违法或涉嫌刑事犯罪。

　　3. 首次申诉,是指以来信、来访等形式不服人民检察院处理决定,不服人民法院判决、裁定的。

　　4. 检察机关办理,是指人民检察院对受理的举报、控告、申诉案件,经审查由本院或转其他人民检察院办理。

（以上表格由最高人民检察院案件管理办公室提供）

第 七 部 分

名　　录

大检察官名单

首席大检察官

张 军　最高人民检察院检察长

一级大检察官

邱学强　最高人民检察院副检察长

二级大检察官

孙 谦　最高人民检察院副检察长

童建明　最高人民检察院副检察长

张雪樵　最高人民检察院副检察长

陈国庆　最高人民检察院副检察长

敬大力　北京市人民检察院检察长

宫 鸣　天津市人民检察院检察长

丁顺生　河北省人民检察院检察长

杨景海　山西省人民检察院检察长

李琪林　内蒙古自治区人民检察院检察长

于天敏　辽宁省人民检察院检察长

杨克勤*　吉林省人民检察院检察长

高继明　黑龙江省人民检察院检察长

张本才**　上海市人民检察院检察长

刘 华（女）　江苏省人民检察院检察长

贾 宇　浙江省人民检察院检察长

薛江武（女）　安徽省人民检察院检察长

霍 敏　福建省人民检察院检察长

田云鹏　江西省人民检察院检察长

陈 勇　山东省人民检察院检察长

顾雪飞　河南省人民检察院检察长

王 晋　湖北省人民检察院检察长

游劝荣　湖南省人民检察院检察长

林贻影　广东省人民检察院检察长

崔智友　广西壮族自治区人民检察院检察长

路志强　海南省人民检察院检察长

贺恒扬　重庆市人民检察院检察长

冯 键　四川省人民检察院检察长

傅信平　贵州省人民检察院检察长

朱雅频　西藏自治区人民检察院检察长

杨春雷　陕西省人民检察院检察长

朱 玉　甘肃省人民检察院检察长

时侠联　宁夏回族自治区人民检察院检察长

李永君　新疆维吾尔自治区人民检察院检察长

蒋红军　解放军军事检察院检察长

刘少云　解放军军事检察院副检察长

最高人民检察院检察长、副检察长名单

检察长　张 军

副检察长　邱学强　孙 谦　童建明　张雪樵　陈国庆

中央纪委国家监委驻最高人民检察院纪检监察组组长名单

苏德良

---

　*　中央纪委国家监委网站 2019 年 7 月 17 日公布,杨克勤涉嫌严重违纪违法,接受中央纪委国家监委纪律审查和监察调查。2021 年 5 月 17 日,杨克勤以受贿罪被判处有期徒刑 13 年,并处罚金人民币 400 万元。

　**　中央纪委国家监委网站 2022 年 6 月 1 日公布,张本才涉嫌严重违纪违法,接受中央纪委国家监委纪律审查和监察调查。2023 年 12 月 19 日,张本才以受贿罪被判处有期徒刑 13 年,并处罚金人民币 400 万元。

最高人民检察院政治部主任名单

（空缺）

最高人民检察院检察委员会专职委员名单

（空缺）

最高人民检察院检察委员会委员名单

张　军　　邱学强　　孙　谦　　童建明　　张雪樵　　陈国庆　　万　春
郑新俭　　张志杰　　尹伊君

最高人民检察院咨询委员会组成人员名单

主　任　朱孝清
副主任　张常韧　　莫文秀　　李如林　　许卫国
委　员　（按姓氏笔画排序）
　　　　马永胜　　王田海　　乔汉荣　　刘铁流　　池　强　　杨　司　　杨振江　　杨肇季
　　　　李定达　　肖　声　　吴鹏飞　　何泽中　　余　敏　　汪　瀚　　张少康　　张金锁
　　　　张培中　　张智辉　　张德利　　陈云龙　　陈连福　　陈俊平　　郑　红　　胡太平
　　　　哈斯木·马木提　　袁本朴　　贾志鸿　　倪英达　　徐　安　　徐　明　　高来夫
　　　　龚佳禾　　崔　伟　　曾页九　　蔡　宁
秘书长　刘　喆

PROCURATORIAL YEARBOOK OF CHINA 2019

Contents

Part I Selections of Important Documents of the Supreme People's Procuratorate

Part II Selections of the Judicial Interpretations of the Supreme People's Procuratorate

Part III   Selections of Cases

Part IV Communication and Cooperation

Part V Important Matters

Part VI Statistics

Part VII Directory

（刘　志　译）